POLACO
VOCABULARIO

PALABRAS MÁS USADAS

ESPAÑOL-
POLACO

Las palabras más útiles
Para expandir su vocabulario y refinar
sus habilidades lingüísticas

7000 palabras

Vocabulario español-polaco - 7000 palabras más usadas

por Andrey Taranov

Los vocabularios de T&P Books buscan ayudar en el aprendizaje, la memorización y la revisión de palabras de idiomas extranjeros. El diccionario se divide por temas, cubriendo toda la esfera de las actividades cotidianas, de negocios, ciencias, cultura, etc.

El proceso de aprendizaje de palabras utilizando los diccionarios temáticos de T&P Books le proporcionará a usted las siguientes ventajas:

*   La información del idioma secundario está organizada claramente y predetermina el éxito para las etapas subsiguientes en la memorización de palabras.
*   Las palabras derivadas de la misma raíz se agrupan, lo cual permite la memorización de grupos de palabras en vez de palabras aisladas.
*   Las unidades pequeñas de palabras facilitan el proceso de reconocimiento de enlaces de asociación que se necesitan para la cohesión del vocabulario.
*   De este modo, se puede estimar el número de palabras aprendidas y así también el nivel de conocimiento del idioma.

T&P Books Publishing
www.tpbooks.com

ISBN: 978-1-78314-004-6

Este libro está disponible en formato electrónico o de E-Book también.
Visite www.tpbooks.com o las librerías electrónicas más destacadas en la Red.

VOCABULARIO POLACO
palabras más usadas

Los vocabularios de T&P Books buscan ayudar al aprendiz a aprender, memorizar y repasar palabras de idiomas extranjeros. Los vocabularios contienen más de 7000 palabras comúnmente usadas y organizadas de manera temática.

- El vocabulario contiene las palabras corrientes más usadas.
- Se recomienda como ayuda adicional a cualquier curso de idiomas.
- Capta las necesidades de aprendices de nivel principiante y avanzado.
- Es conveniente para uso cotidiano, prácticas de revisión y actividades de auto-evaluación.
- Facilita la evaluación del vocabulario.

Aspectos claves del vocabulario

- Las palabras se organizan según el significado, no según el orden alfabético.
- Las palabras se presentan en tres columnas para facilitar los procesos de repaso y auto-evaluación.
- Los grupos de palabras se dividen en pequeñas secciones para facilitar el proceso de aprendizaje.
- El vocabulario ofrece una transcripción sencilla y conveniente de cada palabra extranjera.

El vocabulario contiene 198 temas que incluyen lo siguiente:

Conceptos básicos, números, colores, meses, estaciones, unidades de medidas, ropa y accesorios, comida y nutrición, restaurantes, familia nuclear, familia extendida, características de personalidad, sentimientos, emociones, enfermedades, la ciudad y el pueblo, exploración del paisaje, compras, finanzas, la casa, el hogar, la oficina, el trabajo en oficina, importación y exportación, promociones, búsqueda de trabajo, deportes, educación, computación, la red, herramientas, la naturaleza, los países, las nacionalidades y más ...

TABLA DE CONTENIDO

GUÍA DE PRONUNCIACIÓN

La letra	Ejemplo polaco	T&P alfabeto fonético	Ejemplo español

Las vocales

La letra	Ejemplo polaco	T&P alfabeto fonético	Ejemplo español
A a	fala	[a]	radio
Ą ą	są	[ɔ̃]	nasal [o]
E e	tekst	[ɛ]	mes
Ę ę	pięć	[ɛ]	nasal [e]
I i	niski	[i]	ilegal
O o	strona	[ɔ]	costa
Ó ó	ołów	[u]	mundo
U u	ulica	[u]	mundo
Y y	stalowy	[ɪ]	abismo

Las consonantes

La letra	Ejemplo polaco	T&P alfabeto fonético	Ejemplo español
B b	brew	[b]	en barco
C c	palec	[ts]	tsunami
Ć ć	haftować	[tʃ]	mapache
D d	modny	[d]	desierto
F f	perfumy	[f]	golf
G g	zegarek	[g]	jugada
H h	handel	[h]	coger
J j	jajko	[j]	asiento
K k	krab	[k]	charco
L l	mleko	[l]	lira
Ł ł	głodny	[w]	acuerdo
M m	guma	[m]	nombre
N n	Indie	[n]	número
Ń ń	jesień	[ɲ]	leña
P p	poczta	[p]	precio
R r	portret	[r]	alfombra
S s	studnia	[s]	salva
Ś ś	świat	[ɕ]	China
T t	taniec	[t]	bestia
W w	wieczór	[v]	travieso
Z z	zachód	[z]	desde
Ź ź	żaba	[ʑ]	tadzhik
Ż ż	żagiel	[ʒ]	adyacente

La letra	Ejemplo polaco	T&P alfabeto fonético	Ejemplo español

Las combinaciones de letras

ch	ich, zachód	[h]	mejicano
ci	kwiecień	[ʨ]	porche
cz	czasami	[ʧ]	mapache
dz	dzbanek	[ʣ]	inglés kids
dzi	dziecko	[ʥ]	tadzhik
dź	dźwig	[ʥ]	tadzhik
dż	dżinsy	[j]	asiento
ni	niedziela	[ɲ]	leña
rz	orzech	[ʒ]	adyacente
si	osiem	[ɕ]	China
sz	paszport	[ʃ]	shopping
zi	zima	[ʑ]	tadzhik

Comentarios

· Las letras Qq, Vv, Xx se emplean en palabras prestadas solamente

ABREVIATURAS
usadas en el vocabulario

adj	-	adjetivo
adv	-	adverbio
anim.	-	animado
conj	-	conjunción
etc.	-	etcétera
f	-	sustantivo femenino
f pl	-	femenino plural
fam.	-	uso familiar
fem.	-	femenino
form.	-	uso formal
inanim.	-	inanimado
innum.	-	innumerable
m	-	sustantivo masculino
m pl	-	masculino plural
m, f	-	masculino, femenino
masc.	-	masculino
mat	-	matemáticas
mil.	-	militar
num.	-	numerable
p.ej.	-	por ejemplo
pl	-	plural
pron	-	pronombre
sg	-	singular
v aux	-	verbo auxiliar
vi	-	verbo intransitivo
vi, vt	-	verbo intransitivo, verbo transitivo
vr	-	verbo reflexivo
vt	-	verbo transitivo

CONCEPTOS BÁSICOS

Conceptos básicos. Unidad 1

1. Los pronombres

yo	ja	[ja]
tú	ty	[tɪ]
él	on	[ɔn]
ella	ona	['ɔna]
ello	ono	['ɔnɔ]
nosotros, -as	my	[mɪ]
vosotros, -as	wy	[vɪ]
ellos, ellas	one	['ɔnɛ]

2. Saludos. Salutaciones. Despedidas

¡Hola! (fam.)	Dzień dobry!	[dʒeɲ 'dɔbrɪ]
¡Hola! (form.)	Dzień dobry!	[dʒeɲ 'dɔbrɪ]
¡Buenos días!	Dzień dobry!	[dʒeɲ 'dɔbrɪ]
¡Buenas tardes!	Dzień dobry!	[dʒeɲ 'dɔbrɪ]
¡Buenas noches!	Dobry wieczór!	[dɔbrɪ 'vetʃur]
decir hola	witać się	['vitatʃ ɕɛ̃]
¡Hola! (a un amigo)	Cześć!	[tʃɛɕtʃ]
saludo (m)	pozdrowienia (pl)	[pɔzdrɔ'veɲa]
saludar (vt)	witać	['vitatʃ]
¿Cómo estás?	Jak się masz?	[jak ɕɛ̃ maʃ]
¿Qué hay de nuevo?	Co nowego?	[tsɔ nɔ'vɛgɔ]
¡Chau! ¡Adiós!	Do widzenia!	[dɔ vi'dzɛɲa]
¡Hasta pronto!	Do zobaczenia!	[dɔ zɔbat'ʃɛɲa]
¡Adiós! (fam.)	Żegnaj!	['ʒɛgnaj]
¡Adiós! (form.)	Żegnam!	['ʒɛgnam]
despedirse (vr)	żegnać się	['ʒɛgnatʃ ɕɛ̃]
¡Hasta luego!	Na razie!	[na 'raʒe]
¡Gracias!	Dziękuję!	[dʒɛ̃'kue]
¡Muchas gracias!	Bardzo dziękuję!	[bardzɔ dʒɛ̃'kuɛ̃]
De nada	Proszę	['prɔʃɛ̃]
No hay de qué	To drobiazg	[tɔ 'drɔbiazk]
De nada	Nie ma za co	['ne ma 'za tsɔ]
¡Perdóname! -neme!	Przepraszam!	[pʃɛp'raʃam]
disculpar (vt)	wybaczać	[vɪ'batʃatʃ]

disculparse (vr)	przepraszać	[pʃɛp'raʃatʃ]
Mis disculpas	Przepraszam!	[pʃɛp'raʃam]
¡Perdóneme!	Przepraszam!	[pʃɛp'raʃam]
perdonar (vt)	wybaczać	[vɪ'batʃatʃ]
por favor	proszę	['prɔʃɛ̃]

¡No se le olvide!	Nie zapomnijcie!	[ne zapɔm'nijtʃe]
¡Desde luego!	Oczywiście!	[otʃɪ'victʃe]
¡Claro que no!	Oczywiście, że nie!	[otʃivictʃe ʒɛ 'ne]
¡De acuerdo!	Zgoda!	['zgɔda]
¡Basta!	Dosyć!	['dɔsɪtʃ]

3. Números cardinales. Unidad 1

cero	zero	['zɛrɔ]
uno	jeden	['edɛn]
dos	dwa	[dva]
tres	trzy	[tʃɪ]
cuatro	cztery	['tʃtɛrɪ]

cinco	pięć	[pɛ̃tʃ]
seis	sześć	[ʃɛctʃ]
siete	siedem	['cedɛm]
ocho	osiem	['ɔcem]
nueve	dziewięć	['dʑevɛ̃tʃ]

diez	dziesięć	['dʑecɛ̃tʃ]
once	jedenaście	[edɛ'nactʃe]
doce	dwanaście	[dva'nactʃe]
trece	trzynaście	[tʃɪ'nactʃe]
catorce	czternaście	[tʃtɛr'nactʃe]

quince	piętnaście	[pɛ̃t'nactʃe]
dieciséis	szesnaście	[ʃɛs'nactʃe]
diecisiete	siedemnaście	[cedɛm'nactʃe]
dieciocho	osiemnaście	[ɔcem'nactʃe]
diecinueve	dziewiętnaście	[dʑevɛ̃t'nactʃe]

veinte	dwadzieścia	[dva'dʑectʲa]
veintiuno	dwadzieścia jeden	[dva'dʑectʲa 'edɛn]
veintidós	dwadzieścia dwa	[dva'dʑectʲa dva]
veintitrés	dwadzieścia trzy	[dva'dʑectʲa tʃɪ]

treinta	trzydzieści	[tʃɪ'dʑectʃi]
treinta y uno	trzydzieści jeden	[tʃɪ'dʑectʃi 'edɛn]
treinta y dos	trzydzieści dwa	[tʃɪ'dʑectʃi dva]
treinta y tres	trzydzieści trzy	[tʃɪ'dʑectʃi tʃɪ]

cuarenta	czterdzieści	[tʃtɛr'dʑectʃi]
cuarenta y uno	czterdzieści jeden	[tʃtɛr'dʑectʃi 'edɛn]
cuarenta y dos	czterdzieści dwa	[tʃtɛr'dʑectʃi dva]
cuarenta y tres	czterdzieści trzy	[tʃtɛr'dʑectʃi tʃɪ]
cincuenta	pięćdziesiąt	[pɛ̃'dʑecɔ̃t]
cincuenta y uno	pięćdziesiąt jeden	[pɛ̃'dʑecɔ̃t 'edɛn]

| cincuenta y dos | pięćdziesiąt dwa | [pɛ̃ˈdʑɛɕɔt dva] |
| cincuenta y tres | pięćdziesiąt trzy | [pɛ̃ˈdʑɛɕɔt tʃɪ] |

sesenta	sześćdziesiąt	[ʃɛɕˈdʑɛɕɔt]
sesenta y uno	sześćdziesiąt jeden	[ʃɛɕˈdʑɛɕɔt ˈedɛn]
sesenta y dos	sześćdziesiąt dwa	[ʃɛɕˈdʑɛɕɔt dva]
sesenta y tres	sześćdziesiąt trzy	[ʃɛɕˈdʑɛɕɔt tʃɪ]

setenta	siedemdziesiąt	[ɕedɛmˈdʑɛɕɔt]
setenta y uno	siedemdziesiąt jeden	[ɕedɛmˈdʑɛɕɔt ˈedɛn]
setenta y dos	siedemdziesiąt dwa	[ɕedɛmˈdʑɛɕɔt dva]
setenta y tres	siedemdziesiąt trzy	[ɕedɛmˈdʑɛɕɔt tʃɪ]

ochenta	osiemdziesiąt	[ɔɕemˈdʑɛɕɔt]
ochenta y uno	osiemdziesiąt jeden	[ɔɕemˈdʑɛɕɔt ˈedɛn]
ochenta y dos	osiemdziesiąt dwa	[ɔɕemˈdʑɛɕɔt dva]
ochenta y tres	osiemdziesiąt trzy	[ɔɕemˈdʑɛɕɔt tʃɪ]

noventa	dziewięćdziesiąt	[dʑevɛ̃ˈdʑɛɕɔt]
noventa y uno	dziewięćdziesiąt jeden	[dʑevɛ̃ˈdʑɛɕɔt edɛn]
noventa y dos	dziewięćdziesiąt dwa	[dʑevɛ̃ˈdʑɛɕɔt dva]
noventa y tres	dziewięćdziesiąt trzy	[dʑevɛ̃ˈdʑɛɕɔt tʃɪ]

4. Números cardinales. Unidad 2

cien	sto	[stɔ]
doscientos	dwieście	[ˈdvɛɕtɕe]
trescientos	trzysta	[ˈtʃɪsta]
cuatrocientos	czterysta	[ˈtʃtɛrɪsta]
quinientos	pięćset	[ˈpɛ̃tʃsɛt]

seiscientos	sześćset	[ˈʃɛtʃsɛt]
setecientos	siedemset	[ˈɕedɛmsɛt]
ochocientos	osiemset	[ɔˈɕemsɛt]
novecientos	dziewięćset	[ˈdʑevɛ̃tʃsɛt]

mil	tysiąc	[ˈtɪɕɔts]
dos mil	dwa tysiące	[dva tɪɕɔtsɛ]
tres mil	trzy tysiące	[tʃɪ tɪɕɔtsɛ]
diez mil	dziesięć tysięcy	[ˈdʑɛɕɛtʃ tɪˈɕentsɪ]
cien mil	sto tysięcy	[stɔ tɪˈɕentsɪ]
millón (m)	milion	[ˈmiʎjɔn]
mil millones	miliard	[ˈmiʎjart]

5. Números. Fracciones

fracción (f)	ułamek (m)	[uˈwamɛk]
un medio	jedna druga	[ˈedna ˈdruga]
un tercio	jedna trzecia	[ˈedna ˈtʃɛtʃʲa]
un cuarto	jedna czwarta	[ˈedna ˈtʃfarta]
un octavo	jedna ósma	[ˈedna ˈusma]
un décimo	jedna dziesiąta	[ˈedna dʑɛɕɔta]

15

| dos tercios | dwie trzecie | [dve 'tʃɛtʃe] |
| tres cuartos | trzy czwarte | [tʃɪ 'tʃfarte] |

6. Números. Operaciones básicas

sustracción (f)	odejmowanie (n)	[ɔdɛjmɔ'vane]
sustraer (vt)	odejmować	[ɔdɛj'mɔvatʃ]
división (f)	dzielenie (n)	[dʒe'lene]
dividir (vt)	dzielić	['dʒelitʃ]

adición (f)	dodawanie (n)	[dɔda'vane]
sumar (totalizar)	dodać	['dɔdatʃ]
sumar (vt)	dodawać	[dɔ'davatʃ]
multiplicación (f)	mnożenie (n)	[mnɔ'ʒɛne]
multiplicar (vt)	mnożyć	['mnɔʒitʃ]

7. Números. Miscelánea

cifra (f)	cyfra (f)	['tsɪfra]
número (m) (~ cardinal)	liczba (f)	['litʃba]
numeral (m)	liczebnik (m)	[lit'ʃɛbnik]
menos (m)	minus (m)	['minus]
más (m)	plus (m)	[plys]
fórmula (f)	wzór (m)	[vzur]

cálculo (m)	obliczenie (n)	[ɔbli'tʃane]
contar (vt)	liczyć	['litʃitʃ]
calcular (vt)	podliczać	[pɔd'litʃatʃ]
comparar (vt)	porównywać	[pɔruv'nivatʃ]

¿Cuánto?	Ile?	['ile]
suma (f)	suma (f)	['suma]
resultado (m)	wynik (m)	['vɪnik]
resto (m)	reszta (f)	['rɛʃta]

unos pocos	kilka	['kiʎka]
poco (adv)	niedużo ...	[ne'duʒɔ]
resto (m)	reszta (f)	['rɛʃta]
uno y medio	półtora	[puw'tɔra]
docena (f)	tuzin (m)	['tuʒin]

en dos partes	na pół	[na puw]
en partes iguales	po równo	[pɔ 'ruvnɔ]
mitad (f)	połowa (f)	[pɔ'wɔva]
vez (f)	raz (m)	[raz]

8. Los verbos más importantes. Unidad 1

| abrir (vt) | otwierać | [ɔt'feratʃ] |
| aconsejar (vt) | radzić | ['radʒitʃ] |

| adivinar (vt) | odgadnąć | [ɔdˈgadnɔ̃ʧ] |
| advertir (vt) | ostrzegać | [ɔstˈʃɛgaʧ] |

alabarse (vr)	chwalić się	[ˈhfaliʧ ɕɛ̃]
almorzar (vi)	jeść obiad	[ɛʧ ˈɔbʲat]
alquilar (~ una casa)	wynajmować	[vɪnajˈmɔvaʧ]
amenazar (vt)	grozić	[ˈgrɔʑiʧ]
arrepentirse (vr)	żałować	[ʒaˈwɔvaʧ]
ayudar (vt)	pomagać	[pɔˈmagaʧ]

bañarse (vr)	kąpać się	[ˈkɔ̃paʧ ɕɛ̃]
bromear (vi)	żartować	[ʒarˈtɔvaʧ]
buscar (vt)	szukać	[ˈʃukaʧ]

caer (vi)	spadać	[ˈspadaʧ]
callarse (vr)	milczeć	[ˈmiʎʧɛʧ]
cambiar (vt)	zmienić	[ˈzmeniʧ]
castigar (vt)	karać	[ˈkaraʧ]
cavar (vt)	kopać	[ˈkɔpaʧ]
cazar (vi, vt)	polować	[pɔˈlɔvaʧ]

cenar (vi)	jeść kolację	[ɛʧ kɔˈʎatsʰɛ̃]
cesar (vt)	przestawać	[pʃɛsˈtavaʧ]
coger (vt)	łowić	[ˈwɔviʧ]
comenzar (vt)	rozpoczynać	[rɔspɔtˈʃɪnaʧ]
comparar (vt)	porównywać	[pɔruvˈnɪvaʧ]
comprender (vt)	rozumieć	[rɔˈzumeʧ]

confiar (vt)	ufać	[ˈufaʧ]
confundir (vt)	mylić	[ˈmɪliʧ]
conocer (~ a alguien)	znać	[znaʧ]
contar (vt) (enumerar)	liczyć	[ˈliʧɪʧ]
contar con …	liczyć na …	[ˈliʧɪʧ na]

continuar (vt)	kontynuować	[kɔntɪnuˈɔvaʧ]
controlar (vt)	kontrolować	[kɔntrɔˈlɔvaʧ]
correr (vi)	biec	[bets]
costar (vt)	kosztować	[kɔʃˈtɔvaʧ]
crear (vt)	stworzyć	[ˈstfɔʒiʧ]

9. Los verbos más importantes. Unidad 2

dar (vt)	dawać	[ˈdavaʧ]
dar una pista	czynić aluzje	[ˈʧɪniʧ aˈlyzʰe]
darse prisa	śpieszyć się	[ˈɕpeʃiʧ ɕɛ̃]
decir (vt)	powiedzieć	[pɔˈvedʒeʧ]
decorar (para la fiesta)	ozdabiać	[ɔzˈdabʲaʧ]

defender (vt)	bronić	[ˈbrɔniʧ]
dejar caer	upuszczać	[uˈpuʃʧaʧ]
desayunar (vi)	jeść śniadanie	[ɛʧ ɕɲaˈdane]
descender (vi)	schodzić	[ˈshɔdʒiʧ]
dirigir (administrar)	kierować	[keˈrɔvaʧ]
disculparse (vr)	przepraszać	[pʃɛpˈraʃaʧ]

discutir (vt)	omawiać	[ɔ'maviatʃ]
dudar (vt)	wątpić	['võtpitʃ]

encontrar (hallar)	znajdować	[znaj'dɔvatʃ]
engañar (vi, vt)	oszukiwać	[ɔʃu'kivatʃ]
entrar (vi)	wchodzić	['fhɔdʒitʃ]
enviar (vt)	wysyłać	[vɪ'sɪwatʃ]
equivocarse (vr)	mylić się	['mɪlitʃ çɛ̃]

escoger (vt)	wybierać	[vɪ'beratʃ]
esconder (vt)	chować	['hɔvatʃ]
escribir (vt)	pisać	['pisatʃ]
esperar (aguardar)	czekać	['tʃɛkatʃ]
esperar (tener esperanza)	mieć nadzieję	[metʃ na'dʒeɛ̃]

estar de acuerdo	zgadzać się	['zgadzatʃ çɛ̃]
estudiar (vt)	studiować	[studʰɔvatʃ]
exigir (vt)	zażądać	[za'ʒõdatʃ]
existir (vi)	istnieć	['istnetʃ]
explicar (vt)	objaśniać	[ɔbʰ'jaɕɲatʃ]

faltar (a las clases)	opuszczać	[ɔ'puʃtʃatʃ]
firmar (~ el contrato)	podpisywać	[pɔtpi'sɪvatʃ]
girar (~ a la izquierda)	skręcać	['skrɛntsatʃ]
gritar (vi)	krzyczeć	['kʃitʃɛtʃ]
guardar (conservar)	zachowywać	[zahɔ'vɪvatʃ]
gustar (vi)	podobać się	[pɔ'dɔbatʃ çɛ̃]

10. Los verbos más importantes. Unidad 3

hablar (vi, vt)	rozmawiać	[rɔz'maviatʃ]
hacer (vt)	robić	['rɔbitʃ]

informar (vt)	informować	[infɔr'mɔvatʃ]
insistir (vi)	nalegać	[na'legatʃ]
insultar (vt)	znieważać	[zne'vaʒatʃ]
interesarse (vr)	interesować się	[intɛrɛ'sɔvatʃ çɛ̃]
invitar (vt)	zapraszać	[zap'raʃatʃ]
ir (a pie)	iść	[iɕtʃ]
jugar (divertirse)	grać	[gratʃ]

leer (vi, vt)	czytać	['tʃɪtatʃ]
liberar (ciudad, etc.)	wyzwalać	[vɪz'vaʎatʃ]
llamar (por ayuda)	wołać	['vɔwatʃ]
llegar (vi)	przyjeżdżać	[pʃɪ'eʒdʒatʃ]
llorar (vi)	płakać	['pwakatʃ]

matar (vt)	zabijać	[za'bijatʃ]
mencionar (vt)	wspominać	[fspɔ'minatʃ]
mostrar (vt)	pokazywać	[pɔka'zɪvatʃ]

nadar (vi)	pływać	['pwɪvatʃ]
negarse (vr)	odmawiać	[ɔd'maviatʃ]
notar (divisar)	zauważać	[zau'vaʒatʃ]

objetar (vt)	sprzeciwiać się	[spʃɛ'ʧivʲaʧ ɕɛ̃]
observar (vt)	obserwować	[ɔbsɛr'vɔvaʧ]
oír (vt)	słyszeć	['swɪʃɛʧ]
olvidar (vt)	zapominać	[zapɔ'minaʧ]
orar (vi)	modlić się	['mɔdliʧ ɕɛ̃]
ordenar (mil.)	rozkazywać	[rɔska'zɪvaʧ]

pagar (vi, vt)	płacić	['pwaʧiʧ]
pararse (vr)	zatrzymywać się	[zaʧɪ'mɪvaʧ ɕɛ̃]
participar (vi)	uczestniczyć	[uʧɛst'niʧiʧ]
pedir (ayuda, etc.)	prosić	['prɔɕiʧ]
pedir (en restaurante)	zamawiać	[za'mavʲaʧ]
pensar (vi, vt)	myśleć	['mɪɕleʧ]

perdonar (vt)	przebaczać	[pʃɛ'baʧaʧ]
permitir (vt)	zezwalać	[zɛz'vaʎaʧ]
pertenecer a ...	należeć	[na'lɛʒɛʧ]
planear (vt)	planować	[pʎa'nɔvaʧ]
poder (v aux)	móc	[muts]
poseer (vt)	posiadać	[pɔ'ɕadaʧ]

preferir (vt)	woleć	['vɔleʧ]
preguntar (vt)	pytać	['pɪtaʧ]
preparar (la cena)	gotować	[gɔ'tɔvaʧ]
prever (vt)	przewidzieć	[pʃɛ'vidʑeʧ]
prometer (vt)	obiecać	[ɔ'beʦaʧ]
pronunciar (vt)	wymawiać	[vɪ'mavʲaʧ]
proponer (vt)	proponować	[prɔpɔ'nɔvaʧ]

quejarse (vr)	skarżyć się	['skarʒɪʧ ɕɛ̃]
querer (amar)	kochać	['kɔhaʧ]
querer (desear)	chcieć	[hʧɛʧ]

11. Los verbos más importantes. Unidad 4

recomendar (vt)	polecać	[pɔ'leʦaʧ]
regañar (vt)	besztać	['bɛʃtaʧ]
reírse (vr)	śmiać się	['ɕmʲaʧ ɕɛ̃]
repetir (vt)	powtarzać	[pɔf'taʒaʧ]
reservar (~ una mesa)	rezerwować	[rɛzɛr'vɔvaʧ]
responder (vi, vt)	odpowiadać	[ɔtpɔ'vʲadaʧ]
robar (vt)	kraść	[kraɕʧ]
romper (vt)	psuć	[psuʧ]

saber (~ algo mas)	wiedzieć	['vedʑeʧ]
salir (vi)	wychodzić	[vɪ'hɔdʑiʧ]
salvar (vt)	ratować	[ra'tɔvaʧ]
seguir ...	podążać	[pɔ'dɔ̃ʒaʧ]
sentarse (vr)	siadać	['ɕadaʧ]

ser necesario	być potrzebnym	[bɪʧ pɔt'ʃɛbnɪm]
ser, estar (vi)	być	[bɪʧ]
significar (vt)	znaczyć	['znaʧiʧ]
sonreír (vi)	uśmiechać się	[uɕ'mehaʧ ɕɛ̃]

| sorprenderse (vr) | dziwić się | ['dʑiviʨ ɕɛ̃] |
| subestimar (vt) | nie doceniać | [nedɔ'ʦɛɲaʨ] |

tener (vt)	mieć	[meʨ]
tener hambre	chcieć jeść	[hʨeʨ eɕʨ]
tener miedo	bać się	[baʨ ɕɛ̃]
tener sed	chcieć pić	[hʨeʨ piʨ]

terminar (vt)	kończyć	['kɔɲʧiʨ]
tirar (vi)	strzelać	['sʧɛʎaʨ]
tocar (con las manos)	dotykać	[dɔ'tɪkaʨ]
tomar (vt)	brać	[braʨ]
tomar nota	zapisywać	[zapi'sɪvaʨ]

trabajar (vi)	pracować	[pra'ʦɔvaʨ]
traducir (vt)	tłumaczyć	[twu'maʧiʨ]
tratar (de …)	próbować	[pru'bɔvaʨ]

unir (vt)	łączyć	['wɔ̃ʧiʨ]
vender (vt)	sprzedawać	[spʃɛ'davaʨ]
ver (vt)	widzieć	['vidʑeʨ]
volar (pájaro, avión)	lecieć	['leʨeʨ]

12. Los colores

color (m)	kolor (m)	['kɔlɔr]
matiz (m)	odcień (m)	['ɔʨeɲ]
tono (m)	ton (m)	[tɔn]
arco (m) iris	tęcza (f)	['tɛntʃa]

blanco (adj)	biały	['bʲawɪ]
negro (adj)	czarny	['ʧarnɪ]
gris (adj)	szary	['ʃarɪ]

verde (adj)	zielony	[ʒe'lɔnɪ]
amarillo (adj)	żółty	['ʒuwtɪ]
rojo (adj)	czerwony	[ʧɛr'vɔnɪ]

azul (adj)	ciemny niebieski	['ʧɛmnɪ ne'beski]
azul claro (adj)	niebieski	[ne'beski]
rosado (adj)	różowy	[ru'ʒɔvɪ]
anaranjado (adj)	pomarańczowy	[pɔmaraɲt'ʃɔvɪ]
violeta (adj)	fioletowy	[fʲɔle'tɔvɪ]
marrón (adj)	brązowy	[brɔ̃'zɔvɪ]

| dorado (adj) | złoty | ['zwɔtɪ] |
| argentado (adj) | srebrzysty | [srɛb'ʒɪstɪ] |

beige (adj)	beżowy	[bɛ'ʒɔvɪ]
crema (adj)	kremowy	[krɛ'mɔvɪ]
turquesa (adj)	turkusowy	[turku'sɔvɪ]
rojo cereza (adj)	wiśniowy	[viɕ'nɜvɪ]
lila (adj)	liliowy	[li'ʎɜvɪ]
carmesí (adj)	malinowy	[mali'nɔvɪ]

claro (adj)	jasny	['jasnɪ]
oscuro (adj)	ciemny	['ʧemnɪ]
vivo (adj)	jasny	['jasnɪ]

de color (lápiz ~)	kolorowy	[kɔlɜ'rɔvɪ]
en colores (película ~)	kolorowy	[kɔlɜ'rɔvɪ]
blanco y negro (adj)	czarno-biały	['ʧarnɔ 'bɪawɪ]
unicolor (adj)	jednokolorowy	['ednɔkɔlɜ'rɔvɪ]
multicolor (adj)	różnokolorowy	['ruʒnɔkɔlɜ'rɔvɪ]

13. Las preguntas

¿Quién?	Kto?	[ktɔ]
¿Qué?	Co?	[ʦɔ]
¿Dónde?	Gdzie?	[gʥe]
¿A dónde?	Dokąd?	['dɔkɔ̃t]
¿De dónde?	Skąd?	[skɔ̃t]
¿Cuándo?	Kiedy?	['kedɪ]
¿Para qué?	Dlaczego?	[dʎat'ʃɛgɔ]
¿Por qué?	Czemu?	['ʧɛmu]

¿Por qué razón?	Do czego?	[dɔ 'ʧɛgɔ]
¿Cómo?	Jak?	[jak]
¿Qué ...? (~ color)	Jaki?	['jaki]
¿Cuál?	Który?	['kturɪ]

¿De quién? (~ hablan ...)	O kim?	['ɔ kim]
¿De qué?	O czym?	['ɔ ʧɪm]
¿Con quién?	Z kim?	[s kim]

¿Cuánto?	Ile?	['ile]
¿De quién? (~ es este ...)	Czyj?	[ʧɪj]

14. Las palabras útiles. Los adverbios. Unidad 1

¿Dónde?	Gdzie?	[gʥe]
aquí (adv)	tu	[tu]
allí (adv)	tam	[tam]

en alguna parte	gdzieś	[gʥeɕ]
en ninguna parte	nigdzie	['nigʥe]

junto a ...	koło, przy	['kɔwɔ], [pʃɪ]
junto a la ventana	przy oknie	[pʃɪ 'ɔkne]

¿A dónde?	Dokąd?	['dɔkɔ̃t]
aquí (venga ~)	tutaj	['tutaj]
allí (vendré ~)	tam	[tam]
de aquí (adv)	stąd	[stɔ̃t]
de allí (adv)	stamtąd	['stamtɔ̃t]
cerca (no lejos)	blisko	['bliskɔ]
lejos (adv)	daleko	[da'lɛkɔ]

cerca de ...	koło	['kɔwɔ]
al lado (de ...)	obok	['ɔbɔk]
no lejos (adv)	niedaleko	[neda'lekɔ]
izquierdo (adj)	lewy	['levɪ]
a la izquierda (situado ~)	z lewej	[z 'levɛj]
a la izquierda (girar ~)	w lewo	[v 'levɔ]
derecho (adj)	prawy	['pravɪ]
a la derecha (situado ~)	z prawej	[s 'pravɛj]
a la derecha (girar)	w prawo	[f 'pravɔ]
delante (yo voy ~)	z przodu	[s 'pʃɔdu]
delantero (adj)	przedni	['pʃɛdni]
adelante (movimiento)	naprzód	['napʃut]
detrás de ...	z tyłu	[s 'tɪwu]
desde atrás	od tyłu	[ɔt 'tɪwu]
atrás (da un paso ~)	do tyłu	[dɔ 'tɪwu]
centro (m), medio (m)	środek (m)	['ɕrɔdɛk]
en medio (adv)	w środku	[f 'ɕrɔdku]
de costado (adv)	z boku	[z 'bɔku]
en todas partes	wszędzie	['fʃɛdʑe]
alrededor (adv)	dookoła	[dɔː'kɔwa]
de dentro (adv)	z wewnątrz	[z 'vɛvnɔ̃tʃ]
a alguna parte	dokądś	['dɔkɔ̃tɕ]
todo derecho (adv)	na wprost	['na fprɔst]
atrás (muévelo para ~)	z powrotem	[s pɔv'rɔtɛm]
de alguna parte (adv)	skądkolwiek	[skɔ̃t'kɔʎvek]
no se sabe de dónde	skądś	[skɔ̃tɕ]
en primer lugar	po pierwsze	[pɔ 'perfʃɛ]
segundo (adv)	po drugie	[pɔ 'druge]
tercero (adv)	po trzecie	[pɔ 'tʃɛtʃe]
de súbito (adv)	nagle	['nagle]
al principio (adv)	na początku	[na pɔt'ʃɔ̃tku]
por primera vez	po raz pierwszy	[pɔ ras 'perfʃɪ]
mucho tiempo antes ...	na długo przed ...	[na 'dwugɔ pʃɛt]
de nuevo (adv)	od nowa	[ɔd 'nɔva]
para siempre (adv)	na zawsze	[na 'zafʃɛ]
jamás (adv)	nigdy	['nigdɪ]
de nuevo (adv)	znowu	['znɔvu]
ahora (adv)	teraz	['tɛras]
a menudo (adv)	często	['tʃɛnstɔ]
entonces (adv)	wtedy	['ftɛdɪ]
urgentemente	pilnie	['piʎne]
normalmente (adv)	zwykle	['zvɪkle]
por cierto, ...	a propos	[a prɔ'pɔ]
es probable	może, możliwe	['mɔʒɛ], [mɔʒ'livɛ]

probablemente (adv)	prawdopodobnie	[pravdɔpɔ'dɔbne]
es posible	być może	[bɪtʃ 'mɔʒɛ]
además ...	poza tym	[pɔ'za tɪm]
por eso ...	dlatego	[dʎa'tɛgɔ]
a pesar de ...	mimo że ...	['mimɔ ʒɛ]
gracias a ...	dzięki	['dʒĕki]

qué (pron)	co	[tsɔ]
que (conj)	że	[ʒɛ]
algo (~ le ha pasado)	coś	[tsɔɕ]
algo (~ así)	cokolwiek	[tsɔ'kɔʎvek]
nada (f)	nic	[nits]

quien	kto	[ktɔ]
alguien (viene ~)	ktoś	[ktɔɕ]
alguien (¿ha llamado ~?)	ktokolwiek	[ktɔ'kɔʎvek]

nadie	nikt	[nikt]
a ninguna parte	nigdzie	['nigdʒe]
de nadie	niczyj	['nitʃij]
de alguien	czyjkolwiek	[tʃij'kɔʎvek]

tan, tanto (adv)	tak	[tak]
también (~ habla francés)	także	['tagʒɛ]
también (p.ej. Yo ~)	też	[tɛʃ]

15. Las palabras útiles. Los adverbios. Unidad 2

¿Por qué?	Dlaczego?	[dʎat'ʃɛgɔ]
no se sabe porqué	z jakiegoś powodu	[z ja'kegɔɕ pɔ'vɔdu]
porque ...	dlatego, że ...	[dla'tɛgɔ], [ʒɛ]
para algo (adv)	po coś	['pɔ tsɔɕ]

y (p.ej. uno y medio)	i	[i]
o (p.ej. té o café)	albo	['aʎbɔ]
pero (p.ej. me gusta, pero ...)	ale	['ale]
para (p.ej. es para ti)	dla	[dʎa]

demasiado (adv)	zbyt	[zbɪt]
sólo (adv)	tylko	['tɪʎkɔ]
exactamente (adv)	dokładnie	[dɔk'wadne]
unos (~ 10 kg)	około	[ɔ'kɔwɔ]

aproximadamente	w przybliżeniu	[f pʃibli'ʒɛny]
aproximado (adj)	przybliżony	[pʃibli'ʒɔnɪ]
casi (adv)	prawie	[prave]
resto (m)	reszta (f)	['rɛʃta]

cada (adj)	każdy	['kaʒdɪ]
cualquier (adj)	jakikolwiek	[jaki'kɔʎvjek]
mucho (adv)	dużo	['duʒɔ]
muchos (mucha gente)	wiele	['vele]
todos	wszystkie	['fʃistke]
a cambio de ...	w zamian za ...	[v 'zamian za]

en cambio (adv)	zamiast	['zamⁱast]
a mano (hecho ~)	ręcznie	['rɛntʃne]
es poco probable	ledwo, prawie	['ledvɔ], ['pravje]

probablemente	prawdopodobnie	[pravdɔpɔ'dɔbne]
a propósito (adv)	celowo	[tsɛ'lɔvɔ]
por accidente (adv)	przypadkiem	[pʃı'patkem]

muy (adv)	bardzo	['bardzɔ]
por ejemplo (adv)	na przykład	[na 'pʃıkwat]
entre (~ nosotros)	między	['mendzı]
entre (~ otras cosas)	wśród	[fɕrut]
tanto (~ gente)	aż tyle	[aʒ 'tıle]
especialmente (adv)	szczególnie	[ʃtʃɛ'guʎne]

Conceptos básicos. Unidad 2

16. Los días de la semana

lunes (m)	poniedziałek (m)	[pɔne'dʒʲawɛk]
martes (m)	wtorek (m)	['ftɔrɛk]
miércoles (m)	środa (f)	['ɕrɔda]
jueves (m)	czwartek (m)	['tʃfartɛk]
viernes (m)	piątek (m)	[pɔ̃tɛk]
sábado (m)	sobota (f)	[sɔ'bɔta]
domingo (m)	niedziela (f)	[ne'dʒeʎa]
hoy (adv)	dzisiaj	['dʒiɕaj]
mañana (adv)	jutro	['jutrɔ]
pasado mañana	pojutrze	[pɔ'jutʃɛ]
ayer (adv)	wczoraj	['ftʃɔraj]
anteayer (adv)	przedwczoraj	[pʃɛtft'ʃɔraj]
día (m)	dzień (m)	[dʒeɲ]
día (m) de trabajo	dzień (m) roboczy	[dʒeɲ rɔ'bɔtʃɪ]
día (m) de fiesta	dzień (m) świąteczny	[dʒeɲ ɕfɔ̃'tɛtʃnɪ]
día (m) de descanso	dzień (m) wolny	[dʒeɲ 'vɔʎnɪ]
fin (m) de semana	weekend (m)	[u'ikɛnt]
todo el día	cały dzień	['tsawɪ dʒeɲ]
al día siguiente	następnego dnia	[nastɛ̃p'nɛgɔ dɲa]
dos días atrás	dwa dni temu	[dva dni 'tɛmu]
en vísperas (adv)	w przeddzień	[f 'pʃɛddʒeɲ]
diario (adj)	codzienny	[tsɔ'dʒeɲɪ]
cada día (adv)	codziennie	[tsɔ'dʒeɲe]
semana (f)	tydzień (m)	['tɪdʒeɲ]
semana (f) pasada	w zeszłym tygodniu	[v 'zɛʃwim tɪ'gɔdny]
semana (f) que viene	w następnym tygodniu	[v nas'tɛ̃pnɪm tɪ'gɔdny]
semanal (adj)	tygodniowy	[tɪgɔd'nɔvɪ]
cada semana (adv)	co tydzień	[tsɔ tɪ'dʒeɲ]
2 veces por semana	dwa razy w tygodniu	[dva 'razɪ v tɪ'gɔdny]
todos los martes	co wtorek	[tsɔ 'ftɔrek]

17. Las horas. El día y la noche

mañana (f)	ranek (m)	['ranɛk]
por la mañana	rano	['ranɔ]
mediodía (m)	południe (n)	[pɔ'wudne]
por la tarde	po południu	[pɔ pɔ'wudny]
tarde (f)	wieczór (m)	['vetʃur]
por la noche	wieczorem	[vet'ʃɔrɛm]

noche (f)	noc (f)	[nɔts]
por la noche	w nocy	[v 'nɔtsɪ]
medianoche (f)	północ (f)	['puwnɔts]
segundo (m)	sekunda (f)	[sɛ'kunda]
minuto (m)	minuta (f)	[mi'nuta]
hora (f)	godzina (f)	[gɔ'dʑina]
media hora (f)	pół godziny	[puw gɔ'dʑinɪ]
cuarto (m) de hora	kwadrans (m)	['kfadrans]
quince minutos	piętnaście minut	[pɛt'naɕtɕe 'minut]
veinticuatro horas (f pl)	doba (f)	['dɔba]
salida (f) del sol	wschód (m) słońca	[fshut 'swɔɲtsa]
amanecer (m)	świt (m)	[ɕfit]
madrugada (f)	wczesny ranek (m)	['ftʃɛsnɪ 'ranɛk]
puesta (f) del sol	zachód (m)	['zahut]
por la mañana temprano	wcześnie rano	['ftʃɛɕne 'ranɔ]
esta mañana	dzisiaj rano	['dʑiɕaj 'ranɔ]
mañana por la mañana	jutro rano	['jutrɔ 'ranɔ]
esta tarde	dzisiaj w dzień	['dʑiɕaj v dʑeɲ]
por la tarde	po południu	[pɔ pɔ'wudnɪ]
mañana por la tarde	jutro popołudniu	[jutrɔ pɔpɔ'wudnɪ]
esta tarde, esta noche	dzisiaj wieczorem	[dʑiɕaj vet'ʃɔrɛm]
mañana por la noche	jutro wieczorem	['jutrɔ vet'ʃɔrɛm]
a las tres en punto	równo o trzeciej	['ruvnɔ ɔ 'tʃɛtʃej]
a eso de las cuatro	około czwartej	[ɔ'kɔwɔ 'tʃfartɛj]
para las doce	na dwunastą	[na dvu'nastɔ̃]
dentro de veinte minutos	za dwadzieścia minut	[za dva'dʑeɕtʃa 'minut]
dentro de una hora	za godzinę	[za gɔ'dʑinɛ̃]
a tiempo (adv)	na czas	[na tʃas]
... menos cuarto	za kwadrans	[za 'kfadrans]
durante una hora	w ciągu godziny	[f tʃɔ̃gu gɔ'dʑinɪ]
cada quince minutos	co piętnaście minut	[tsɔ pɛt'naɕtɕe 'minut]
día y noche	całą dobę	['tsawɔ̃ 'dɔbɛ̃]

18. Los meses. Las estaciones

enero (m)	styczeń (m)	['stɪtʃɛɲ]
febrero (m)	luty (m)	['lytɪ]
marzo (m)	marzec (m)	['maʒɛts]
abril (m)	kwiecień (m)	['kfetʃeɲ]
mayo (m)	maj (m)	[maj]
junio (m)	czerwiec (m)	['tʃɛrvets]
julio (m)	lipiec (m)	['lipets]
agosto (m)	sierpień (m)	['ɕerpeɲ]
septiembre (m)	wrzesień (m)	['vʒɛɕeɲ]
octubre (m)	październik (m)	[paz'dʑernik]
noviembre (m)	listopad (m)	[lis'tɔpat]
diciembre (m)	grudzień (m)	['grudʑeɲ]

26

primavera (f)	wiosna (f)	['vɔsna]
en primavera	wiosną	['vɔsnɔ̃]
de primavera (adj)	wiosenny	[vɔ'sɛɲɪ]
verano (m)	lato (n)	['ʎatɔ]
en verano	latem	['ʎatɛm]
de verano (adj)	letni	['letni]
otoño (m)	jesień (f)	['eɕeɲ]
en otoño	jesienią	[e'ɕenɔ̃]
de otoño (adj)	jesienny	[e'ɕeɲɪ]
invierno (m)	zima (f)	['ʒima]
en invierno	zimą	['ʒimɔ̃]
de invierno (adj)	zimowy	[ʒi'mɔvɪ]
mes (m)	miesiąc (m)	['meɕɔ̃ts]
este mes	w tym miesiącu	[f tɪm me'ɕɔ̃tsu]
al mes siguiente	w przyszłym miesiącu	[v 'pʃɪsʃwɪm me'ɕɔ̃tsu]
el mes pasado	w zeszłym miesiącu	[v 'zɛʃwɪm me'ɕɔ̃tsu]
hace un mes	miesiąc temu	['meɕɔ̃ts 'tɛmu]
dentro de una mes	za miesiąc	[za 'meɕɔ̃ts]
dentro de dos meses	za dwa miesiące	[za dva me'ɕɔ̃tse]
todo el mes	przez cały miesiąc	[pʃɛs 'tsawɪ 'meɕɔ̃ts]
todo un mes	cały miesiąc	['tsawɪ 'meɕɔ̃ts]
mensual (adj)	comiesięczny	[tsɔme'ɕentʃnɪ]
mensualmente (adv)	comiesięcznie	[tsɔme'ɕentʃne]
cada mes	co miesiąc	[tsɔ 'meɕɔ̃ts]
dos veces por mes	dwa razy w miesiącu	[dva 'razɪ v meɕɔ̃tsu]
año (m)	rok (m)	[rɔk]
este año	w tym roku	[f tɪm 'rɔku]
el próximo año	w przyszłym roku	[v 'pʃɪsʃwɪm 'rɔku]
el año pasado	w zeszłym roku	[v 'zɛʃwɪm 'rɔku]
hace un año	rok temu	[rɔk 'tɛmu]
dentro de un año	za rok	[za rɔk]
dentro de dos años	za dwa lata	[za dva 'ʎata]
todo el año	cały rok	['tsawɪ rɔk]
todo un año	cały rok	['tsawɪ rɔk]
cada año	co roku	[tsɔ 'rɔku]
anual (adj)	coroczny	[tsɔ'rɔtʃnɪ]
anualmente (adv)	corocznie	[tsɔ'rɔtʃne]
cuatro veces por año	cztery razy w roku	['tʃtɛrɪ 'razɪ v 'rɔku]
fecha (f) (la ~ de hoy es ...)	data (f)	['data]
fecha (f) (~ de entrega)	data (f)	['data]
calendario (m)	kalendarz (m)	[ka'lendaʃ]
medio año (m)	pół roku	[puw 'rɔku]
seis meses	półrocze (n)	[puw'rɔtʃɛ]
temporada (f)	sezon (m)	['sɛzɔn]
siglo (m)	wiek (m)	[vek]

19. La hora. Miscelánea

tiempo (m)	czas (m)	[tʃas]
instante (m)	chwilka (f)	['hfiʎka]
momento (m)	chwila (f)	['hfiʎa]
instantáneo (adj)	błyskawiczny	[bwɪska'vitʃnɪ]
lapso (m) de tiempo	odcinek (m)	[ɔ'tʃinɛk]
vida (f)	życie (n)	['ʒitʃe]
eternidad (f)	wieczność (f)	['vetʃnɔctʃ]

época (f)	epoka (f)	[ɛ'pɔka]
era (f)	era (f)	['ɛra]
ciclo (m)	cykl (m)	['tsɪkʎ]
período (m)	okres (m), czas m	['ɔkrɛs], [tʃas]
plazo (m) (~ de tres meses)	termin (m)	['tɛrmin]

futuro (m)	przyszłość (f)	['pʃɪʃwɔctʃ]
que viene (adj)	przyszły	['pʃɪʃwɪ]
la próxima vez	następnym razem	[nas'tɛpnɪm 'razɛm]

pasado (m)	przeszłość (f)	['pʃɛʃwɔctʃ]
pasado (adj)	ubiegły	[u'begwɪ]
la última vez	ostatnim razem	[ɔs'tatnim 'razɛm]

más tarde (adv)	później	['puzʲnej]
después	po	[pɔ]
actualmente (adv)	obecnie	[ɔ'bɛtsne]
ahora (adv)	teraz	['tɛras]
inmediatamente	natychmiast	[na'tɪhmʲast]
pronto (adv)	wkrótce	['fkruttsɛ]
de antemano (adv)	wcześniej	['ftʃɛcnej]

hace mucho (adv)	dawno	['davnɔ]
hace poco (adv)	niedawno	[ne'davnɔ]
destino (m)	los (m)	['lɔs]
recuerdos (m pl)	pamięć (f)	['pamɛtʃ]
archivo (m)	archiwum (n)	[ar'hivum]

durante ...	podczas ...	['pɔdtʃas]
mucho tiempo (adv)	długo	['dwugɔ]
poco tiempo (adv)	niedługo	[ned'wugɔ]
temprano (adv)	wcześnie	['ftʃɛcne]
tarde (adv)	późno	['puzʲnɔ]

para siempre (adv)	na zawsze	[na 'zafʃɛ]
comenzar (vt)	rozpoczynać	[rɔspɔt'ʃɪnatʃ]
aplazar (vt)	przesunąć	[pʃɛ'sunɔ̃tʃ]

simultáneamente	jednocześnie	[ednɔt'ʃɛcne]
permanentemente	stale	['stale]
constante (ruido, etc.)	ciągły	[tʃɔ̃gwɪ]
temporal (adj)	tymczasowy	[tɪmtʃa'sɔvɪ]
a veces (adv)	czasami	[tʃa'sami]
rara vez (adv)	rzadko	['ʒmatkɔ]
a menudo (adv)	często	['tʃɛnstɔ]

20. Los opuestos

| rico (adj) | bogaty | [bɔ'gatı] |
| pobre (adj) | biedny | ['bednı] |

| enfermo (adj) | chory | ['hɔrı] |
| sano (adj) | zdrowy | ['zdrɔvı] |

| grande (adj) | duży | ['duʒı] |
| pequeño (adj) | mały | ['mawı] |

| rápidamente (adv) | szybko | ['ʃıpkɔ] |
| lentamente (adv) | wolno | ['vɔʎnɔ] |

| rápido (adj) | szybki | ['ʃıpki] |
| lento (adj) | powolny | [pɔ'vɔʎnı] |

| alegre (adj) | wesoły | [vɛ'sɔwı] |
| triste (adj) | smutny | ['smutnı] |

| juntos (adv) | razem | ['razɛm] |
| separadamente | oddzielnie | [ɔd'dʑeʎne] |

| en voz alta | na głos | ['na gwɔs] |
| en silencio | po cichu | [pɔ 'tʃihu] |

| alto (adj) | wysoki | [vı'sɔki] |
| bajo (adj) | niski | ['niski] |

| profundo (adj) | głęboki | [gwɛ̃'bɔki] |
| poco profundo (adj) | płytki | ['pwıtki] |

| sí | tak | [tak] |
| no | nie | [ne] |

| lejano (adj) | daleki | [da'lɛki] |
| cercano (adj) | bliski | ['bliski] |

| lejos (adv) | daleko | [da'lɛkɔ] |
| cerco (adv) | obok | ['ɔbɔk] |

| largo (adj) | długi | ['dwugi] |
| corto (adj) | krótki | ['krutki] |

| bueno (de buen corazón) | dobry | ['dɔbrı] |
| malvado (adj) | zły | [zwı] |

| casado (adj) | żonaty | [ʒɔ'natı] |
| soltero (adj) | nieżonaty | [neʒɔ'natı] |

| prohibir (vt) | zakazać | [za'kazatʃ] |
| permitir (vt) | zezwolić | [zɛz'vɔlitʃ] |

| fin (m) | koniec (m) | ['kɔnets] |
| principio (m) | początek (m) | [pɔt'ʃɔ̃tɛk] |

| izquierdo (adj) | lewy | ['levɪ] |
| derecho (adj) | prawy | ['pravɪ] |

| primero (adj) | pierwszy | ['perfʃɪ] |
| último (adj) | ostatni | [ɔs'tatni] |

| crimen (m) | przestępstwo (n) | [pʃɛs'tɛ̃pstfɔ] |
| castigo (m) | kara (f) | ['kara] |

| ordenar (vt) | rozkazać | [rɔs'kazatʃ] |
| obedecer (vi, vt) | podporządkować się | [pɔtpɔʒɔ̃d'kɔvatʃ ɕɛ̃] |

| recto (adj) | prosty | ['prɔstɪ] |
| curvo (adj) | krzywy | ['kʃɪvɪ] |

| paraíso (m) | raj (m) | [raj] |
| infierno (m) | piekło (n) | ['pekwɔ] |

| nacer (vi) | urodzić się | [u'rɔdʑitʃ ɕɛ̃] |
| morir (vi) | umrzeć | ['umʒɛtʃ] |

| fuerte (adj) | silny | ['ɕiʎnɪ] |
| débil (adj) | słaby | ['swabɪ] |

| viejo (adj) | stary | ['starɪ] |
| joven (adj) | młody | ['mwɔdɪ] |

| viejo (adj) | stary | ['starɪ] |
| nuevo (adj) | nowy | ['nɔvɪ] |

| duro (adj) | twardy | ['tfardɪ] |
| blando (adj) | miękki | ['meŋki] |

| cálido (adj) | ciepły | ['tʃepwɪ] |
| frío (adj) | zimny | ['ʒimnɪ] |

| gordo (adj) | gruby | ['grubɪ] |
| delgado (adj) | szczupły | ['ʃtʃupwɪ] |

| estrecho (adj) | wąski | ['vɔ̃ski] |
| ancho (adj) | szeroki | [ʃɛ'rɔki] |

| bueno (adj) | dobry | ['dɔbrɪ] |
| malo (adj) | zły | [zwɪ] |

| valiente (adj) | mężny | ['mɛnʒnɪ] |
| cobarde (adj) | tchórzliwy | [thuʒ'livɪ] |

21. Las líneas y las formas

cuadrado (m)	kwadrat (m)	['kfadrat]
cuadrado (adj)	kwadratowy	[kfadra'tɔvɪ]
círculo (m)	koło (n)	['kɔwɔ]
redondo (adj)	okrągły	[ɔk'rɔ̃gwɪ]

| triángulo (m) | trójkąt (m) | ['trujkɔ̃t] |
| triangular (adj) | trójkątny | [truj'kɔ̃tnɪ] |

óvalo (m)	owal (m)	['ɔvaʎ]
oval (adj)	owalny	[ɔ'vaʎnɪ]
rectángulo (m)	prostokąt (m)	[prɔs'tɔkɔ̃t]
rectangular (adj)	prostokątny	[prɔstɔ'kɔ̃tnɪ]

pirámide (f)	piramida (f)	[pira'mida]
rombo (m)	romb (m)	[rɔmp]
trapecio (m)	trapez (m)	['trapɛs]
cubo (m)	sześcian (m)	['ʃɛɕtɕan]
prisma (m)	graniastosłup (m)	[graɲas'tɔswup]

circunferencia (f)	okrąg (m)	['ɔkrɔ̃k]
esfera (f)	powierzchnia (f) kuli	[pɔ'vɛʃhɲa 'kuli]
globo (m)	kula (f)	['kuʎa]
diámetro (m)	średnica (f)	[ɕrɛd'niʦa]
radio (f)	promień (m)	['prɔmɛɲ]
perímetro (m)	obwód (m)	['ɔbvut]
centro (m)	środek (m)	['ɕrɔdɛk]

horizontal (adj)	poziomy	[pɔ'ʒɔmɪ]
vertical (adj)	pionowy	[pʒ'nɔvɪ]
paralela (f)	równoległa (f)	[ruvnɔ'legwa]
paralelo (adj)	równoległy	[ruvnɔ'legwɪ]

línea (f)	linia (f)	['liɲja]
trazo (m)	linia (f)	['liɲja]
recta (f)	prosta (f)	['prɔsta]
curva (f)	krzywa (f)	['kʃɪva]
fino (la ~a línea)	cienki	['ʨɛŋki]
contorno (m)	kontur (m)	['kɔntur]

intersección (f)	przecięcie (n)	[pʃɛ'ʨ̃ɛʨɛ]
ángulo (m) recto	kąt (m) prosty	[kɔ̃t 'prɔstɪ]
segmento (m)	segment (m)	['sɛgmɛnt]
sector (m)	wycinek (m)	[vɪ'ʨinɛk]
lado (m)	strona (f)	['strɔna]
ángulo (m)	kąt (m)	[kɔ̃t]

22. Las unidades de medida

peso (m)	ciężar (m)	['ʨɛnʒar]
longitud (f)	długość (f)	['dwugɔɕʨ]
anchura (f)	szerokość (f)	[ʃɛ'rɔkɔɕʨ]
altura (f)	wysokość (f)	[vɪ'sɔkɔɕʨ]

profundidad (f)	głębokość (f)	[gwɛ̃'bɔkɔɕʨ]
volumen (m)	objętość (f)	[ɔb'ʲɛntɔɕʨ]
superficie (f), área (f)	powierzchnia (f)	[pɔ'vɛʃhɲa]

| gramo (m) | gram (m) | [gram] |
| miligramo (m) | miligram (m) | [mi'ligram] |

31

kilogramo (m)	kilogram (m)	[ki'lɔgram]
tonelada (f)	tona (f)	['tɔna]
libra (f)	funt (m)	[funt]
onza (f)	uncja (f)	['untsʰja]

metro (m)	metr (m)	[mɛtr]
milímetro (m)	milimetr (m)	[mi'limɛtr]
centímetro (m)	centymetr (m)	[tsɛn'tɪmɛtr]
kilómetro (m)	kilometr (m)	[ki'lɔmɛtr]
milla (f)	mila (f)	['miʎa]

pulgada (f)	cal (m)	[tsaʎ]
pie (m)	stopa (f)	['stɔpa]
yarda (f)	jard (m)	['jart]

| metro (m) cuadrado | metr (m) kwadratowy | [mɛtr kfadra'tɔvɪ] |
| hectárea (f) | hektar (m) | ['hɛktar] |

litro (m)	litr (m)	[litr]
grado (m)	stopień (m)	['stɔpeɲ]
voltio (m)	wolt (m)	[vɔʎt]
amperio (m)	amper (m)	[am'pɛr]
caballo (m) de fuerza	koń (m) mechaniczny	[kɔɲ mɛha'nitʃnɪ]

cantidad (f)	ilość (f)	['ilɔɕtʃ]
un poco de ...	niedużo ...	[ne'duʒɔ]
mitad (f)	połowa (f)	[pɔ'wɔva]
docena (f)	tuzin (m)	['tuʒin]
pieza (f)	sztuka (f)	['ʃtuka]

| dimensión (f) | rozmiar (m) | ['rɔzmʲar] |
| escala (f) (del mapa) | skala (f) | ['skaʎa] |

mínimo (adj)	minimalny	[mini'maʎnɪ]
el menor (adj)	najmniejszy	[najm'nejʃɪ]
medio (adj)	średni	['ɕrɛdni]
máximo (adj)	maksymalny	[maksɪ'maʎnɪ]
el más grande (adj)	największy	[naj'veŋkʃɪ]

23. Contenedores

tarro (m) de vidrio	słoik (m)	['swɔik]
lata (f) de hojalata	puszka (f)	['puʃka]
cubo (m)	wiadro (n)	['vʲadrɔ]
barril (m)	beczka (f)	['bɛtʃka]

palangana (f)	miednica (f)	[med'nitsa]
tanque (m)	zbiornik (m)	['zbɜrnik]
petaca (f) (de alcohol)	piersiówka (f)	[per'ɕyvka]
bidón (m) de gasolina	kanister (m)	[ka'nistɛr]
cisterna (f)	cysterna (f)	[tsɪs'tɛrna]

| taza (f) (mug de cerámica) | kubek (m) | ['kubɛk] |
| taza (f) (~ de café) | filiżanka (f) | [fili'ʒaŋka] |

platillo (m)	spodek (m)	['spɔdɛk]
vaso (m) (~ de agua)	szklanka (f)	['ʃkʎaŋka]
copa (f) (~ de vino)	kielich (m)	['kelih]
cacerola (f)	garnek (m)	['garnɛk]

| botella (f) | butelka (f) | [bu'tɛʎka] |
| cuello (m) de botella | szyjka (f) | ['ʃijka] |

garrafa (f)	karafka (f)	[ka'rafka]
jarro (m) (~ de agua)	dzbanek (m)	['dzbanɛk]
recipiente (m)	naczynie (n)	[nat'ʃine]
olla (f)	garnek (m)	['garnɛk]
florero (m)	wazon (m)	['vazɔn]

frasco (m) (~ de perfume)	flakon (m)	[fʎa'kɔn]
frasquito (m)	fiolka (f)	[fʲ3ʎka]
tubo (m)	tubka (f)	['tupka]

saco (m) (~ de azúcar)	worek (m)	['vɔrɛk]
bolsa (f) (~ plástica)	torba (f)	['tɔrba]
paquete (m) (~ de cigarrillos)	paczka (f)	['patʃka]

caja (f)	pudełko (n)	[pu'dɛwkɔ]
cajón (m)	skrzynka (f)	['skʃiŋka]
cesta (f)	koszyk (m)	['kɔʃik]

24. Materiales

material (f)	materiał (m)	[ma'tɛrʲjaw]
madera (f)	drewno (n)	['drɛvnɔ]
de madera (adj)	drewniany	[drɛv'ɲanɪ]

| cristal (m) | szkło (n) | [ʃkwɔ] |
| de cristal (adj) | szklany | ['ʃkʎanɪ] |

| piedra (f) | kamień (m) | ['kameɲ] |
| de piedra (adj) | kamienny | [ka'meɲɪ] |

| plástico (m) | plastik (m) | ['pʎastik] |
| de plástico (adj) | plastikowy | [pʎastɪ'kɔvɪ] |

| goma (f) | guma (f) | ['guma] |
| de goma (adj) | gumowy | [gu'mɔvɪ] |

| tela (m) | tkanina (f) | [tka'nina] |
| de tela (adj) | z materiału | [z matɛrʲʰ'jawu] |

| papel (m) | papier (m) | ['paper] |
| de papel (adj) | papierowy | [pape'rɔvɪ] |

cartón (m)	karton (m)	['kartɔn]
de cartón (adj)	kartonowy	[kartɔ'nɔvɪ]
polietileno (m)	polietylen (m)	[pɔliɛ'tɪlen]
celofán (m)	celofan (m)	[ʦɛ'lɔfan]

chapa (f) de madera	sklejka (f)	['sklejka]
porcelana (f)	porcelana (f)	[portsɛ'ʎana]
de porcelana (adj)	porcelanowy	[portseʎa'nɔvɪ]
arcilla (f)	glina (f)	['glina]
de arcilla (adj)	gliniany	[gli'ɲanɪ]
cerámica (f)	ceramika (f)	[tsɛ'ramika]
de cerámica (adj)	ceramiczny	[tsɛra'mitʃnɪ]

25. Los metales

metal (m)	metal (m)	['mɛtaʎ]
de metal (adj)	metalowy	[mɛta'lɔvɪ]
aleación (f)	stop (m)	[stɔp]
oro (m)	złoto (n)	['zwɔtɔ]
de oro (adj)	złoty	['zwɔtɪ]
plata (f)	srebro (n)	['srɛbrɔ]
de plata (adj)	srebrny	['srɛbrnɪ]
hierro (m)	żelazo (n)	[ʒɛ'ʎazɔ]
de hierro (adj)	żelazny	[ʒe'ʎaznɪ]
acero (m)	stal (f)	[staʎ]
de acero (adj)	stalowy	[sta'lɔvɪ]
cobre (m)	miedź (f)	[mɛtʃ]
de cobre (adj)	miedziany	[me'dʒʲanɪ]
aluminio (m)	aluminium (n)	[aly'miɲjym]
de aluminio (adj)	aluminiowy	[alymi'ɲjɔvɪ]
bronce (m)	brąz (m)	[brɔ̃z]
de bronce (adj)	brązowy	[brɔ̃'zɔvɪ]
latón (m)	mosiądz (m)	['mɔçɔ̇ts]
níquel (m)	nikiel (m)	['nikeʎ]
platino (m)	platyna (f)	['pʎatɪna]
mercurio (m)	rtęć (f)	[rtɛ̃tʃ]
estaño (m)	cyna (f)	['tsɪna]
plomo (m)	ołów (m)	['ɔwuf]
zinc (m)	cynk (m)	[tsɪŋk]

EL SER HUMANO

El ser humano. El cuerpo

26. El ser humano. Conceptos básicos

ser (m) humano	człowiek (m)	['tʃwɔvek]
hombre (m) (varón)	mężczyzna (m)	[mɛ̃ʃt'ʃɪzna]
mujer (f)	kobieta (f)	[kɔ'beta]
niño -a (m, f)	dziecko (n)	['dʒetskɔ]
niña (f)	dziewczynka (f)	[dʒeft'ʃɪŋka]
niño (m)	chłopiec (m)	['hwɔpets]
adolescente (m)	nastolatek (m)	[nastɔ'ʎatɛk]
anciano (m)	staruszek (m)	[sta'ruʃɛk]
anciana (f)	staruszka (f)	[sta'ruʃka]

27. La anatomía humana

organismo (m)	organizm (m)	[ɔr'ganizm]
corazón (m)	serce (n)	['sɛrtsɛ]
sangre (f)	krew (f)	[krɛf]
arteria (f)	tętnica (f)	[tɛ̃t'nitsa]
vena (f)	żyła (f)	['ʒɪwa]
cerebro (m)	mózg (m)	[musk]
nervio (m)	nerw (m)	[nɛrf]
nervios (m pl)	nerwy (pl)	['nɛrvɪ]
vértebra (f)	kręg (m)	[krɛ̃k]
columna (f) vertebral	kręgosłup (m)	[krɛ̃'gɔswup]
estómago (m)	żołądek (m)	[ʒɔ'wɔ̃dɛk]
intestinos (m pl)	jelita (pl)	[e'lita]
intestino (m)	jelito (n)	[e'litɔ]
hígado (m)	wątroba (f)	[vɔ̃t'rɔba]
riñón (m)	nerka (f)	['nɛrka]
hueso (m)	kość (f)	[kɔɕtʃ]
esqueleto (m)	szkielet (m)	['ʃkelet]
costilla (f)	żebro (n)	['ʒɛbrɔ]
cráneo (m)	czaszka (f)	['tʃaʃka]
músculo (m)	mięsień (m)	['meɲɕɛ̃]
bíceps (m)	biceps (m)	['bitseps]
tendón (m)	ścięgno (n)	['ɕtʃeŋɔ]
articulación (f)	staw (m)	[staf]

pulmones (m pl)	płuca (pl)	['pwuɫsa]
genitales (m pl)	narządy (pl) płciowe	[na'ʒɔ̃dɪ 'pwtʃɔve]
piel (f)	skóra (f)	['skura]

28. La cabeza

cabeza (f)	głowa (f)	['gwɔva]
cara (f)	twarz (f)	[tfaʃ]
nariz (f)	nos (m)	[nɔs]
boca (f)	usta (pl)	['usta]

ojo (m)	oko (n)	['ɔkɔ]
ojos (m pl)	oczy (pl)	['ɔtʃi]
pupila (f)	źrenica (f)	[zʲre'nitsa]
ceja (f)	brew (f)	[brɛf]
pestaña (f)	rzęsy (pl)	['ʒɛnsɪ]
párpado (m)	powieka (f)	[pɔ'veka]

lengua (f)	język (m)	['enzɪk]
diente (m)	ząb (m)	[zɔ̃mp]
labios (m pl)	wargi (pl)	['vargi]
pómulos (m pl)	kości (pl) policzkowe	['kɔɕtʃi pɔlitʃ'kɔvɛ]
encía (f)	dziąsło (n)	[dʒɔ̃swɔ]
paladar (m)	podniebienie (n)	[pɔdne'bene]

ventanas (f pl)	nozdrza (pl)	['nɔzdʒa]
mentón (m)	podbródek (m)	[pɔdb'rudek]
mandíbula (f)	szczęka (f)	['ʃtʃɛŋka]
mejilla (f)	policzek (m)	[pɔ'litʃɛk]

frente (f)	czoło (n)	['tʃɔwɔ]
sien (f)	skroń (f)	[skrɔɲ]
oreja (f)	ucho (n)	['uhɔ]
nuca (f)	potylica (f)	[pɔtɪ'litsa]
cuello (m)	szyja (f)	['ʃɪja]
garganta (f)	gardło (n)	['gardwɔ]

cabello (m)	włosy (pl)	['vwɔsɪ]
peinado (m)	fryzura (f)	[frɪ'zura]
corte (m) de pelo	uczesanie (n)	[utʃɛ'sane]
peluca (f)	peruka (f)	[pɛ'ruka]

bigotes (m pl)	wąsy (pl)	['vɔ̃sɪ]
barba (f)	broda (f)	['brɔda]
tener (~ la barba)	nosić	['nɔɕitʃ]
trenza (f)	warkocz (m)	['varkɔtʃ]
patillas (f pl)	baczki (pl)	['batʃki]

pelirrojo (adj)	rudy	['rudɪ]
canoso (adj)	siwy	['ɕivɪ]
calvo (adj)	łysy	['wɪsɪ]
calva (f)	łysina (f)	[wɪ'ɕina]
cola (f) de caballo	koński ogon (m)	['kɔɲski 'ɔgɔn]
flequillo (m)	grzywka (f)	['gʒɪfka]

29. El cuerpo

mano (f)	dłoń (f)	[dwɔɲ]
brazo (m)	ręka (f)	['rɛŋka]
dedo (m)	palec (m)	['palets]
dedo (m) pulgar	kciuk (m)	['ktʃuk]
dedo (m) meñique	mały palec (m)	['mawɪ 'palets]
uña (f)	paznokieć (m)	[paz'nɔketʃ]
puño (m)	pięść (f)	[pɛ̃ctʃ]
palma (f)	dłoń (f)	[dwɔɲ]
muñeca (f)	nadgarstek (m)	[nad'garstɛk]
antebrazo (m)	przedramię (n)	[pʃɛd'ramɛ̃]
codo (m)	łokieć (n)	['wɔketʃ]
hombro (m)	ramię (n)	['ramɛ̃]
pierna (f)	noga (f)	['nɔga]
planta (f)	stopa (f)	['stɔpa]
rodilla (f)	kolano (n)	[kɔ'ʎanɔ]
pantorrilla (f)	łydka (f)	['wɪtka]
cadera (f)	biodro (n)	['bɜdrɔ]
talón (m)	pięta (f)	['penta]
cuerpo (m)	ciało (n)	['tʃʲawɔ]
vientre (m)	brzuch (m)	[bʒuh]
pecho (m)	pierś (f)	[perɕ]
seno (m)	piersi (pl)	['perɕi]
lado (m), costado (m)	bok (m)	[bɔk]
espalda (f)	plecy (pl)	['pletsɪ]
cintura (f)	krzyż (m)	[kʃɪʃ]
talle (m)	talia (f)	['taʎja]
ombligo (m)	pępek (m)	['pɛ̃pɛk]
nalgas (f pl)	pośladki (pl)	[pɔɕ'ʎatki]
trasero (m)	tyłek (m)	['tɪwɛk]
lunar (m)	pieprzyk (m)	['pepʃik]
marca (f) de nacimiento	znamię (n)	['znamɛ̃]
tatuaje (m)	tatuaż (m)	[ta'tuaʃ]
cicatriz (f)	blizna (f)	['blizna]

La ropa y los accesorios

30. La ropa exterior. Los abrigos

ropa (f), vestido (m)	odzież (f)	['ɔdʒeʃ]
ropa (f) de calle	wierzchnie okrycie (n)	['veʃhne ɔk'rɪtʃe]
ropa (f) de invierno	odzież (f) zimowa	['ɔdʒeʒ ʒi'mɔva]
abrigo (m)	palto (n)	['paʎtɔ]
abrigo (m) de piel	futro (n)	['futrɔ]
abrigo (m) corto de piel	futro (n) krótkie	['futrɔ 'krɔtkɛ]
plumón (m)	kurtka (f) puchowa	['kurtka pu'hɔva]
cazadora (f)	kurtka (f)	['kurtka]
impermeable (m)	płaszcz (m)	[pwaʃtʃ]
impermeable (adj)	nieprzemakalny	[nepʃɛma'kaʎnɪ]

31. Ropa de hombre y mujer

camisa (f)	koszula (f)	[kɔ'ʃuʎa]
pantalones (m pl)	spodnie (pl)	['spɔdne]
vaqueros (m pl)	dżinsy (pl)	['dʒinsɪ]
chaqueta (f), saco (m)	marynarka (f)	[marɪ'narka]
traje (m)	garnitur (m)	[gar'nitur]
vestido (m)	sukienka (f)	[su'keŋka]
falda (f)	spódnica (f)	[spud'nitsa]
blusa (f)	bluzka (f)	['blyska]
rebeca (f)	sweterek (m)	[sfɛ'tɛrɛk]
chaqueta (f)	żakiet (m)	['ʒaket]
camiseta (f) (T-shirt)	koszulka (f)	[kɔ'ʃuʎka]
pantalón (m) corto	spodenki (pl)	[spɔ'dɛŋki]
traje (m) deportivo	dres (m)	[drɛs]
bata (f) de baño	szlafrok (m)	['ʃʎafrɔk]
pijama (f)	pidżama (f)	[pi'dʒama]
jersey (m), suéter (m)	sweter (m)	['sfɛtɛr]
pulóver (m)	pulower (m)	[pu'lɔvɛr]
chaleco (m)	kamizelka (f)	[kami'zɛʎka]
frac (m)	frak (m)	[frak]
esmoquin (m)	smoking (m)	['smɔkiŋk]
uniforme (m)	uniform (m)	[u'nifɔrm]
ropa (f) de trabajo	ubranie (n) robocze	[ub'rane rɔ'bɔtʃɛ]
mono (m)	kombinezon (m)	[kɔmbi'nɛzɔn]
bata (f) blanca	kitel (m)	['kitɛʎ]

32. La ropa. La ropa interior

ropa (f) interior	bielizna (f)	[beˈlizna]
camiseta (f) interior	podkoszulek (m)	[pɔtkɔˈʃulek]
calcetines (m pl)	skarpety (pl)	[skarˈpɛtɪ]

camisón (m)	koszula (f) nocna	[kɔˈʃuʎa ˈnɔtsna]
sostén (m)	biustonosz (m)	[bysˈtɔnɔʃ]
calcetines (m pl) altos	podkolanówki (pl)	[pɔdkɔˈʎaˈnufki]
leotardos (m pl)	rajstopy (pl)	[rajsˈtɔpɪ]
medias (f pl)	pończochy (pl)	[pɔɲtˈʃɔhɪ]
traje (m) de baño	kostium (m) kąpielowy	[ˈkɔstʰjum kɔ̃pelɔvɪ]

33. Gorras

gorro (m)	czapka (f)	[ˈtʃapka]
sombrero (m) de fieltro	kapelusz (m) fedora	[kaˈpɛlyʃ fɛˈdɔra]
gorra (f) de béisbol	bejsbolówka (f)	[bɛjsbɔˈlyfka]
gorra (f) plana	kaszkiet (m)	[ˈkaʃket]

boina (f)	beret (m)	[ˈbɛrɛt]
capuchón (m)	kaptur (m)	[ˈkaptur]
panamá (m)	panama (f)	[paˈnama]

| pañuelo (m) | chustka (f) | [ˈhustka] |
| sombrero (m) femenino | kapelusik (m) | [kapɛˈlyɕik] |

casco (m) (~ protector)	kask (m)	[kask]
gorro (m) de campaña	furażerka (f)	[furaˈʒɛrka]
casco (m) (~ de moto)	hełm (m)	[hɛwm]

| bombín (m) | melonik (m) | [mɛˈlɔnik] |
| sombrero (m) de copa | cylinder (m) | [tsɪˈlindɛr] |

34. El calzado

calzado (m)	obuwie (n)	[ɔˈbuve]
botas (f pl)	buty (pl)	[ˈbutɪ]
zapatos (m pl) (~ de tacón bajo)	pantofle (pl)	[panˈtɔfle]
botas (f pl) altas	kozaki (pl)	[kɔˈzaki]
zapatillas (f pl)	kapcie (pl)	[ˈkaptɕe]

zapatos (m pl) de tenis	adidasy (pl)	[adiˈdasɪ]
zapatos (m pl) deportivos	tenisówki (pl)	[tɛniˈsufki]
sandalias (f pl)	sandały (pl)	[sanˈdawɪ]

zapatero (m)	szewc (m)	[ʃɛfts]
tacón (m)	obcas (m)	[ˈɔbtsas]
par (m)	para (f)	[ˈpara]
cordón (m)	sznurowadło (n)	[ʃnurɔˈvadwɔ]
encordonar (vt)	sznurować	[ʃnuˈrɔvatʃ]

| calzador (m) | łyżka (f) do butów | ['wɪʒka dɔ 'butuf] |
| betún (m) | pasta (f) do butów | ['pasta dɔ 'butuf] |

35. Los textiles. Las telas

algodón (m)	bawełna (f)	[ba'vɛwna]
de algodón (adj)	z bawełny	[z ba'vɛwnɪ]
lino (m)	len (m)	[len]
de lino (adj)	z lnu	[z ʎnu]

seda (f)	jedwab (m)	['edvap]
de seda (adj)	jedwabny	[ed'vabnɪ]
lana (f)	wełna (f)	['vɛwna]
de lana (adj)	wełniany	[vɛw'ɲanɪ]

terciopelo (m)	aksamit (m)	[ak'samit]
gamuza (f)	zamsz (m)	[zamʃ]
pana (f)	sztruks (m)	[ʃtruks]

nylon (m)	nylon (m)	['nɪlɜn]
de nylon (adj)	z nylonu	[z nɪ'lɜnu]
poliéster (m)	poliester (m)	[pɔli'ɛstɛr]
de poliéster (adj)	poliestrowy	[pɔliɛst'rɔvɪ]

piel (f) (cuero)	skóra (f)	['skura]
de piel (de cuero)	ze skóry	[zɛ 'skurɪ]
piel (f) (~ de zorro, etc.)	futro (n)	['futrɔ]
de piel (abrigo ~)	futrzany	[fut'ʃanɪ]

36. Accesorios personales

guantes (m pl)	rękawiczki (pl)	[rɛ̃ka'vitʃki]
manoplas (f pl)	rękawiczki (pl)	[rɛ̃ka'vitʃki]
bufanda (f)	szalik (m)	['ʃalik]

gafas (f pl)	okulary (pl)	[ɔku'ʎarɪ]
montura (f)	oprawka (f)	[ɔp'rafka]
paraguas (m)	parasol (m)	[pa'rasɔʎ]
bastón (m)	laska (f)	['ʎaska]
cepillo (m) de pelo	szczotka (f) do włosów	['ʃtʃɔtka dɔ 'vwɔsuv]
abanico (m)	wachlarz (m)	['vahʎaʃ]

corbata (f)	krawat (m)	['kravat]
pajarita (f)	muszka (f)	['muʃka]
tirantes (m pl)	szelki (pl)	['ʃɛʎki]
moquero (m)	chusteczka (f) do nosa	[hus'tɛtʃka dɔ 'nɔsa]

peine (m)	grzebień (m)	['gʒɛbeɲ]
pasador (m)	spinka (f)	['spiŋka]
horquilla (f)	szpilka (f)	['ʃpiʎka]
hebilla (f)	sprzączka (f)	['spʃɔ̃tʃka]
cinturón (m)	pasek (m)	['pasɛk]

correa (f) (de bolso)	pasek (m)	['pasɛk]
bolsa (f)	torba (f)	['tɔrba]
bolso (m)	torebka (f)	[tɔ'rɛpka]
mochila (f)	plecak (m)	['plɛtsak]

37. La ropa. Miscelánea

moda (f)	moda (f)	['mɔda]
de moda (adj)	modny	['mɔdnɪ]
diseñador (m) de modas	projektant (m) mody	[prɔ'ektant 'mɔdɪ]

cuello (m)	kołnierz (m)	['kɔwneʃ]
bolsillo (m)	kieszeń (f)	['keʃɛɲ]
de bolsillo (adj)	kieszonkowy	[keʃɔ'ŋkɔvɪ]
manga (f)	rękaw (m)	['rɛŋkaf]
colgador (m)	wieszak (m)	['veʃak]
bragueta (f)	rozporek (m)	[rɔs'pɔrɛk]

cremallera (f)	zamek (m) błyskawiczny	['zamɛk bwɪska'vitʃnɪ]
cierre (m)	zapięcie (m)	[za'pɛ̃tʃe]
botón (m)	guzik (m)	['guʒik]
ojal (m)	dziurką (f) na guzik	['dʒyrka na gu'ʒik]
saltar (un botón)	urwać się	['urvatʃ ɕɛ̃]

coser (vi, vt)	szyć	[ʃɪtʃ]
bordar (vt)	haftować	[haf'tɔvatʃ]
bordado (m)	haft (m)	[haft]
aguja (f)	igła (f)	['igwa]
hilo (m)	nitka (f)	['nitka]
costura (f)	szew (m)	[ʃɛf]

ensuciarse (vr)	wybrudzić się	[vɪb'rudʒitʃ ɕɛ̃]
mancha (f)	plama (f)	['pʎama]
arrugarse (vr)	zmiąć się	[zmɔ̃tʃ ɕɛ̃]
rasgar (vt)	rozerwać	[rɔ'zɛrvatʃ]
polilla (f)	mól (m)	[muʎ]

38. Productos personales. Cosméticos

pasta (f) de dientes	pasta (f) do zębów	['pasta dɔ 'zɛ̃buf]
cepillo (m) de dientes	szczoteczka (f) do zębów	[ʃtʃɔ'tɛtʃka dɔ 'zɛ̃buf]
limpiarse los dientes	myć zęby	[mɪtʃ 'zɛ̃bɪ]

maquinilla (f) de afeitar	maszynka (f) do golenia	[ma'ʃɪŋka dɔ gɔ'lena]
crema (f) de afeitar	krem (m) do golenia	[krɛm dɔ gɔ'lena]
afeitarse (vr)	golić się	['gɔlitʃ ɕɛ̃]

| jabón (m) | mydło (n) | ['mɪdwɔ] |
| champú (m) | szampon (m) | ['ʃampɔn] |

| tijeras (f pl) | nożyczki (pl) | [nɔ'ʒɪtʃki] |
| lima (f) de uñas | pilnik (m) do paznokci | ['piʎnik dɔ paz'nɔktʃi] |

cortaúñas (m pl)	cążki (pl) do paznokci	['tsɔ̃ʃki dɔ paz'nɔktʃi]
pinzas (f pl)	pinceta (f)	[pin'tsɛta]
cosméticos (m pl)	kosmetyki (pl)	[kɔs'mɛtɨki]
mascarilla (f)	maseczka (f)	[ma'sɛtʃka]
manicura (f)	manikiur (m)	[ma'nikyr]
hacer la manicura	robić manikiur	['rɔbitʃ ma'nikyr]
pedicura (f)	pedikiur (m)	[pɛ'dikyr]
neceser (m) de maquillaje	kosmetyczka (f)	[kɔsmɛ'tɨtʃka]
polvos (m pl)	puder (m)	['pudɛr]
polvera (f)	puderniczka (f)	[pudɛr'nitʃka]
colorete (m), rubor (m)	róż (m)	[ruʃ]
perfume (m)	perfumy (pl)	[pɛr'fumɨ]
agua (f) perfumada	woda (f) toaletowa	['vɔda tɔale'tɔva]
loción (f)	płyn (m) kosmetyczny	[pwɨn kɔsmɛ'tɨtʃnɨ]
agua (f) de colonia	woda (f) kolońska	['vɔda kɔ'lɔɲska]
sombra (f) de ojos	cienie (pl) do powiek	['tʃene dɔ 'pɔvek]
lápiz (m) de ojos	kredka (f) do oczu	['krɛtka dɔ 'ɔtʃu]
rímel (m)	tusz (m) do rzęs	[tuʃ dɔ ʒɛ̃s]
pintalabios (m)	szminka (f)	['ʃmiŋka]
esmalte (m) de uñas	lakier (m) do paznokci	['ʎaker dɔ paz'nɔktʃi]
fijador (m) (para el pelo)	lakier (m) do włosów	['ʎaker dɔ 'vwɔsuv]
desodorante (m)	dezodorant (m)	[dɛzɔ'dɔrant]
crema (f)	krem (m)	[krɛm]
crema (f) de belleza	krem (m) do twarzy	[krɛm dɔ 'tfaʒɨ]
crema (f) de manos	krem (m) do rąk	[krɛm dɔ rɔ̃k]
de día (adj)	na dzień	['na dʒeɲ]
de noche (adj)	nocny	['nɔtsnɨ]
tampón (m)	tampon (m)	['tampɔn]
papel (m) higiénico	papier (m) toaletowy	['paper tɔale'tɔvɨ]
secador (m) de pelo	suszarka (f) do włosów	[su'ʃarka dɔ 'vwɔsuv]

39. Las joyas

joyas (f pl)	kosztowności (pl)	[kɔʃtɔv'nɔctʃi]
precioso (adj)	kosztowny	[kɔʃ'tɔvnɨ]
contraste (m)	próba (f)	['pruba]
anillo (m)	pierścionek (m)	[perc'tʃɔnɛk]
anillo (m) de boda	obrączka (f)	[ɔb'rɔ̃tʃka]
pulsera (f)	bransoleta (f)	[bransɔ'leta]
pendientes (m pl)	kolczyki (pl)	[kɔʎt'ʃɨki]
collar (m) (~ de perlas)	naszyjnik (m)	[na'ʃɨjnik]
corona (f)	korona (f)	[kɔ'rɔna]
collar (m) de abalorios	korale (pl)	[kɔ'rale]
diamante (m)	brylant (m)	['brɨʎant]
esmeralda (f)	szmaragd (m)	['ʃmaragd]

rubí (m)	rubin (m)	['rubin]
zafiro (m)	szafir (m)	['ʃafir]
perla (f)	perły (pl)	['pɛrwɪ]
ámbar (m)	bursztyn (m)	['burʃtɪn]

40. Los relojes

reloj (m)	zegarek (m)	[zɛ'garɛk]
esfera (f)	tarcza (f) zegarowa	['tartʃa zɛga'rɔva]
aguja (f)	wskazówka (f)	[fska'zɔfka]
pulsera (f)	bransoleta (f)	[bransɔ'leta]
correa (f) (del reloj)	pasek (m)	['pasɛk]

pila (f)	bateria (f)	[ba'tɛrʲja]
descargarse (vr)	wyczerpać się	[vɪt'ʃɛrpatʃ ɕɛ̃]
cambiar la pila	wymienić baterię	[vɪ'menitʃ ba'tɛrʲɛ̃]
adelantarse (vr)	śpieszyć się	['ɕpeʃitʃ ɕɛ̃]
retrasarse (vr)	spóźnić się	['spuʑʲnitʃ ɕɛ̃]

reloj (m) de pared	zegar (m) ścienny	['zɛgar 'ɕtʃeɲɪ]
reloj (m) de arena	klepsydra (f)	[klɛp'sɪdra]
reloj (m) de sol	zegar (m) słoneczny	['zɛgar swɔ'nɛtʃnɪ]
despertador (m)	budzik (m)	['budʑik]
relojero (m)	zegarmistrz (m)	[zɛ'garmistʃ]
reparar (vt)	naprawiać	[nap'ravʲatʃ]

La comida y la nutrición

41. La comida

carne (f)	mięso (n)	['mensɔ]
gallina (f)	kurczak (m)	['kurtʃak]
pollo (m)	kurczak (m)	['kurtʃak]
pato (m)	kaczka (f)	['katʃka]
ganso (m)	gęś (f)	[gɛ̃ɕ]
caza (f) menor	dziczyzna (f)	[dʒit'ʃɪzna]
pava (f)	indyk (m)	['indɪk]
carne (f) de cerdo	wieprzowina (f)	[vepʃɔ'vina]
carne (f) de ternera	cielęcina (f)	[tɕelɛ̃'tʃina]
carne (f) de carnero	baranina (f)	[bara'nina]
carne (f) de vaca	wołowina (f)	[vɔwɔ'vina]
conejo (m)	królik (m)	['krulik]
salchichón (m)	kiełbasa (f)	[kew'basa]
salchicha (f)	parówka (f)	[pa'rufka]
beicon (m)	boczek (m)	['bɔtʃɛk]
jamón (m)	szynka (f)	['ʃɪŋka]
jamón (m) fresco	szynka (f)	['ʃɪŋka]
paté (m)	pasztet (m)	['paʃtɛt]
hígado (m)	wątróbka (f)	[võt'rupka]
tocino (m)	smalec (m)	['smalets]
carne (f) picada	farsz (m)	[farʃ]
lengua (f)	ozór (m)	['ɔzur]
huevo (m)	jajko (n)	['jajkɔ]
huevos (m pl)	jajka (pl)	['jajka]
clara (f)	białko (n)	['bʲawkɔ]
yema (f)	żółtko (n)	['ʒuwtkɔ]
pescado (m)	ryba (f)	['rɪba]
mariscos (m pl)	owoce (pl) morza	[ɔ'vɔtsɛ 'mɔʒa]
caviar (m)	kawior (m)	['kavɜr]
cangrejo (m) de mar	krab (m)	[krap]
camarón (m)	krewetka (f)	[krɛ'vɛtka]
ostra (f)	ostryga (f)	[ɔst'rɪga]
langosta (f)	langusta (f)	[ʎa'ŋusta]
pulpo (m)	ośmiornica (f)	[ɔɕmɜr'nitsa]
calamar (m)	kałamarnica (f)	[kawamar'nitsa]
esturión (m)	mięso (n) jesiotra	['mensɔ e'ɕɜtra]
salmón (m)	łosoś (m)	['wɔsɔɕ]
fletán (m)	halibut (m)	[ha'libut]
bacalao (m)	dorsz (m)	[dɔrʃ]

caballa (f)	makrela (f)	[mak'rɛla]
atún (m)	tuńczyk (m)	['tuɲtʃɪk]
anguila (f)	węgorz (m)	['vɛŋɔʃ]

trucha (f)	pstrąg (m)	[pstrõk]
sardina (f)	sardynka (f)	[sar'dɪŋka]
lucio (m)	szczupak (m)	['ʃtʃupak]
arenque (m)	śledź (m)	[ɕletʃ]

pan (m)	chleb (m)	[hlep]
queso (m)	ser (m)	[sɛr]
azúcar (m)	cukier (m)	['tsuker]
sal (f)	sól (f)	[suʎ]

arroz (m)	ryż (m)	[rɪʃ]
macarrones (m pl)	makaron (m)	[ma'karɔn]
tallarines (m pl)	makaron (m)	[ma'karɔn]

mantequilla (f)	masło (n) śmietankowe	['maswɔ ɕmeta'ŋkɔvɛ]
aceite (m) vegetal	olej (m) roślinny	['ɔlej rɔɕliɲɪ]
aceite (m) de girasol	olej (m) słonecznikowy	['ɔlej swɔnɛtʃnikɔvɪ]
margarina (f)	margaryna (f)	[marga'rɪna]

| olivas (f pl) | oliwki (f pl) | [ɔ'lifki] |
| aceite (m) de oliva | olej (m) oliwkowy | ['ɔlej ɔlif'kɔvɪ] |

leche (f)	mleko (n)	['mlekɔ]
leche (f) condensada	mleko (n) skondensowane	['mlekɔ skɔndɛnsɔ'vanɛ]
yogur (m)	jogurt (m)	[ʒgurt]
nata (f) agria	śmietana (f)	[ɕme'tana]
nata (f) líquida	śmietanka (f)	[ɕme'taŋka]

| mayonesa (f) | majonez (m) | [maɜnɛs] |
| crema (f) de mantequilla | krem (m) | [krɛm] |

cereal molido grueso	kasza (f)	['kaʃa]
harina (f)	mąka (f)	['mõka]
conservas (f pl)	konserwy (pl)	[kɔn'sɛrvɪ]

copos (m pl) de maíz	płatki (pl) kukurydziane	['pwatki kukurɪ'dʒʲanɛ]
miel (f)	miód (m)	[myt]
confitura (f)	dżem (m)	[dʒɛm]
chicle (m)	guma (f) do żucia	['guma dɔ 'ʒutʲa]

42. Las bebidas

agua (f)	woda (f)	['vɔda]
agua (f) potable	woda (f) pitna	['vɔda 'pitna]
agua (f) mineral	woda (f) mineralna	['vɔda minɛ'raʎna]

sin gas	niegazowana	[nega'zɔvana]
gaseoso (adj)	gazowana	[ga'zɔvana]
con gas	gazowana	[ga'zɔvana]
hielo (m)	lód (m)	[lyt]

con hielo	z lodem	[z 'lɔdɛm]
sin alcohol	bezalkoholowy	[bɛzaʎkɔhɔ'lɔvɪ]
bebida (f) sin alcohol	napój (m) bezalkoholowy	['napuj bɛzalkɔhɔ'lɔvɪ]
refresco (m)	napój (m) orzeźwiający	['napuj ɔʒɛʑ'vjaɔ̃ʦɪ]
limonada (f)	lemoniada (f)	[lemɔ'njada]

bebidas (f pl) alcohólicas	napoje (pl) alkoholowe	[na'pɔe aʎkɔhɔ'lɔvɛ]
vino (m)	wino (n)	['vinɔ]
vino (m) blanco	białe wino (n)	['bʲawɛ 'vinɔ]
vino (m) tinto	czerwone wino (n)	[ʧɛr'vɔnɛ 'vinɔ]

licor (m)	likier (m)	['liker]
champaña (f)	szampan (m)	['ʃampan]
vermú (m)	wermut (m)	['vɛrmut]

whisky (m)	whisky (f)	[u'iski]
vodka (m)	wódka (f)	['vutka]
ginebra (f)	dżin (m), gin (m)	[dʒin]
coñac (m)	koniak (m)	['kɔɲjak]
ron (m)	rum (m)	[rum]

café (m)	kawa (f)	['kava]
café (m) solo	czarna kawa (f)	['ʧarna 'kava]
café (m) con leche	kawa (f) z mlekiem	['kava z 'mlekem]
capuchino (m)	cappuccino (n)	[kapu'ʧinɔ]
café (m) soluble	kawa (f) rozpuszczalna	['kava rɔspuʃt'ʃaʎna]

leche (f)	mleko (n)	['mlekɔ]
cóctel (m)	koktajl (m)	['kɔktajʎ]
batido (m)	koktajl (m) mleczny	['kɔktajʎ 'mletʃnɪ]

zumo (m)	sok (m)	[sɔk]
jugo (m) de tomate	sok (m) pomidorowy	[sɔk pɔmidɔ'rɔvɪ]
zumo (m) de naranja	sok (m) pomarańczowy	[sɔk pɔmaraɲt'ʃɔvɪ]
jugo (m) fresco	sok (m) ze świeżych owoców	[sɔk zɛ 'ɕfeʒɪh ɔvɔʦuf]

cerveza (f)	piwo (n)	['pivɔ]
cerveza (f) rubia	piwo (n) jasne	[pivɔ 'jasnɛ]
cerveza (f) negra	piwo (n) ciemne	[pivɔ 'ʨemnɛ]

té (m)	herbata (f)	[hɛr'bata]
té (m) negro	czarna herbata (f)	['ʧarna hɛr'bata]
té (m) verde	zielona herbata (f)	[ʒe'lɔna hɛr'bata]

43. Las verduras

| legumbres (f pl) | warzywa (pl) | [va'ʒɪva] |
| verduras (f pl) | włoszczyzna (f) | [vwɔʃt'ʃɪzna] |

tomate (m)	pomidor (m)	[pɔ'midɔr]
pepino (m)	ogórek (m)	[ɔ'gurɛk]
zanahoria (f)	marchew (f)	['marhɛf]
patata (f)	ziemniak (m)	[ʒem'ɲak]

| cebolla (f) | cebula (f) | [tsɛ'buʎa] |
| ajo (m) | czosnek (m) | ['tʃɔsnɛk] |

col (f)	kapusta (f)	[ka'pusta]
coliflor (f)	kalafior (m)	[ka'ʎafɜr]
col (f) de Bruselas	brukselka (f)	[bruk'sɛʎka]
brócoli (m)	brokuły (pl)	[brɔ'kuwɪ]

remolacha (f)	burak (m)	['burak]
berenjena (f)	bakłażan (m)	[bak'waʒan]
calabacín (m)	kabaczek (m)	[ka'batʃɛk]
calabaza (f)	dynia (f)	['dɪɲa]
nabo (m)	rzepa (f)	['ʒɛpa]

perejil (m)	pietruszka (f)	[pet'ruʃka]
eneldo (m)	koperek (m)	[kɔ'pɛrɛk]
lechuga (f)	sałata (f)	[sa'wata]
apio (m)	seler (m)	['sɛler]
espárrago (m)	szparagi (pl)	[ʃpa'ragi]
espinaca (f)	szpinak (m)	['ʃpinak]

guisante (m)	groch (m)	[grɔh]
habas (f pl)	bób (m)	[bup]
maíz (m)	kukurydza (f)	[kuku'rɪʣa]
fréjol (m)	fasola (f)	[fa'sɔʎa]

pimentón (m)	słodka papryka (f)	['swɔdka pap'rɪka]
rábano (m)	rzodkiewka (f)	[ʒɔt'kefka]
alcachofa (f)	karczoch (m)	['kartʃɔh]

44. Las frutas. Las nueces

fruto (m)	owoc (m)	['ɔvɔts]
manzana (f)	jabłko (n)	['jabkɔ]
pera (f)	gruszka (f)	['gruʃka]
limón (m)	cytryna (f)	[tsɪt'rɪna]
naranja (f)	pomarańcza (f)	[pɔma'raɲtʃa]
fresa (f)	truskawka (f)	[trus'kafka]

mandarina (f)	mandarynka (f)	[manda'rɪŋka]
ciruela (f)	śliwka (f)	['ɕlifka]
melocotón (m)	brzoskwinia (f)	[bʒɔsk'fiɲa]
albaricoque (m)	morela (f)	[mɔ'rɛʎa]
frambuesa (f)	malina (f)	[ma'lina]
ananás (m)	ananas (m)	[a'nanas]

banana (f)	banan (m)	['banan]
sandía (f)	arbuz (m)	['arbus]
uva (f)	winogrona (pl)	[vinɔg'rɔna]
guinda (f)	wiśnia (f)	['viɕɲa]
cereza (f)	czereśnia (f)	[tʃɛ'rɛɕɲa]
melón (m)	melon (m)	['mɛlɔn]
pomelo (m)	grejpfrut (m)	['grɛjpfrut]
aguacate (m)	awokado (n)	[avɔ'kadɔ]

47

papaya (m)	papaja (f)	[pa'paja]
mango (m)	mango (n)	['maŋɔ]
granada (f)	granat (m)	['granat]

grosella (f) roja	czerwona porzeczka (f)	[tʃɛr'vɔna pɔ'ʒɛtʃka]
grosella (f) negra	czarna porzeczka (f)	['tʃarna pɔ'ʒɛtʃka]
grosella (f) espinosa	agrest (m)	['agrɛst]
arándano (m)	borówka (f) czarna	[bɔ'rɔfka 'tʃarna]
zarzamoras (f pl)	jeżyna (f)	[e'ʒɪna]

pasas (f pl)	rodzynek (m)	[rɔ'dzɪnɛk]
higo (m)	figa (f)	['figa]
dátil (m)	daktyl (m)	['daktɪl]

cacahuete (m)	orzeszek (pl) ziemny	[ɔ'ʒɛʃɛk 'ʒemnɛ]
almendra (f)	migdał (m)	['migdaw]
nuez (f)	orzech (m) włoski	['ɔʒɛh 'vwɔski]
avellana (f)	orzech (m) laskowy	['ɔʒɛh ʎas'kɔvɪ]
nuez (f) de coco	orzech (m) kokosowy	['ɔʒɛh kɔkɔ'sɔvɪ]
pistachos (m pl)	fistaszki (pl)	[fis'taʃki]

45. El pan. Los dulces

pasteles (m pl)	wyroby (pl) cukiernicze	[vɪ'rɔbɪ tsuker'nitʃɛ]
pan (m)	chleb (m)	[hlep]
galletas (f pl)	herbatniki (pl)	[hɛrbat'niki]

chocolate (m)	czekolada (f)	[tʃɛkɔ'ʎada]
de chocolate (adj)	czekoladowy	[tʃɛkɔʎa'dɔvɪ]
caramelo (m)	cukierek (m)	[tsu'kerɛk]
tarta (f) (pequeña)	ciastko (n)	['tʃastkɔ]
tarta (f) (~ de cumpleaños)	tort (m)	[tɔrt]

| pastel (m) (~ de manzana) | ciasto (n) | ['tʃastɔ] |
| relleno (m) | nadzienie (n) | [na'dʒene] |

confitura (f)	konfitura (f)	[kɔnfi'tura]
mermelada (f)	marmolada (f)	[marmɔ'ʎada]
gofre (m)	wafle (pl)	['vafle]
helado (m)	lody (pl)	['lɔdɪ]

46. Los platos al horno

plato (m)	danie (n)	['dane]
cocina (f)	kuchnia (f)	['kuhɲa]
receta (f)	przepis (m)	['pʃɛpis]
porción (f)	porcja (f)	['pɔrtsʰja]

ensalada (f)	sałatka (f)	[sa'watka]
sopa (f)	zupa (f)	['zupa]
caldo (m)	rosół (m)	['rɔsuw]
bocadillo (m)	kanapka (f)	[ka'napka]

huevos (m pl) fritos	jajecznica (f)	[jaetʃ'nitsa]
chuleta (f)	kotlet (m)	['kɔtlɛt]
hamburguesa (f)	hamburger (m)	[ham'burgɛr]
bistec (m)	befsztyk (m)	['bɛfʃtɪk]
asado (m)	pieczeń (f)	['petʃɛɲ]

guarnición (f)	dodatki (pl)	[dɔ'datki]
espagueti (m)	spaghetti (n)	[spa'gɛtti]
pizza (f)	pizza (f)	['pitsa]
gachas (f pl)	kasza (f)	['kaʃa]
tortilla (f) francesa	omlet (m)	['ɔmlɛt]

cocido en agua (adj)	gotowany	[gɔtɔ'vanɪ]
ahumado (adj)	wędzony	[vɛ̃'dzɔnɪ]
frito (adj)	smażony	[sma'ʒɔnɪ]
seco (adj)	suszony	[su'ʃɔnɪ]
congelado (adj)	mrożony	[mrɔ'ʒɔnɪ]
marinado (adj)	marynowany	[marɪnɔ'vanɪ]

azucarado (adj)	słodki	['swɔtki]
salado (adj)	słony	['swɔnɪ]
frío (adj)	zimny	['ʒimnɪ]
caliente (adj)	gorący	[gɔ'rɔ̃tsɪ]
amargo (adj)	gorzki	['gɔʃki]
sabroso (adj)	smaczny	['smatʃnɪ]

cocer en agua	gotować	[gɔ'tɔvatʃ]
preparar (la cena)	gotować	[gɔ'tɔvatʃ]
freír (vt)	smażyć	['smaʒɪtʃ]
calentar (vt)	odgrzewać	[ɔdg'ʒɛvatʃ]

salar (vt)	solić	['sɔlitʃ]
poner pimienta	pieprzyć	['pepʃitʃ]
rallar (vt)	trzeć	[tʃɛtʃ]
piel (f)	skórka (f)	['skurka]
pelar (vt)	obierać	[ɔ'beratʃ]

47. Las especies

sal (f)	sól (f)	[suʎ]
salado (adj)	słony	['swɔnɪ]
salar (vt)	solić	['sɔlitʃ]

pimienta (f) negra	pieprz (m) czarny	[pepʃ 'tʃarnɪ]
pimienta (f) roja	papryka (f)	[pap'rɪka]
mostaza (f)	musztarda (f)	[muʃ'tarda]
rábano (m) picante	chrzan (m)	[hʃan]

condimento (m)	przyprawa (f)	[pʃip'rava]
especia (f)	przyprawa (f)	[pʃip'rava]
salsa (f)	sos (m)	[sɔs]
vinagre (m)	ocet (m)	['ɔtset]
anís (m)	anyż (m)	['anɪʃ]
albahaca (f)	bazylia (f)	[ba'zɪʎja]

clavo (m)	goździki (pl)	['gɔʑdʑiki]
jengibre (m)	imbir (m)	['imbir]
cilantro (m)	kolendra (f)	[kɔ'lendra]
canela (f)	cynamon (m)	[tsɪ'namɔn]

sésamo (m)	sezam (m)	['sɛzam]
hoja (f) de laurel	liść (m) laurowy	[liɕtʃ ʎau'rɔvɪ]
paprika (f)	papryka (f)	[pap'rɪka]
comino (m)	kminek (m)	['kminɛk]
azafrán (m)	szafran (m)	['ʃafran]

48. Las comidas

| comida (f) | jedzenie (n) | [e'dzɛne] |
| comer (vi, vt) | jeść | [eɕtʃ] |

desayuno (m)	śniadanie (n)	[ɕɲa'dane]
desayunar (vi)	jeść śniadanie	[eɕtʃ ɕɲa'dane]
almuerzo (m)	obiad (m)	['ɔbʲat]
almorzar (vi)	jeść obiad	[eɕtʃ 'ɔbʲat]
cena (f)	kolacja (f)	[kɔ'ʎatsʰja]
cenar (vi)	jeść kolację	[eɕtʃ kɔ'ʎatsʰɛ̃]

| apetito (m) | apetyt (m) | [a'pɛtɪt] |
| ¡Que aproveche! | Smacznego! | [smatʃ'nɛgɔ] |

abrir (vt)	otwierać	[ɔt'feratʃ]
derramar (líquido)	rozlać	['rɔzʎatʃ]
derramarse (líquido)	rozlać się	['rɔzʎatʃ ɕɛ̃]

hervir (vi)	gotować się	[gɔ'tɔvatʃ ɕɛ̃]
hervir (vt)	gotować	[gɔ'tɔvatʃ]
hervido (agua ~a)	gotowany	[gɔtɔ'vanɪ]

| enfriar (vt) | ostudzić | [ɔs'tudʑitʃ] |
| enfriarse (vr) | stygnąć | ['stɪgnɔ̃tʃ] |

| sabor (m) | smak (m) | [smak] |
| regusto (m) | posmak (m) | ['pɔsmak] |

adelgazar (vi)	odchudzać się	[ɔd'hudzatʃ ɕɛ̃]
dieta (f)	dieta (f)	['dʰeta]
vitamina (f)	witamina (f)	[vita'mina]
caloría (f)	kaloria (f)	[ka'lɔrja]

| vegetariano (m) | wegetarianin (m) | [vɛgɛtarʰ'janin] |
| vegetariano (adj) | wegetariański | [vɛgɛtarʰ'janski] |

grasas (f pl)	tłuszcze (pl)	['twuʃtʃɛ]
proteínas (f pl)	białka (pl)	['bʲawka]
carbohidratos (m pl)	węglowodany (pl)	[vɛnɛ̃vɔ'danɪ]
loncha (f)	plasterek (m)	[pʎas'tɛrɛk]
pedazo (m)	kawałek (m)	[ka'vawɛk]
miga (f)	okruchek (m)	[ɔk'ruhɛk]

252525252525252525

49. Los cubiertos

cuchara (f)	łyżka (f)	['wɪʃka]
cuchillo (m)	nóż (m)	[nuʃ]
tenedor (m)	widelec (m)	[vi'dɛlets]
taza (f)	filiżanka (f)	[fili'ʒaŋka]
plato (m)	talerz (m)	['taleʃ]
platillo (m)	spodek (m)	['spɔdɛk]
servilleta (f)	serwetka (f)	[sɛr'vɛtka]
mondadientes (m)	wykałaczka (f)	[vɪka'watʃka]

50. El restaurante

restaurante (m)	restauracja (f)	[rɛstau'ratsʰja]
cafetería (f)	kawiarnia (f)	[ka'vʲarɲa]
bar (m)	bar (m)	[bar]
salón (m) de té	herbaciarnia (f)	[hɛrba'tʃarɲa]
camarero (m)	kelner (m)	['kɛʎnɛr]
camarera (f)	kelnerka (f)	[kɛʎ'nɛrka]
barman (m)	barman (m)	['barman]
carta (f), menú (m)	menu (n)	['menu]
carta (f) de vinos	karta (f) win	['karta vin]
reservar una mesa	zarezerwować stolik	[zarɛzɛrvɔvatʃ 'stɔlik]
plato (m)	danie (n)	['dane]
pedir (vt)	zamówić	[za'muvitʃ]
hacer el pedido	zamówić	[za'muvitʃ]
aperitivo (m)	aperitif (m)	[apɛri'tif]
entremés (m)	przystawka (f)	[pʃis'tafka]
postre (m)	deser (m)	['dɛsɛr]
cuenta (f)	rachunek (m)	[ra'hunɛk]
pagar la cuenta	zapłacić rachunek	[zap'watʃitʃ ra'hunɛk]
dar la vuelta	wydać resztę	['vɪdatʃ 'rɛʃtɛ̃]
propina (f)	napiwek (m)	[na'pivɛk]

La familia nuclear, los parientes y los amigos

51. La información personal. Los formularios

nombre (m)	imię (n)	['imɛ̃]
apellido (m)	nazwisko (n)	[naz'viskɔ]
fecha (f) de nacimiento	data (f) urodzenia	['data urɔ'dzɛɲa]
lugar (m) de nacimiento	miejsce (n) urodzenia	['mejstsɛ urɔ'dzɛɲa]
nacionalidad (f)	narodowość (f)	[narɔ'dɔvɔɕtʃ]
domicilio (m)	miejsce (n) zamieszkania	['mejstsɛ zameʃ'kaɲa]
país (m)	kraj (m)	[kraj]
profesión (f)	zawód (m)	['zavut]
sexo (m)	płeć (f)	['pwɛtʃ]
estatura (f)	wzrost (m)	[vzrɔst]
peso (m)	waga (f)	['vaga]

52. Los familiares. Los parientes

madre (f)	matka (f)	['matka]
padre (m)	ojciec (m)	['ɔjtʃets]
hijo (m)	syn (m)	[sɪn]
hija (f)	córka (f)	['tsurka]
hija (f) menor	młodsza córka (f)	['mwɔtʃa 'tsurka]
hijo (m) menor	młodszy syn (m)	['mwɔtʃɪ sɪn]
hija (f) mayor	starsza córka (f)	['starʃa 'tsurka]
hijo (m) mayor	starszy syn (m)	['starʃɪ sɪn]
hermano (m)	brat (m)	[brat]
hermana (f)	siostra (f)	['ɕɔstra]
primo (m)	kuzyn (m)	['kuzɪn]
prima (f)	kuzynka (f)	[ku'zɪŋka]
mamá (f)	mama (f)	['mama]
papá (m)	tata (m)	['tata]
padres (m pl)	rodzice (pl)	[rɔ'dʒitsɛ]
niño -a (m, f)	dziecko (n)	['dʒetskɔ]
niños (m pl)	dzieci (pl)	['dʒetʃi]
abuela (f)	babcia (f)	['babtʃa]
abuelo (m)	dziadek (m)	['dʒʲadɛk]
nieto (m)	wnuk (m)	[vnuk]
nieta (f)	wnuczka (f)	['vnutʃka]
nietos (m pl)	wnuki (pl)	['vnuki]
tío (m)	wujek (m)	['vuek]
tía (f)	ciocia (f)	['tʃɔtʃa]

| sobrino (m) | bratanek (m), siostrzeniec (m) | [bra'tanɛk], [sɜst'ʃɛnɛts] |
| sobrina (f) | bratanica (f), siostrzenica (f) | [brata'nitsa], [sɜst'ʃɛnitsa] |

suegra (f)	teściowa (f)	[tɛɕ'ʧova]
suegro (m)	teść (m)	[tɛɕʧ]
yerno (m)	zięć (m)	[ʒɛ̃ʧ]
madrastra (f)	macocha (f)	[ma'tsɔha]
padrastro (m)	ojczym (m)	['ɔjʧɨm]

niño (m) de pecho	niemowlę (n)	[ne'mɔvlɛ̃]
bebé (m)	niemowlę (n)	[ne'mɔvlɛ̃]
chico (m)	maluch (m)	['malyh]

mujer (f)	żona (f)	['ʒɔna]
marido (m)	mąż (m)	[mɔ̃ʃ]
esposo (m)	małżonek (m)	[maw'ʒɔnɛk]
esposa (f)	małżonka (f)	[maw'ʒɔŋka]

casado (adj)	żonaty	[ʒɔ'natɨ]
casada (adj)	zamężna	[za'mɛnʒna]
soltero (adj)	nieżonaty	[neʒɔ'natɨ]
soltero (m)	kawaler (m)	[ka'valer]
divorciado (adj)	rozwiedziony	[rɔzve'dʒɜnɨ]
viuda (f)	wdowa (f)	['vdɔva]
viudo (m)	wdowiec (m)	['vdɔvɛts]

pariente (m)	krewny (m)	['krɛvnɨ]
pariente (m) cercano	bliski krewny (m)	['bliski 'krɛvnɨ]
pariente (m) lejano	daleki krewny (m)	[da'leki 'krɛvnɨ]
parientes (m pl)	rodzina (f)	[rɔ'dʒina]

huérfano (m), huérfana (f)	sierota (f)	[ɕe'rɔta]
tutor (m)	opiekun (m)	[ɔ'pekun]
adoptar (un niño)	zaadoptować	[za:dɔp'tɔvaʧ]
adoptar (una niña)	zaadoptować	[za:dɔp'tɔvaʧ]

53. Los amigos. Los compañeros del trabajo

amigo (m)	przyjaciel (m)	[pʃɨ'jaʧeʎ]
amiga (f)	przyjaciółka (f)	[pʃija'ʧuwka]
amistad (f)	przyjaźń (f)	['pʃijaʑɲ]
ser amigo	przyjaźnić się	[pʃɨ'jaʑniʧ ɕɛ̃]

amigote (m)	kumpel (m)	['kumpɛʎ]
amiguete (f)	kumpela (f)	[kum'pɛʎa]
compañero (m)	partner (m)	['partnɛr]

jefe (m)	szef (m)	[ʃɛf]
superior (m)	kierownik (m)	[ke'rɔvnik]
subordinado (m)	podwładny (m)	[pɔdv'wadnɨ]
colega (m, f)	koleżanka (f)	[kɔle'ʒaŋka]

| conocido (m) | znajomy (m) | [znaʒmɨ] |
| compañero (m) de viaje | towarzysz (m) podróży | [tɔ'vaʒɨʃ pɔd'ruʒɨ] |

condiscípulo (m)	kolega (m) z klasy	[kɔ'lega s 'kʎasɪ]
vecino (m)	sąsiad (m)	['sɔ̃ɕat]
vecina (f)	sąsiadka (f)	[sɔ̃'ɕatka]
vecinos (m pl)	sąsiedzi (pl)	[sɔ̃'ɕedʑi]

54. El hombre. La mujer

mujer (f)	kobieta (f)	[kɔ'beta]
muchacha (f)	dziewczyna (f)	[dʑeft'ʃina]
novia (f)	narzeczona (f)	[naʒɛt'ʃona]

guapa (adj)	piękna	['peŋkna]
alta (adj)	wysoka	[vɪ'sɔka]
esbelta (adj)	zgrabna	['zgrabna]
de estatura mediana	niedużego wzrostu	[nedu'ʒɛgɔ 'vzrɔstu]

| rubia (f) | blondynka (f) | [blɔn'dɪŋka] |
| morena (f) | brunetka (f) | [bru'nɛtka] |

de señora (adj)	damski	['damski]
virgen (f)	dziewica (f)	['dʑevitsa]
embarazada (adj)	ciężarna (f)	[tɕɛ̃'ʒarna]

hombre (m) (varón)	mężczyzna (m)	[mɛ̃ʃt'ʃizna]
rubio (m)	blondyn (m)	['blɔndɪn]
moreno (m)	brunet (m)	['brunɛt]
alto (adj)	wysoki	[vɪ'sɔki]
de estatura mediana	niedużego wzrostu	[nedu'ʒɛgɔ 'vzrɔstu]

grosero (adj)	grubiański	[gru'bʲaɲski]
rechoncho (adj)	krępy	['krɛ̃pɪ]
robusto (adj)	mocny	['mɔtsnɪ]
fuerte (adj)	silny	['ɕiʎnɪ]
fuerza (f)	siła (f)	['ɕiwa]

gordo (adj)	tęgi	['tɛŋi]
moreno (adj)	śniady	['ɕɲadɪ]
esbelto (adj)	zgrabny	['zgrabnɪ]
elegante (adj)	elegancki	[ɛle'gantski]

55. La edad

edad (f)	wiek (m)	[vek]
juventud (f)	wczesna młodość (f)	['ftʃɛsna 'mwɔdɔɕtʃ]
joven (adj)	młody	['mwɔdɪ]

| menor (adj) | młodszy | ['mwɔtʃɪ] |
| mayor (adj) | starszy | ['starʃɪ] |

joven (m)	młodzieniec (m)	[mwɔ'dʑenets]
adolescente (m)	nastolatek (m)	[nastɔ'ʎatɛk]
muchacho (m)	chłopak (m)	['hwɔpak]

| anciano (m) | staruszek (m) | [sta'ruʃɛk] |
| anciana (f) | staruszka (f) | [sta'ruʃka] |

adulto	dorosły (m)	[dɔ'rɔswɪ]
de edad media (adj)	w średnim wieku	[f 'ɕrɛdnim 'veku]
de edad, anciano (adj)	w podeszłym wieku	[f pɔ'dɛʃwɪm 'veku]
viejo (adj)	stary	['starɪ]

jubilación (f)	emerytura (f)	[ɛmɛrɪ'tura]
jubilarse	przejść na emeryturę	['pʃɛjɕtʃ na ɛmɛrɪ'turɛ̃]
jubilado (m)	emeryt (m)	[ɛ'mɛrɪt]

56. Los niños

niño -a (m, f)	dziecko (n)	['dʑetskɔ]
niños (m pl)	dzieci (pl)	['dʑetʃi]
gemelos (m pl)	bliźniaki (pl)	[bliʑ'ɲaki]

cuna (f)	kołyska (f)	[kɔ'wɪska]
sonajero (m)	grzechotka (f)	[gʒɛ'hɔtka]
pañal (m)	pieluszka (f)	[pʲɛ'lyʃka]

chupete (m)	smoczek (m)	['smɔtʃɛk]
cochecito (m)	wózek (m)	['vuzɛk]
jardín (m) de infancia	przedszkole (n)	[pʃɛtʃ'kɔle]
niñera (f)	opiekunka (f) do dziecka	[ɔpe'kuŋka dɔ 'dʑetska]

infancia (f)	dzieciństwo (n)	[dʑe'tʃĩstfɔ]
muñeca (f)	lalka (f)	['ʎaʎka]
juguete (m)	zabawka (f)	[za'bafka]
mecano (m)	zestaw (m) konstruktor	['zɛstaf kɔnst'ruktɔr]

bien criado (adj)	dobrze wychowany	['dɔbʒɛ vɪhɔ'vanɪ]
malcriado (adj)	źle wychowany	[ʑʲle vɪhɔ'vanɪ]
mimado (adj)	rozpieszczony	[rɔspeʃt'ʃɔnɪ]

hacer travesuras	psosić	['psɔʃitʃ]
travieso (adj)	psotny	['psɔtnɪ]
travesura (f)	psota (f)	['psɔta]
travieso (m)	psotnik (m)	['psɔtnik]

| obediente (adj) | posłuszny | [pɔs'wuʃnɪ] |
| desobediente (adj) | nieposłuszny | [nepɔs'wuʃnɪ] |

dócil (adj)	rozumny	[rɔ'zumnɪ]
inteligente (adj)	sprytny	['sprɪtnɪ]
niño (m) prodigio	cudowne dziecko (n)	[tsu'dɔvnɛ 'dʑetskɔ]

57. Los matrimonios. La vida familiar

| besar (vt) | całować | [tsa'wɔvatʃ] |
| besarse (vi) | całować się | [tsa'wɔvatʃ ɕɛ̃] |

familia (f)	rodzina (f)	[rɔ'dʑina]
familiar (adj)	rodzinny	[rɔ'dʑiɲi]
pareja (f)	para (f)	['para]
matrimonio (m)	małżeństwo (n)	[maw'ʒɛɲstfɔ]
hogar (m) familiar	ognisko domowe (n)	[ɔg'niskɔ dɔ'mɔvɛ]
dinastía (f)	dynastia (f)	[dɪ'nastʰja]

cita (f)	randka (f)	['rantka]
beso (m)	pocałunek (m)	[pɔtsa'wunɛk]

amor (m)	miłość (f)	['miwɔɕʧ]
querer (amar)	kochać	['kɔhaʨ]
querido (adj)	ukochany	[ukɔ'hanɪ]

ternura (f)	czułość (f)	['ʧuwɔɕʧ]
tierno (afectuoso)	czuły	['ʧuwɪ]
fidelidad (f)	wierność (f)	['vernɔɕʧ]
fiel (adj)	wierny	['vjernɪ]
cuidado (m)	troska (f)	['trɔska]
cariñoso (un padre ~)	troskliwy	[trɔsk'livɪ]

recién casados (pl)	nowożeńcy (m pl)	[nɔvɔ'ʒɛɲtsɪ]
luna (f) de miel	miesiąc (m) miodowy	['meɕɔ̃ts mɔ'dɔvɪ]
estar casada	wyjść za mąż	[vɪjɕʧ 'za mɔ̃ʃ]
casarse (con una mujer)	żenić się	['ʒɛniʨ ɕɛ̃]

boda (f)	wesele (n)	[vɛ'sɛle]
bodas (f pl) de oro	złota rocznica (f) ślubu	['zwɔtɛ rɔʧ'nitsa 'slubu]
aniversario (m)	rocznica (f)	[rɔʧ'nitsa]

amante (m)	kochanek (m)	[kɔ'hanɛk]
amante (f)	kochanka (f)	[kɔ'haŋka]

adulterio (m)	zdrada (f)	['zdrada]
cometer adulterio	zdradzić	['zdradʑiʧ]
celoso (adj)	zazdrosny	[zazd'rɔsnɪ]
tener celos	być zazdrosnym	[bɪʧ zazd'rɔsnɪm]
divorcio (m)	rozwód (m)	['rɔzvud]
divorciarse (vr)	rozwieść się	['rɔzveɕʧ ɕɛ̃]

reñir (vi)	kłócić się	['kwuʧiʧ ɕɛ̃]
reconciliarse (vr)	godzić się	['gɔdʑiʧ ɕɛ̃]
juntos (adv)	razem	['razɛm]
sexo (m)	seks (m)	[sɛks]

felicidad (f)	szczęście (n)	['ʃʧɛɕʧe]
feliz (adj)	szczęśliwy	[ʃʧɛɕ'livɪ]
desgracia (f)	nieszczęście (n)	[neʃ'ʧɛɕʧe]
desgraciado (adj)	nieszczęśliwy	[neʃʧɛɕ'livɪ]

Las características de personalidad. Los sentimientos

58. Los sentimientos. Las emociones

sentimiento (m)	uczucie (m)	[ut'ʃutʃe]
sentimientos (m pl)	uczucia (pl)	[ut'ʃutʃʲa]
hambre (f)	głód (m)	[gwut]
tener hambre	chcieć jeść	[htʃetʃ eɕtʃ]
sed (f)	pragnienie (n)	[prag'nene]
tener sed	chcieć pić	[htʃetʃ pitʃ]
somnolencia (f)	senność (f)	['sɛɳɔɕtʃ]
tener sueño	chcieć spać	[htʃetʃ spatʃ]
cansancio (m)	zmęczenie (n)	[zmɛ̃t'ʃɛne]
cansado (adj)	zmęczony	[zmɛ̃t'ʃɔnɪ]
estar cansado	zmęczyć się	['zmɛntʃɪtʃ ɕɛ̃]
humor (m) (de buen ~)	nastrój (m)	['nastruj]
aburrimiento (m)	nuda (f), znudzenie (n)	['nuda], [znu'dzɛnie]
aburrirse (vr)	nudzić się	['nudzitʃ ɕɛ̃]
soledad (f)	odosobnienie (n)	[ɔdɔsɔb'nenie]
aislarse (vr)	odseparować się	[ɔtsɛpa'rɔvatʃ ɕɛ̃]
inquietar (vt)	niepokoić	[nepɔ'kɔitʃ]
inquietarse (vr)	martwić się	['martfitʃ ɕɛ̃]
inquietud (f)	niepokój (m)	[ne'pɔkuj]
preocupación (f)	trwoga (f)	['trfɔga]
preocupado (adj)	zatroskany	[zatrɔs'kanɪ]
estar nervioso	denerwować się	[dɛnɛr'vɔvatʃ ɕɛ̃]
darse al pánico	panikować	[pani'kɔvatʃ]
esperanza (f)	nadzieja (f)	[na'dʒeja]
esperar (tener esperanza)	mieć nadzieję	[metʃ na'dʒeɛ̃]
seguridad (f)	pewność (f)	['pɛvnɔɕtʃ]
seguro (adj)	pewny	['pɛvnɪ]
inseguridad (f)	niepewność (f)	[ne'pɛvnɔɕtʃ]
inseguro (adj)	niepewny	[ne'pɛvnɪ]
borracho (adj)	pijany	[pi'janɪ]
sobrio (adj)	trzeźwy	['tʃɛzʲvɪ]
débil (adj)	słaby	['swabɪ]
feliz (adj)	szczęśliwy	[ʃtʃɛɕ'livɪ]
asustar (vt)	przestraszyć	[pʃɛst'raʃitʃ]
furia (f)	wściekłość (f)	['fɕtʃekwɔɕtʃ]
rabia (f)	furia (f)	['furʰja]
depresión (f)	depresja (f)	[dɛp'rɛsʰja]
incomodidad (f)	dyskomfort (m)	[dɪs'kɔmfɔrt]

comodidad (f)	komfort (m)	['komfort]
arrepentirse (vr)	żałować	[ʒa'wovatʃ]
arrepentimiento (m)	żal (m)	[ʒaʎ]
mala suerte (f)	pech (m)	[pɛh]
tristeza (f)	smutek (m), smętek (m)	['smutɛk], ['smɛ̃tɛk]

vergüenza (f)	wstyd (m)	[fstɪt]
júbilo (m)	uciecha (f)	[u'tʃeha]
entusiasmo (m)	entuzjazm (m)	[ɛn'tuzʰjazm]
entusiasta (m)	entuzjasta (m)	[ɛntuzʰ'jasta]
mostrar entusiasmo	przejawić entuzjazm	[pʃɛ'javitʃ ɛn'tuzʰjazm]

59. El carácter. La personalidad

carácter (m)	charakter (m)	[ha'raktɛr]
defecto (m)	wada (f)	['vada]
mente (f)	umysł (m)	['umɪsw]
razón (f)	rozum (m)	['rozum]

consciencia (f)	sumienie (n)	[su'mene]
hábito (m)	nawyk (m)	['navɪk]
habilidad (f)	zdolność (f)	['zdoʎnoɕtʃ]
poder (nadar, etc.)	umieć	['umetʃ]

paciente (adj)	cierpliwy	[tʃerp'livɪ]
impaciente (adj)	niecierpliwy	[netʃerp'livɪ]
curioso (adj)	ciekawy	[tʃe'kavɪ]
curiosidad (f)	ciekawość (f)	[tʃe'kavoɕtʃ]

modestia (f)	skromność (f)	['skromnoɕtʃ]
modesto (adj)	skromny	['skromnɪ]
inmodesto (adj)	nieskromny	[nesk'romnɪ]

pereza (f)	lenistwo (n)	[le'nistvo]
perezoso (adj)	leniwy	[le'nivɪ]
perezoso (m)	leń (m)	[leɲ]

astucia (f)	przebiegłość (f)	[pʃɛ'begwoɕtʃ]
astuto (adj)	przebiegły	[pʃɛ'begwɪ]
desconfianza (f)	nieufność (f)	[ne'ufnoɕtʃ]
desconfiado (adj)	nieufny	[ne'ufnɪ]

generosidad (f)	hojność (f)	['hojnoɕtʃ]
generoso (adj)	hojny	['hojnɪ]
talentoso (adj)	utalentowany	[utalento'vanɪ]
talento (m)	talent (m)	['talent]

valiente (adj)	śmiały	['ɕmʲawɪ]
coraje (m)	śmiałość (f)	['ɕmʲawoɕtʃ]
honesto (adj)	uczciwy	[utʃ'tʃivɪ]
honestidad (f)	uczciwość (f)	[utʃ'tʃivoɕtʃ]

| prudente (adj) | ostrożny | [ost'roʒnɪ] |
| valeroso (adj) | odważny | [od'vaʒnɪ] |

| serio (adj) | poważny | [pɔ'vaʒnɪ] |
| severo (adj) | surowy | [su'rɔvɪ] |

decidido (adj)	zdecydowany	[zdɛtsɪdɔ'vanɪ]
indeciso (adj)	niezdecydowany	[nezdɛtsɪdɔ'vanɪ]
tímido (adj)	nieśmiały	[neɕ'mʲawɪ]
timidez (f)	nieśmiałość (f)	[neɕ'mʲawɔɕʧ]

confianza (f)	zaufanie (n)	[zau'fane]
creer (créeme)	wierzyć	['veʒɪʧ]
confiado (crédulo)	ufny	['ufnɪ]

sinceramente (adv)	szczerze	['ʃʧɛʒɛ]
sincero (adj)	szczery	['ʃʧɛrɪ]
sinceridad (f)	szczerość (f)	['ʃʧɛrɔɕʧ]
abierto (adj)	otwarty	[ɔt'fartɪ]

calmado (adj)	spokojny	[spɔ'kɔjnɪ]
franco (sincero)	szczery	['ʃʧɛrɪ]
ingenuo (adj)	naiwny	[na'ivnɪ]
distraído (adj)	roztargniony	[rɔstarg'nɜnɪ]
gracioso (adj)	zabawny	[za'bavnɪ]

avaricia (f)	chciwość (f)	['htɕivɔɕʧ]
avaro (adj)	chciwy	['htɕivɪ]
tacaño (adj)	skąpy	['skɔ̃pɪ]
malvado (adj)	zły	[zwɪ]
terco (adj)	uparty	[u'partɪ]
desagradable (adj)	nieprzyjemny	[nepʃɪ'emnɪ]

egoísta (m)	egoista (m)	[ɛgɔ'ista]
egoísta (adj)	egoistyczny	[ɛgɔis'tɪʧnɪ]
cobarde (m)	tchórz (m)	[thuʃ]
cobarde (adj)	tchórzliwy	[thuʒ'livɪ]

60. El sueño. Los sueños

dormir (vi)	spać	[spaʧ]
sueño (m) (estado)	sen (m)	[sɛn]
sueño (m) (dulces ~s)	sen (m)	[sɛn]
soñar (vi)	śnić	[ɕniʧ]
adormilado (adj)	senny	['sɛɲɪ]

cama (f)	łóżko (n)	['wuʃkɔ]
colchón (m)	materac (m)	[ma'tɛrats]
manta (f)	kołdra (f)	['kɔwdra]
almohada (f)	poduszka (f)	[pɔ'duʃka]
sábana (f)	prześcieradło (n)	[pʃɛɕʧe'radwɔ]

insomnio (m)	bezsenność (f)	[bɛs'sɛɲɔɕʧ]
de insomnio (adj)	bezsenny	[bɛs'sɛɲɪ]
somnífero (m)	tabletka (f) nasenna	[tab'lɛtka na'sɛna]
tomar el somnífero	zażyć środek nasenny	['zaʒɪʧ 'ɕrɔdɛk na'sɛɲɪ]
tener sueño	chcieć spać	[htɕeʧ spaʧ]

59

bostezar (vi)	ziewać	['ʒevatʃ]
irse a la cama	iść spać	[ictʃ spatʃ]
hacer la cama	ścielić łóżko	['ctʃelitʃ 'wuʃkɔ]
dormirse (vr)	zasnąć	['zasnɔ̃tʃ]

pesadilla (f)	koszmar (m)	['kɔʃmar]
ronquido (m)	chrapanie (n)	[hra'pane]
roncar (vi)	chrapać	['hrapatʃ]

despertador (m)	budzik (m)	['budʒik]
despertar (vt)	obudzić	[ɔ'budʒitʃ]
despertarse (vr)	budzić się	['budʒitʃ cɛ̃]
levantarse (vr)	wstawać	['fstavatʃ]
lavarse (vr)	myć się	['mitʃ cɛ̃]

61. El humor. La risa. La alegría

humor (m)	humor (m)	['humɔr]
sentido (m) del humor	poczucie (n)	[pɔt'ʃutʃe]
divertirse (vr)	bawić się	['bavitʃ cɛ̃]
alegre (adj)	wesoły	[vɛ'sɔwɪ]
júbilo (m)	wesołość (f)	[ve'sɔwɔʃtʃ]

sonrisa (f)	uśmiech (m)	['ucmeh]
sonreír (vi)	uśmiechać się	[uc'mehatʃ cɛ̃]
echarse a reír	zaśmiać się	['zacmiatʃ cɛ̃]
reírse (vr)	śmiać się	['cmiatʃ cɛ̃]
risa (f)	śmiech (m)	[cmeh]

anécdota (f)	anegdota (f)	[anɛg'dota]
gracioso (adj)	śmieszny	['cmeʃnɪ]
ridículo (adj)	zabawny	[za'bavnɪ]

bromear (vi)	żartować	[ʒar'tɔvatʃ]
broma (f)	żart (m)	[ʒart]
alegría (f) (emoción)	radość (f)	['radɔctʃ]
alegrarse (vr)	cieszyć się	['tʃeʃitʃ cɛ̃]
alegre (~ de que ...)	radosny	[ra'dɔsnɪ]

62. La discusión y la conversación. Unidad 1

| comunicación (f) | komunikacja (f) | [kɔmuni'katshja] |
| comunicarse (vr) | komunikować się | [kɔmuni'kovatʃ cɛ̃] |

conversación (f)	rozmowa (f)	[rɔz'mɔva]
diálogo (m)	dialog (m)	['dhjalɔg]
discusión (f) (debate)	dyskusja (f)	[dɪs'kushja]
debate (m)	spór (m)	[spur]
debatir (vi)	spierać się	['speratʃ cɛ̃]

| interlocutor (m) | rozmówca (m) | [rɔz'muftsa] |
| tema (m) | temat (m) | ['tɛmat] |

punto (m) de vista	punkt (m) widzenia	[puŋkt vi'dzɛɲa]
opinión (f)	zdanie (n)	['zdane]
discurso (m)	przemówienie (n)	[pʃɛmu'vene]

discusión (f) (del informe, etc.)	dyskusja (f)	[dɪs'kusʰja]
discutir (vt)	omawiać	[ɔ'maviatʃ]
conversación (f)	rozmowa (f)	[rɔz'mɔva]
conversar (vi)	rozmawiać	[rɔz'maviatʃ]
reunión (f)	spotkanie (n)	[spɔt'kane]
encontrarse (vr)	spotkać się	['spɔtkatʃ cɛ̃]

proverbio (m)	przysłowie (n)	[pʃɪs'wɔve]
dicho (m)	powiedzenie (n)	[pɔvje'dzɛnie]
adivinanza (f)	zagadka (f)	[za'gatka]
contar una adivinanza	zadawać zagadkę	[za'davatʃ za'gadkɛ̃]
contraseña (f)	hasło (n)	['haswɔ]
secreto (m)	sekret (m)	['sɛkrɛt]

juramento (m)	przysięga (f)	[pʃɪ'cɛŋa]
jurar (vt)	przysięgać	[pʃɪ'cɛŋatʃ]
promesa (f)	obietnica (f)	[ɔbetnitsa]
prometer (vt)	obiecać	[ɔ'betsatʃ]

consejo (m)	rada (f)	['rada]
aconsejar (vt)	radzić	['radʒitʃ]
escuchar (a los padres)	słuchać	['swuhatʃ]

noticias (f pl)	nowina (f)	[nɔ'vina]
sensación (f)	sensacja (f)	[sɛn'satsʰja]
información (f)	wiadomości (pl)	[viadɔ'mɔctʃi]
conclusión (f)	wniosek (m)	['vnɔsɛk]
voz (f)	głos (m)	[gwɔs]
cumplido (m)	komplement (m)	[kɔmp'lemɛnt]
amable (adj)	uprzejmy	[up'ʃɛjmɪ]

palabra (f)	słowo (n)	['swɔvɔ]
frase (f)	fraza (f)	['fraza]
respuesta (f)	odpowiedź (f)	[ɔtpɔ'vetʃ]

verdad (f)	prawda (f)	['pravda]
mentira (f)	kłamstwo (n)	['kwamstfɔ]

pensamiento (m)	myśl (f)	[mɪcʎ]
idea (f)	pomysł (m)	['pɔmɪsw]
fantasía (f)	fantazja (f)	[fan'tazia]

63. La discusión y la conversación. Unidad 2

respetado (adj)	szanowny	[ʃa'nɔvnɪ]
respetar (vt)	szanować	[ʃa'nɔvatʃ]
respeto (m)	szacunek (m)	[ʃa'tsunɛk]
Estimado ...	Drogi ...	['drɔgi]
presentar (~ a sus padres)	poznać	['pɔznatʃ]
intención (f)	zamiar (m)	['zamiar]

tener intención (de ...)	zamierzać	[za'mɛʒatɕ]
deseo (m)	życzenie (n)	[ʒit'ʃɛne]
desear (vt) (~ buena suerte)	życzyć	['ʒitʃitɕ]
sorpresa (f)	zdziwienie (n)	[zdʑi'vene]
sorprender (vt)	dziwić	['dʑivitɕ]
sorprenderse (vr)	dziwić się	['dʑivitɕ ɕɛ̃]
dar (vt)	dać	[datɕ]
tomar (vt)	wziąć	[vʒɔ̃jtɕ]
devolver (vt)	zwrócić	['zvrutɕitɕ]
retornar (vt)	zwrócić	['zvrutɕitɕ]
disculparse (vr)	przepraszać	[pʃɛp'raʃatɕ]
disculpa (f)	przeprosiny (pl)	[pʃɛprɔ'ɕinɪ]
perdonar (vt)	przebaczać	[pʃɛ'batʃatɕ]
hablar (vi)	rozmawiać	[rɔz'mavʲatɕ]
escuchar (vt)	słuchać	['swuhatɕ]
escuchar hasta el final	wysłuchać	[vɪs'wuhatɕ]
comprender (vt)	zrozumieć	[zrɔ'zumetɕ]
mostrar (vt)	pokazać	[pɔ'kazatɕ]
mirar a ...	patrzeć	['patʃɛtɕ]
llamar (vt)	zawołać	[za'vɔwatɕ]
molestar (vt)	przeszkadzać	[pʃɛʃ'kadzatɕ]
pasar (~ un mensaje)	wręczyć	['vrɛntʃitɕ]
petición (f)	prośba (f)	['prɔʑba]
pedir (vt)	prosić	['prɔɕitɕ]
exigencia (f)	żądanie (n)	[ʒɔ̃'dane]
exigir (vt)	żądać	['ʒɔ̃datɕ]
motejar (vr)	przezywać	[pʃɛ'zivatɕ]
burlarse (vr)	kpić	[kpitɕ]
burla (f)	kpina (f)	['kpina]
apodo (m)	przezwisko (n)	[pʃɛz'viskɔ]
alusión (f)	aluzja (f)	[a'lyzʰja]
aludir (vi)	czynić aluzję	['tʃinitɕ a'lyzʰɛ̃]
sobrentender (vt)	mieć na myśli	[metɕ na 'mɪɕli]
descripción (f)	opis (m)	['ɔpis]
describir (vt)	opisać	[ɔ'pisatɕ]
elogio (m)	pochwała (f)	[pɔh'fawa]
elogiar (vt)	pochwalić	[pɔh'falitɕ]
decepción (f)	rozczarowanie (n)	[rɔstʃarɔ'vane]
decepcionar (vt)	rozczarować	[rɔstʃa'rɔvatɕ]
estar decepcionado	rozczarować się	[rɔstʃa'rɔvatɕ ɕɛ̃]
suposición (f)	założenie (n)	[zawɔ'ʒene]
suponer (vt)	przypuszczać	[pʃɪ'puʃtʃatɕ]
advertencia (f)	ostrzeżenie (n)	[ostʃɛ'ʒene]
prevenir (vt)	ostrzec	['ostʃɛts]

64. La discusión y la conversación. Unidad 3

| convencer (vt) | namówić | [na'muvitʃ] |
| calmar (vt) | uspokajać | [uspɔ'kajatʃ] |

silencio (m) (~ es oro)	milczenie (n)	[miʎt'ʃɛne]
callarse (vr)	milczeć	['miʎtʃɛtʃ]
susurrar (vi, vt)	szepnąć	['ʃɛpnɔ̃tʃ]
susurro (m)	szept (m)	[ʃɛpt]

| francamente (adv) | szczerze | ['ʃtʃɛʒɛ] |
| en mi opinión ... | moim zdaniem | ['mɔim 'zdanem] |

detalle (m) (de la historia)	szczegół (m)	['ʃtʃɛguw]
detallado (adj)	szczegółowy	[ʃtʃɛgu'wɔvɪ]
detalladamente (adv)	szczegółowo	[ʃtʃɛgu'wɔvɔ]

| pista (f) | wskazówka (f) | [fska'zɔfka] |
| dar una pista | dać wskazówkę | [datʃ fska'zɔfkɛ̃] |

mirada (f)	spojrzenie (n)	[spɔj'ʒɛne]
echar una mirada	spojrzeć	['spɔjʒɛtʃ]
fija (mirada ~)	nieruchomy	[neru'hɔmɪ]
parpadear (vi)	mrugać	['mrugatʃ]
guiñar un ojo	mrugnąć	['mrugnɔ̃tʃ]
asentir con la cabeza	przytaknąć	[pʃɪ'taknɔ̃tʃ]

suspiro (m)	westchnienie (n)	[vɛsth'nene]
suspirar (vi)	westchnąć	['vɛsthnɔ̃tʃ]
estremecerse (vr)	wzdrygać się	['vzdrɪgatʃ ɕɛ̃]
gesto (m)	gest (m)	[gɛst]
tocar (con la mano)	dotknąć	['dɔtknɔ̃tʃ]
asir (~ de la mano)	chwytać	['hfɪtatʃ]
palmear (~ la espalda)	klepać	['klepatʃ]

¡Cuidado!	Uwaga!	[u'vaga]
¿De veras?	Czyżby?	['tʃɪʒbɪ]
¿Estás seguro?	Jesteś pewien?	['estɛɕ 'pɛven]
¡Suerte!	Powodzenia!	[pɔvɔ'dzɛɲa]
¡Ya veo!	Jasne!	['jasnɛ]
¡Es una lástima!	Szkoda!	['ʃkɔda]

65. El acuerdo. El rechazo

acuerdo (m)	zgoda (f)	['zgɔda]
estar de acuerdo	zgadzać się	['zgadzatʃ ɕɛ̃]
aprobación (f)	aprobata (f)	[aprɔ'bata]
aprobar (vt)	zaaprobować	[za:prɔ'bɔvatʃ]
rechazo (m)	odmowa (f)	[ɔd'mɔva]
negarse (vr)	odmawiać	[ɔd'maviatʃ]

| ¡Excelente! | Świetnie! | ['ɕfetne] |
| ¡De acuerdo! | Dobrze! | ['dɔbʒɛ] |

¡Vale!	Dobra!	['dɔbra]
prohibido (adj)	zakazany	[zaka'zanɪ]
está prohibido	nie wolno	[ne 'vɔʎnɔ]
es imposible	niemożliwe	[nemɔʒ'livɛ]
incorrecto (adj)	błędny	['bwɛdnɪ]

rechazar (vt)	odrzucić	[ɔ'dʒutʃitʃ]
apoyar (la decisión)	poprzeć	['pɔpʃɛtʃ]
aceptar (vt)	przyjąć	['pʃiɔtʃ]

confirmar (vt)	potwierdzić	[pɔt'ferdʒitʃ]
confirmación (f)	potwierdzenie (n)	[pɔtfer'dzɛne]
permiso (m)	pozwolenie (n)	[pɔzvɔ'lene]
permitir (vt)	zezwolić	[zɛz'vɔlitʃ]
decisión (f)	decyzja (f)	[dɛ'tsɪzʲja]
no decir nada	nic nie mówić	[nits nɛ 'mɔvitʃ]

condición (f)	warunek (m)	[va'runɛk]
excusa (f) (pretexto)	wymówka (f)	[vɪ'mufka]
elogio (m)	pochwała (f)	[pɔh'fawa]
elogiar (vt)	chwalić	['hfalitʃ]

66. El éxito. La buena suerte. El Fracaso

éxito (m)	sukces (m)	['suktsɛs]
con éxito (adv)	z powodzeniem	[s pɔvɔ'dzɛnem]
exitoso (adj)	skuteczny	[sku'tɛtʃnɪ]
suerte (f)	powodzenie (n)	[pɔvɔ'dzɛne]
¡Suerte!	Powodzenia!	[pɔvɔ'dzɛɲa]
de suerte (día ~)	szczęśliwy	[ʃtʃɛɕ'livɪ]
afortunado (adj)	fortunny	[fɔr'tuɲɪ]

fiasco (m)	porażka (f)	[pɔ'raʃka]
infortunio (m)	niepowodzenie (n)	[nepɔvɔ'dzɛne]
mala suerte (f)	pech (m)	[pɛh]
fracasado (adj)	nieudany	[neu'danɪ]
catástrofe (f)	katastrofa (f)	[katast'rɔfa]

orgullo (m)	duma (f)	['duma]
orgulloso (adj)	dumny	['dumnɪ]
estar orgulloso	być dumnym	[bɪtʃ 'dumnɪm]
ganador (m)	zwycięzca (m)	[zvɪ'tʃenstsa]
ganar (vi)	zwyciężyć	[zvɪ'tʃenʒɪtʃ]
perder (vi)	przegrać	['pʃɛgratʃ]
tentativa (f)	próba (f)	['pruba]
intentar (tratar)	próbować	[pru'bɔvatʃ]
chance (f)	szansa (f)	['ʃansa]

67. Las discusiones. Las emociones negativas

grito (m)	krzyk (m)	[kʃɪk]
gritar (vi)	krzyczeć	['kʃɪtʃɛtʃ]

comenzar a gritar	krzyknąć	['kʃɪknɔʧ]
disputa (f), riña (f)	kłótnia (f)	['kwutɲa]
reñir (vi)	kłócić się	['kwuʧiʧ ɕɛ̃]
escándalo (m) (riña)	głośna kłótnia (f)	['gwɔʃna 'kwɔtɲa]
causar escándalo	kłócić się głośno	['kwɔʧiʧ ɕɛ̃ 'gwɔʃnɔ]
conflicto (m)	konflikt (m)	['kɔnflikt]
malentendido (m)	nieporozumienie (n)	[nepɔrɔzu'mene]

insulto (m)	zniewaga (f)	[zni'evaga]
insultar (vt)	znieważać	[zne'vaʒaʧ]
insultado (adj)	obrażony	[ɔbra'ʒɔnɪ]
ofensa (f)	obraza (f)	[ɔb'raza]
ofender (vt)	obrazić	[ɔb'raʒiʧ]
ofenderse (vr)	obrazić się	[ɔb'raʒiʧ ɕɛ̃]

indignación (f)	oburzenie (n)	[ɔbu'ʒɛne]
indignarse (vr)	oburzać się	[ɔ'buʒaʧ ɕɛ̃]
queja (f)	skarga (f)	['skarga]
quejarse (vr)	skarżyć się	['skarʒɪʧ ɕɛ̃]

disculpa (f)	przeprosiny (pl)	[pʃɛprɔ'ɕinɪ]
disculparse (vr)	przepraszać	[pʃɛp'raʃaʧ]
pedir perdón	przepraszać	[pʃɛp'raʃaʧ]

crítica (f)	krytyka (f)	['krɪtɪka]
criticar (vt)	krytykować	[krɪtɪ'kɔvaʧ]
acusación (f)	oskarżenie (n)	[ɔskar'ʒɛne]
acusar (vt)	obwiniać	[ɔb'viɲaʧ]

venganza (f)	zemsta (f)	['zɛmsta]
vengar (vt)	mścić się	[mɕʧiʧ ɕɛ̃]
pagar (vt)	odpłacić	[ɔdp'waʧiʧ]

desprecio (m)	pogarda (f)	[pɔ'garda]
despreciar (vt)	pogardzać	[pɔ'gardzaʧ]
odio (m)	nienawiść (f)	[ne'naviʨ]
odiar (vt)	nienawidzieć	[nena'vidʑeʧ]

nervioso (adj)	nerwowy	[nɛr'vɔvɪ]
estar nervioso	denerwować się	[dɛnɛr'vɔvaʧ ɕɛ̃]
enfadado (adj)	zły	[zwɪ]
enfadar (vt)	rozzłościć	[rɔzz'wɔʨiʧ]

humillación (f)	poniżenie (n)	[pɔni'ʒɛne]
humillar (vt)	poniżać	[pɔ'niʒaʧ]
humillarse (vr)	poniżać się	[pɔ'niʒaʧ ɕɛ̃]

choque (m)	szok (m)	[ʃɔk]
chocar (vi)	szokować	[ʃɔ'kɔvaʧ]

molestia (f) (problema)	przykrość (f)	['pʃikrɔʨ]
desagradable (adj)	nieprzyjemny	[nepʃi'emnɪ]

miedo (m)	strach (m)	[strah]
terrible (tormenta, etc.)	okropny	[ɔk'rɔpnɪ]
de miedo (historia ~)	straszny	['straʃnɪ]

| horror (m) | przerażenie (n) | [pʃɛra'ʒɛne] |
| horrible (adj) | okropny | [ɔk'rɔpnɪ] |

llorar (vi)	płakać	['pwakatʃ]
comenzar a llorar	zapłakać	[zap'wakatʃ]
lágrima (f)	łza (f)	[wza]

culpa (f)	wina (f)	['vina]
remordimiento (m)	wina (f)	['vina]
deshonra (f)	hańba (f)	['haɲba]
protesta (f)	protest (m)	['prɔtɛst]
estrés (m)	stres (m)	[strɛs]

molestar (vt)	przeszkadzać	[pʃɛʃ'kadzatʃ]
estar furioso	złościć się	['zwɔɕtʃitʃ ɕɛ̃]
enfadado (adj)	zły	[zwɪ]
terminar (vt)	zakończyć	[za'kɔntʃitʃ]
regañar (vt)	kłócić się	['kwutʃitʃ ɕɛ̃]

asustarse (vr)	bać się	[batʃ ɕɛ̃]
golpear (vt)	uderzyć	[u'dɛʒɪtʃ]
pelear (vi)	bić się	[bitʃ ɕɛ̃]

resolver (~ la discusión)	załatwić	[za'watvitʃ]
descontento (adj)	niezadowolony	[nezadɔvɔ'lɔnɪ]
furioso (adj)	wściekły	['fɕtʃekwɪ]

| ¡No está bien! | Nie jest dobrze! | [ni estʲ 'dɔbʒɛ] |
| ¡Está mal! | To źle! | [tɔ zʲle] |

La medicina

68. Las enfermedades

enfermedad (f)	choroba (f)	[hɔ'rɔba]
estar enfermo	chorować	[hɔ'rɔvatʃ]
salud (f)	zdrowie (n)	['zdrɔve]

resfriado (m) (coriza)	katar (m)	['katar]
angina (f)	angina (f)	[aŋina]
resfriado (m)	przeziębienie (n)	[pʃɛʒɛ̃'bene]
resfriarse (vr)	przeziębić się	[pʃɛ'ʒembitʃ ɕɛ̃]

bronquitis (f)	zapalenie (n) oskrzeli	[zapa'lɛne ɔsk'ʃɛli]
pulmonía (f)	zapalenie (n) płuc	[zapa'lɛne pwuts]
gripe (f)	grypa (f)	['grɪpa]

miope (adj)	krótkowzroczny	[krutkɔvz'rɔtʃnɪ]
présbita (adj)	dalekowzroczny	[dalekɔvz'rɔtʃnɪ]
estrabismo (m)	zez (m)	[zɛs]
estrábico (m) (adj)	zezowaty	[zɛzɔ'vatɪ]
catarata (f)	katarakta (f)	[kata'rakta]
glaucoma (f)	jaskra (f)	['jaskra]

insulto (m)	wylew (m)	['vɪlef]
ataque (m) cardiaco	zawał (m)	['zavaw]
infarto (m) de miocardio	zawał (m) mięśnia sercowego	['zavaw 'mɛ̃ɕɲa sɛrtsɔ'vɛgɔ]
parálisis (f)	paraliż (m)	[pa'raliʃ]
paralizar (vt)	sparaliżować	[sparali'ʒɔvatʃ]

alergia (f)	alergia (f)	[a'lɛrgʲja]
asma (f)	astma (f)	['astma]
diabetes (m)	cukrzyca (f)	[tsuk'ʃɪtsa]

dolor (m) de muelas	ból (m) zęba	[buʎ 'zɛ̃ba]
caries (f)	próchnica (f)	[pruh'nitsa]

diarrea (f)	rozwolnienie (n)	[rɔzvɔʎ'nene]
estreñimiento (m)	zaparcie (n)	[za'partʃe]
molestia (f) estomacal	rozstrój (m) żołądka	['rɔsstruj ʒɔ'wɔtka]
envenenamiento (m)	zatrucie (n) pokarmowe	[zat'rutʃe pokar'mɔvɛ]
envenenarse (vr)	zatruć się	['zatrutʃ ɕɛ̃]
artritis (f)	artretyzm (m)	[art'rɛtɪzm]
raquitismo (m)	krzywica (f)	[kʃɪ'vitsa]
reumatismo (m)	reumatyzm (m)	[rɛu'matɪzm]
ateroesclerosis (f)	miażdżyca (f)	[mʲaʒ'dʒɪtsa]
gastritis (f)	nieżyt (m) żołądka	['neʒɪt ʒɔ'wɔtka]
apendicitis (f)	zapalenie (n) wyrostka robaczkowego	[zapa'lene vɪ'rɔstka rɔbatʃkɔ'vɛgɔ]

úlcera (f)	wrzód (m)	[vʒut]
sarampión (m)	odra (f)	['ɔdra]
rubeola (f)	różyczka (f)	[ru'ʒɨtʃka]
ictericia (f)	żółtaczka (f)	[ʒuw'tatʃka]
hepatitis (f)	zapalenie (n) wątroby	[zapa'lene võt'rɔbɨ]

esquizofrenia (f)	schizofrenia (f)	[shizɔf'rɛnʲja]
rabia (f) (hidrofobia)	wścieklizna (f)	[vɕtʃek'lizna]
neurosis (f)	nerwica (f)	[nɛr'vitsa]
conmoción (m) cerebral	wstrząs (m) mózgu	[fstʃõs 'muzgu]

cáncer (m)	rak (m)	[rak]
esclerosis (f)	stwardnienie (n)	[stvard'nenie]
esclerosis (m) múltiple	stwardnienie (n) rozsiane	[stfard'nene rɔz'ɕanɛ]

alcoholismo (m)	alkoholizm (m)	[aʎkɔ'hɔlizm]
alcohólico (m)	alkoholik (m)	[aʎkɔ'hɔlik]
sífilis (f)	syfilis (m)	[sɨ'filis]
SIDA (f)	AIDS (m)	[ɛjts]

tumor (m)	nowotwór (m)	[nɔ'vɔtfur]
maligno (adj)	złośliwa	[zwɔɕ'liva]
benigno (adj)	niezłośliwa	[nezwɔɕ'liva]

fiebre (f)	febra (f)	['fɛbra]
malaria (f)	malaria (f)	[ma'ʎarʲja]
gangrena (f)	gangrena (f)	[gaŋ'rɛna]
mareo (m)	choroba (f) morska	[hɔ'rɔba 'mɔrska]
epilepsia (f)	padaczka (f)	[pa'datʃka]

epidemia (f)	epidemia (f)	[ɛpi'dɛmʲja]
tifus (m)	tyfus (m)	['tɨfus]
tuberculosis (f)	gruźlica (f)	[gruzʲ'litsa]
cólera (f)	cholera (f)	[hɔ'lera]
peste (f)	dżuma (f)	['dʒuma]

69. Los síntomas. Los tratamientos. Unidad 1

síntoma (m)	objaw (m)	['ɔbʲjaf]
temperatura (f)	temperatura (f)	[tɛmpɛra'tura]
fiebre (f)	gorączka (f)	[gɔ'rõtʃka]
pulso (m)	puls (m)	[puʎs]

mareo (m) (vértigo)	zawrót (m) głowy	['zavrut 'gwɔvɨ]
caliente (adj)	gorący	[gɔ'rõtsɨ]
escalofrío (m)	dreszcz (m)	['drɛʃʧ]
pálido (adj)	blady	['bʎadɨ]

tos (f)	kaszel (m)	['kaʃɛʎ]
toser (vi)	kaszleć	['kaʃletʃ]
estornudar (vi)	kichać	['kihatʃ]
desmayo (m)	omdlenie (n)	[ɔmd'lene]
desmayarse (vr)	zemdleć	['zɛmdletʃ]
moradura (f)	siniak (m)	['ɕiɲak]

chichón (m)	guz (m)	[gus]
golpearse (vr)	uderzyć się	[u'dɛʒɪʧ ɕɛ̃]
magulladura (f)	stłuczenie (n)	[stwut'ʃɛne]
magullarse (vr)	potłuc się	['pɔtwuʦ ɕɛ̃]

cojear (vi)	kuleć	['kuleʧ]
dislocación (f)	zwichnięcie (n)	[zvih'nɛ̃ʧe]
dislocar (vt)	zwichnąć	['zvihnɔ̃ʧ]
fractura (f)	złamanie (n)	[zwa'mane]
tener una fractura	otrzymać złamanie	[ɔt'ʃɪmaʧ zwa'mane]

corte (m) (tajo)	skaleczenie (n)	[skalet'ʃɛne]
cortarse (vr)	skaleczyć się	[ska'letʃɪʧ ɕɛ̃]
hemorragia (f)	krwotok (m)	['krfɔtɔk]

| quemadura (f) | oparzenie (n) | [ɔpa'ʒɛne] |
| quemarse (vr) | poparzyć się | [pɔ'paʒɪʧ ɕɛ̃] |

pincharse (el dedo)	ukłuć	['ukwuʧ]
pincharse (vr)	ukłuć się	['ukwuʧ ɕɛ̃]
herir (vt)	uszkodzić	[uʃ'kɔʤiʧ]
herida (f)	uszkodzenie (n)	[uʃkɔ'dzɛne]
lesión (f) (herida)	rana (f)	['rana]
trauma (m)	uraz (m)	['uras]

delirar (vi)	bredzić	['brɛʤiʧ]
tartamudear (vi)	jąkać się	[ɔ̃kaʧ ɕɛ̃]
insolación (f)	udar (m) słoneczny	['udar swɔ'nɛʧnɪ]

70. Los síntomas. Los tratamientos. Unidad 2

| dolor (m) | ból (m) | [buʎ] |
| astilla (f) | drzazga (f) | ['ʤazga] |

sudor (m)	pot (m)	[pɔt]
sudar (vi)	pocić się	['pɔʧiʧ ɕɛ̃]
vómito (m)	wymiotowanie (n)	[vɪmɔtɔ'vane]
convulsiones (f)	drgawki (pl)	['drgavki]

embarazada (adj)	ciężarna (f)	[ʧɛ̃'ʒarna]
nacer (vi)	urodzić się	[u'rɔʤiʧ ɕɛ̃]
parto (m)	poród (m)	['pɔrut]
dar a luz	rodzić	['rɔʤiʧ]
aborto (m)	aborcja (f)	[a'bɔrtsʰja]

respiración (f)	oddech (m)	['ɔddɛh]
inspiración (f)	wdech (m)	[vdɛh]
espiración (f)	wydech (m)	['vɪdɛh]
espirar (vi)	zrobić wydech	['zrɔbiʧ 'vɪdɛh]
inspirar (vi)	zrobić wdech	['zrɔbiʧ vdɛh]

inválido (m)	niepełnosprawny (m)	[nepɛwnɔsp'ravnɪ]
mutilado (m)	kaleka (m, f)	[ka'leka]
drogadicto (m)	narkoman (m)	[nar'kɔman]

sordo (adj)	niesłyszący, głuchy	[nɛswɨ'ʃɔt̪sɨ], ['gwuhɨ]
mudo (adj)	niemy	['nɛmɨ]
sordomudo (adj)	głuchoniemy	[gwuhɔ'nɛmɨ]
loco (adj)	zwariowany	[zvarʲɔ'vanɨ]
loco (m)	wariat (m)	['varʲjat]
loca (f)	wariatka (f)	[varʲ'jatka]
volverse loco	stracić rozum	['strat̪ʃit̪ʃ rɔzum]
gen (m)	gen (m)	[gɛn]
inmunidad (f)	odporność (f)	[ɔt'pɔrnɔɕt̪ʃ]
hereditario (adj)	dziedziczny	[dʒɛ'dʒit̪ʃnɨ]
de nacimiento (adj)	wrodzony	[vrɔ'dzɔnɨ]
virus (m)	wirus (m)	['virus]
microbio (m)	mikrob (m)	['mikrɔb]
bacteria (f)	bakteria (f)	[bak'tɛrʲja]
infección (f)	infekcja (f)	[in'fɛkt̪sʲja]

71. Los síntomas. Los tratamientos. Unidad 3

hospital (m)	szpital (m)	['ʃpitaʎ]
paciente (m)	pacjent (m)	['pat̪sʲent]
diagnosis (f)	diagnoza (f)	[dʲjag'nɔza]
cura (f)	leczenie (n)	[let'ʃɛnɛ]
tratamiento (m)	leczenie (n)	[let'ʃɛnɛ]
curarse (vr)	leczyć się	['let̪ʃit̪ʃ ɕɛ̃]
tratar (vt)	leczyć	['let̪ʃit̪ʃ]
cuidar (a un enfermo)	opiekować się	[ɔpɛ'kɔvat̪ʃ ɕɛ̃]
cuidados (m pl)	opieka (f)	[ɔ'peka]
operación (f)	operacja (f)	[ɔpɛ'rat̪sʲja]
vendar (vt)	opatrzyć	[ɔ'pat̪ʃit̪ʃ]
vendaje (m)	opatrunek (m)	[ɔpat'runɛk]
vacunación (f)	szczepionka (m)	[ʃt̪ʃɛ'pɔŋka]
vacunar (vt)	szczepić	['ʃt̪ʃɛpit̪ʃ]
inyección (f)	zastrzyk (m)	['zast̪ʃik]
aplicar una inyección	robić zastrzyk	['rɔbit̪ʃ 'zast̪ʃik]
amputación (f)	amputacja (f)	[ampu'tat̪sʲja]
amputar (vt)	amputować	[ampu'tɔvat̪ʃ]
coma (m)	śpiączka (f)	[ɕpɔ̃t̪ʃka]
estar en coma	być w śpiączce	[bɨt̪ʃ f ɕpɔ̃t̪ʃsɛ]
revitalización (f)	reanimacja (f)	[rɛani'mat̪sʲja]
recuperarse (vr)	wracać do zdrowia	['vrat̪sat̪ʃ dɔ 'zdrɔvʲa]
estado (m) (de salud)	stan (m)	[stan]
consciencia (f)	przytomność (f)	[pʃi'tɔmnɔɕt̪ʃ]
memoria (f)	pamięć (f)	['pamɛ̃t̪ʃ]
extraer (un diente)	usuwać	[u'suvat̪ʃ]
empaste (m)	plomba (f)	['plɔmba]

empastar (vt)	plombować	[plɔm'bɔvatʃ]
hipnosis (f)	hipnoza (f)	[hip'nɔza]
hipnotizar (vt)	hipnotyzować	[hipnɔtɪ'zɔvatʃ]

72. Los médicos

médico (m)	lekarz (m)	['lekaʃ]
enfermera (f)	pielęgniarka (f)	[pelɛ̃g'ɲarka]
médico (m) personal	lekarz (m) prywatny	[lekaʒ prɪ'vatnɪ]

dentista (m)	dentysta (m)	[dɛn'tɪsta]
oftalmólogo (m)	okulista (m)	[ɔku'lista]
internista (m)	internista (m)	[intɛr'nista]
cirujano (m)	chirurg (m)	['hirurk]

psiquiatra (m)	psychiatra (m)	[psɪhʲ'atra]
pediatra (m)	pediatra (m)	[pɛdʲ'atra]
psicólogo (m)	psycholog (m)	[psɪ'hɔlɔg]
ginecólogo (m)	ginekolog (m)	[ginɛ'kɔlɔk]
cardiólogo (m)	kardiolog (m)	[kardʲɔ'lɔk]

73. La medicina. Las drogas. Los accesorios

medicamento (m), droga (f)	lekarstwo (n)	[le'karstfɔ]
remedio (m)	środek (m)	['ɕrɔdɛk]
prescribir (vt)	zapisać	[za'pisatʃ]
receta (f)	recepta (f)	[rɛ'tsɛpta]

tableta (f)	tabletka (f)	[tab'letka]
ungüento (m)	maść (f)	[maɕtʃ]
ampolla (f)	ampułka (f)	[am'puwka]
mixtura (f), mezcla (f)	mikstura (f)	[miks'tura]
sirope (m)	syrop (m)	['sɪrɔp]
píldora (f)	pigułka (f)	[pi'guwka]
polvo (m)	proszek (m)	['prɔʃɛk]

venda (f)	bandaż (m)	['bandaʃ]
algodón (m) (discos de ~)	wata (f)	['vata]
yodo (m)	jodyna (f)	[ʒ'dɪna]
tirita (f), curita (f)	plaster (m)	['pʎaster]
pipeta (f)	zakraplacz (m)	[zak'rapʎatʃ]
termómetro (m)	termometr (m)	[tɛr'mɔmɛtr]
jeringa (f)	strzykawka (f)	[stʃɪ'kafka]

| silla (f) de ruedas | wózek (m) inwalidzki | ['vɔzɛk inva'lidzki] |
| muletas (f pl) | kule (pl) | ['kule] |

anestésico (m)	środek (m) przeciwbólowy	['ɕrɔdɛk pʃɛtʃifbɔ'lovɪ]
purgante (m)	środek (m) przeczyszczający	['ɕrɔdɛk pʃɛtʃɪʃtʃaɔ̃tsɪ]
alcohol (m)	spirytus (m)	[spi'rɪtus]
hierba (f) medicinal	zioła (pl) lecznicze	[ʒi'ɔla lɛtʃ'nitʃɛ]
de hierbas (té ~)	ziołowy	[ʒɔ'wovɪ]

74. El fumar. Los productos del tabaco

tabaco (m)	tytoń (m)	['tɨtɔɲ]
cigarrillo (m)	papieros (m)	[pa'perɔs]
cigarro (m)	cygaro (n)	[tsɨ'garɔ]
pipa (f)	fajka (f)	['fajka]
paquete (m)	paczka (f)	['patʃka]
cerillas (f pl)	zapałki (pl)	[za'pawki]
caja (f) de cerillas	pudełko (n) zapałek	[pu'dɛwkɔ za'pawɛk]
encendedor (m)	zapalniczka (f)	[zapaʎ'nitʃka]
cenicero (m)	popielniczka (f)	[pɔpeʎ'nitʃka]
pitillera (f)	papierośnica (f)	[paperɔɕ'nitsa]
boquilla (f)	ustnik (m)	['ustnik]
filtro (m)	filtr (m)	[fiʎtr]
fumar (vi, vt)	palić	['palitʃ]
encender un cigarrillo	zapalić	[za'palitʃ]
tabaquismo (m)	palenie (n)	[pa'lene]
fumador (m)	palacz (m)	['paʎatʃ]
colilla (f)	niedopałek (m)	[nedɔ'pawɛk]
humo (m)	dym (m)	[dɨm]
ceniza (f)	popiół (m)	['pɔpyw]

EL AMBIENTE HUMANO

La ciudad

75. La ciudad. La vida en la ciudad

ciudad (f)	miasto (n)	['mʲastɔ]
capital (f)	stolica (f)	[stɔ'liʦa]
aldea (f)	wieś (f)	[vɛɕ]
plano (m) de la ciudad	plan (m) miasta	[pʎan 'mʲasta]
centro (m) de la ciudad	centrum (n) miasta	['ʦɛntrum 'mʲasta]
suburbio (m)	dzielnica (f) podmiejska	[dʑɛʎ'niʦa pɔd'mejska]
suburbano (adj)	podmiejski	[pɔd'mejski]
arrabal (m)	peryferie (pl)	[pɛrɪ'fɛrʲe]
afueras (f pl)	okolice (pl)	[ɔkɔ'liʦɛ]
barrio (m)	osiedle (n)	[ɔ'ɕedle]
zona (f) de viviendas	osiedle (n) mieszkaniowe	[ɔ'ɕedle meʃka'nɜvɛ]
tráfico (m)	ruch (m) uliczny	[ruh u'liʧnɪ]
semáforo (m)	światła (pl)	['ɕfʲatwa]
transporte (m) urbano	komunikacja (f) publiczna	[kɔmuni'kaʦʰja pub'liʧna]
cruce (m)	skrzyżowanie (n)	[skʃɪʒɔ'vane]
paso (m) de peatones	przejście (n)	['pʃɛjɕʨe]
paso (m) subterráneo	przejście (n) podziemne	['pʃɛjɕʨe pɔ'dʑemnɛ]
cruzar (vt)	przechodzić	[pʃɛ'hɔdʑiʧ]
peatón (m)	pieszy (m)	['peʃɪ]
acera (f)	chodnik (m)	['hɔdnik]
puente (m)	most (m)	[mɔst]
muelle (m)	nadbrzeże (n)	[nadb'ʒɛʒɛ]
fuente (f)	fontanna (f)	[fɔn'taɲa]
alameda (f)	aleja (f)	[a'leja]
parque (m)	park (m)	[park]
bulevar (m)	bulwar (m)	['buʎvar]
plaza (f)	plac (m)	[pʎaʦ]
avenida (f)	aleja (f)	[a'leja]
calle (f)	ulica (f)	[u'liʦa]
callejón (m)	zaułek (m)	[za'uwɛk]
callejón (m) sin salida	ślepa uliczka (f)	['ɕlepa u'liʧka]
casa (f)	dom (m)	[dɔm]
edificio (m)	budynek (m)	[bu'dɪnɛk]
rascacielos (m)	wieżowiec (m)	[ve'ʒɔvɛʦ]
fachada (f)	fasada (f)	[fa'sada]
techo (m)	dach (m)	[dah]

73

ventana (f)	okno (n)	['ɔknɔ]
arco (m)	łuk (m)	[wuk]
columna (f)	kolumna (f)	[kɔ'lymna]
esquina (f)	róg (m)	[ruk]

escaparate (f)	witryna (f)	[vit'rɪna]
letrero (m) (~ luminoso)	szyld (m)	[ʃɪʌt]
cartel (m)	afisz (m)	['afiʃ]
cartel (m) publicitario	plakat (m) reklamowy	['pʌakat rɛkʌa'mɔvɪ]
valla (f) publicitaria	billboard (m)	['biʌbɔrt]

basura (f)	śmiecie (pl)	['ɕmetʃe]
cajón (m) de basura	kosz (m) na śmieci	[kɔʃ na 'ɕmetʃi]
tirar basura	śmiecić	['ɕmetʃitʃ]
basurero (m)	wysypisko (n) śmieci	[vɪsɪpiskɔ 'ɕmetʃi]

cabina (f) telefónica	budka (f) telefoniczna	['butka tɛlefɔ'nitʃna]
farola (f)	słup (m) oświetleniowy	[swup ɔɕvetle'nɜvɪ]
banco (m) (del parque)	ławka (f)	['wafka]

policía (m)	policjant (m)	[pɔ'litsʰjant]
policía (f) (~ nacional)	policja (f)	[pɔ'litsʰja]
mendigo (m)	żebrak (m)	['ʒɛbrak]
persona (f) sin hogar	bezdomny (m)	[bɛz'dɔmnɪ]

76. Las instituciones urbanas

tienda (f)	sklep (m)	[sklep]
farmacia (f)	apteka (f)	[ap'tɛka]
óptica (f)	optyk (m)	['ɔptɪk]
centro (m) comercial	centrum (n) handlowe	['tsɛntrum hand'lɜvɛ]
supermercado (m)	supermarket (m)	[supɛr'markɛt]

panadería (f)	sklep (m) z pieczywem	[sklep s pet'ʃivɛm]
panadero (m)	piekarz (m)	['pekaʃ]
pastelería (f)	cukiernia (f)	[tsu'kerɲa]
tienda (f) de comestibles	sklep (m) spożywczy	[sklep spɔ'ʒɪvtʃi]
carnicería (f)	sklep (m) mięsny	[sklep 'mensnɪ]

verdulería (f)	warzywniak (m)	[va'ʒɪvɲak]
mercado (m)	targ (m)	[tark]

cafetería (f)	kawiarnia (f)	[ka'vɪarɲa]
restaurante (m)	restauracja (f)	[rɛstau'ratsʰja]
cervecería (f)	piwiarnia (f)	[pi'vɪarɲa]
pizzería (f)	pizzeria (f)	[pi'tserʰja]

peluquería (f)	salon (m) fryzjerski	['salon frɪzʰ'erski]
oficina (f) de correos	poczta (f)	['pɔtʃta]
tintorería (f)	pralnia (f) chemiczna	['praʌɲa hɛ'mitʃna]
estudio (m) fotográfico	zakład (m) fotograficzny	['zakwat fɔtɔgra'fitʃnɪ]

zapatería (f)	sklep (m) obuwniczy	[sklep ɔbuv'nitʃɪ]
librería (f)	księgarnia (f)	[kɕɛ̃'garɲa]

tienda (f) deportiva	sklep (m) sportowy	[sklep spɔr'tɔvɨ]
arreglos (m pl) de ropa	reperacja (f) odzieży	[rɛpɛ'rats^hja ɔ'dʒeʒɨ]
alquiler (m) de ropa	wypożyczanie (n) strojów okazjonalnych	[vɨpɔʒɨ'tʃane strɔ'juv ɔkaz'ɔ'naʎnɨh]
videoclub (m)	wypożyczalnia (f) filmów	[vɨpɔʒɨt'ʃaʎɲa 'fiʎmuf]

circo (m)	cyrk (m)	[tsɨrk]
zoo (m)	zoo (n)	['zɔ:]
cine (m)	kino (n)	['kinɔ]
museo (m)	muzeum (n)	[mu'zɛum]
biblioteca (f)	biblioteka (f)	[biblɔ'tɛka]

teatro (m)	teatr (m)	['tɛatr]
ópera (f)	opera (f)	['ɔpɛra]
club (m) nocturno	klub nocny (m)	[klyp 'nɔtsnɨ]
casino (m)	kasyno (n)	[ka'sɨnɔ]

mezquita (f)	meczet (m)	['mɛtʃɛt]
sinagoga (f)	synagoga (f)	[sɨna'gɔga]
catedral (f)	katedra (f)	[ka'tɛdra]
templo (m)	świątynia (f)	[ɕfɔ̃'tɨɲa]
iglesia (f)	kościół (m)	['kɔʃtʃow]

instituto (m)	instytut (m)	[ins'tɨtut]
universidad (f)	uniwersytet (m)	[uni'vɛrsɨtɛt]
escuela (f)	szkoła (f)	['ʃkɔwa]

prefectura (f)	urząd (m) dzielnicowy	['uʒɔ̃d dʒeʎnitsɔvɨ]
alcaldía (f)	urząd (m) miasta	['uʒɔ̃t 'm^jasta]
hotel (m)	hotel (m)	['hɔtɛʎ]
banco (m)	bank (m)	[baŋk]

embajada (f)	ambasada (f)	[amba'sada]
agencia (f) de viajes	agencja (f) turystyczna	[a'gɛnts^hja turɨs'tɨtʃna]
oficina (f) de información	informacja (f)	[infɔr'mats^hja]
oficina (f) de cambio	kantor (m)	['kantɔr]

| metro (m) | metro (n) | ['mɛtrɔ] |
| hospital (m) | szpital (m) | ['ʃpitaʎ] |

| gasolinera (f) | stacja (f) benzynowa | ['stats^hja bɛnzɨ'nova] |
| aparcamiento (m) | parking (m) | ['parkiŋk] |

77. El transporte urbano

autobús (m)	autobus (m)	[au'tobus]
tranvía (m)	tramwaj (m)	['tramvaj]
trolebús (m)	trolejbus (m)	[trɔ'lejbus]
itinerario (m)	trasa (f)	['trasa]
número (m)	numer (m)	['numɛr]

ir en ...	jechać w...	['ehatʃ v]
tomar (~ el autobús)	wsiąść	[fɕɔ̃ɕtʃ]
bajar (~ del tren)	zsiąść z ...	[zɕɔ̃ɕtʃ z]

parada (f)	przystanek (m)	[pʃis'tanɛk]
próxima parada (f)	następny przystanek (m)	[nas'tɛpnɪ pʃis'tanɛk]
parada (f) final	stacja (f) końcowa	['statsʰja kɔɲ'tsɔva]
horario (m)	rozkład (m) jazdy	['rɔskwad 'jazdɪ]
esperar (aguardar)	czekać	['tʃɛkatʃ]

| billete (m) | bilet (m) | ['bilet] |
| precio (m) del billete | cena (f) biletu | ['tsɛna bi'letu] |

cajero (m)	kasjer (m), kasjerka (f)	['kasʰer], [kasʰ'erka]
control (m) de billetes	kontrola (f) biletów	[kɔnt'rɔʎa bi'letɔf]
cobrador (m)	kontroler (m) biletów	[kɔnt'rɔler bi'letɔf]

llegar tarde (vi)	spóźniać się	['spuʑʲɲatʃ ɕɛ̃]
perder (~ el tren)	spóźnić się	['spuʑʲnitʃ ɕɛ̃]
tener prisa	śpieszyć się	['ɕpeʃitʃ ɕɛ̃]

taxi (m)	taksówka (f)	[tak'sufka]
taxista (m)	taksówkarz (m)	[tak'sufkaʃ]
en taxi	taksówką	[tak'sufkɔ̃]
parada (f) de taxis	postój (m) taksówek	['pɔstuj tak'suvɛk]
llamar un taxi	wezwać taksówkę	['vɛzvatʃ tak'sufkɛ̃]
tomar un taxi	wziąć taksówkę	[vʑɔ̃ʲtʃ tak'sufkɛ̃]

tráfico (m)	ruch (m) uliczny	[ruh u'litʃnɪ]
atasco (m)	korek (m)	['kɔrɛk]
horas (f pl) de punta	godziny (pl) szczytu	[gɔ'dʑinɪ 'ʃtʃitu]
aparcar (vi)	parkować	[par'kɔvatʃ]
aparcar (vt)	parkować	[par'kɔvatʃ]
aparcamiento (m)	parking (m)	['parkiŋk]

metro (m)	metro (n)	['mɛtrɔ]
estación (f)	stacja (f)	['statsʰja]
ir en el metro	jechać metrem	['ehatʃ 'mɛtrɛm]
tren (m)	pociąg (m)	['pɔtʃɔ̃k]
estación (f)	dworzec (m)	['dvɔʒɛts]

78. La exploración del paisaje

monumento (m)	pomnik (m)	['pɔmnik]
fortaleza (f)	twierdza (f)	['tferdza]
palacio (m)	pałac (m)	['pawats]
castillo (m)	zamek (m)	['zamɛk]
torre (f)	wieża (f)	['veʒa]
mausoleo (m)	mauzoleum (n)	[mauzɔ'leum]

arquitectura (f)	architektura (f)	[arhitɛk'tura]
medieval (adj)	średniowieczny	[ɕrɛdnɔ'vetʃnɪ]
antiguo (adj)	zabytkowy	[zabɪt'kɔvɪ]
nacional (adj)	narodowy	[narɔ'dɔvɪ]
conocido (adj)	znany	['znanɪ]

| turista (m) | turysta (m) | [tu'rista] |
| guía (m) (persona) | przewodnik (m) | [pʃɛ'vɔdnik] |

excursión (f)	wycieczka (f)	[vɪ'ʧeʧka]
mostrar (vt)	pokazywać	[poka'zɪvaʧ]
contar (una historia)	opowiadać	[ɔpɔ'vʲadaʧ]

encontrar (hallar)	znaleźć	['znaleɕʧ]
perderse (vr)	zgubić się	['zgubiʧ ɕɛ̃]
plano (m) (~ de metro)	plan (m)	[pʎan]
mapa (m) (~ de la ciudad)	plan (m)	[pʎan]

recuerdo (m)	pamiątka (f)	[pamɔ̃tka]
tienda (f) de regalos	sklep (m) z upominkami	[sklep s upɔmi'ŋkami]
hacer fotos	robić zdjęcia	['rɔbiʧ 'zdʰɛ̃ʧa]
fotografiarse (vr)	fotografować się	[fɔtɔgra'fɔvaʧ ɕɛ̃]

79. Las compras

comprar (vt)	kupować	[ku'pɔvaʧ]
compra (f)	zakup (m)	['zakup]
hacer compras	robić zakupy	['rɔbiʧ za'kupɪ]
compras (f pl)	zakupy (pl)	[za'kupɪ]

| estar abierto (tienda) | być czynnym | [bɪʧ 'ʧɪɲɪm] |
| estar cerrado | być nieczynnym | [bɪʧ net'ʃɪɲɪm] |

calzado (m)	obuwie (n)	⁹ [ɔ'buve]
ropa (f), vestido (m)	odzież (f)	['ɔdʒeʃ]
cosméticos (m pl)	kosmetyki (pl)	[kɔs'mɛtɪki]
productos alimenticios	artykuły (pl) spożywcze	[artɪ'kuwɪ spɔ'ʒɪfʧɛ]
regalo (m)	prezent (m)	['prɛzɛnt]

| vendedor (m) | ekspedient (m) | [ɛks'pɛdʰent] |
| vendedora (f) | ekspedientka (f) | [ɛkspedʰ'entka] |

caja (f)	kasa (f)	['kasa]
espejo (m)	lustro (n)	['lystrɔ]
mostrador (m)	lada (f)	['ʎada]
probador (m)	przymierzalnia (f)	[pʃime'ʒaʎɲa]

probar (un vestido)	przymierzyć	[pʃɪ'meʒɪʧ]
quedar (una ropa, etc.)	pasować	[pa'sɔvaʧ]
gustar (vi)	podobać się	[pɔ'dɔbaʧ ɕɛ̃]

precio (m)	cena (f)	['ʦɛna]
etiqueta (f) de precio	metka (f)	['mɛtka]
costar (vt)	kosztować	[kɔʃ'tɔvaʧ]
¿Cuánto?	Ile kosztuje?	['ile kɔʃ'tue]
descuento (m)	zniżka (f)	['zniʃka]

no costoso (adj)	niedrogi	[ned'rɔgi]
barato (adj)	tani	['tani]
caro (adj)	drogi	['drɔgi]
Es caro	To dużo kosztuje	[tɔ 'duʒɔ kɔʃ'tue]
alquiler (m)	wypożyczalnia (f)	[vɪpɔʒɪt'ʃaʎɲa]
alquilar (vt)	wypożyczyć	[vɪpɔ'ʒɪʧɪʧ]

| crédito (m) | kredyt (m) | ['krɛdɪt] |
| a crédito (adv) | na kredyt | [na 'krɛdɪt] |

80. El dinero

dinero (m)	pieniądze (pl)	[penɔ̃dzɛ]
cambio (m)	wymiana (f)	[vɪ'mʲana]
curso (m)	kurs (m)	[kurs]
cajero (m) automático	bankomat (m)	[ba'ŋkɔmat]
moneda (f)	moneta (f)	[mɔ'nɛta]

| dólar (m) | dolar (m) | ['dɔʎar] |
| euro (m) | euro (m) | ['ɛurɔ] |

lira (f)	lir (m)	[lir]
marco (m) alemán	marka (f)	['marka]
franco (m)	frank (m)	[fraŋk]
libra esterlina (f)	funt szterling (m)	[funt 'ʃtɛrliŋk]
yen (m)	jen (m)	[en]

deuda (f)	dług (m)	[dwuk]
deudor (m)	dłużnik (m)	['dwuʒnik]
prestar (vt)	pożyczyć	[pɔ'ʒɪtʃitʃ]
tomar prestado	pożyczyć od ...	[pɔ'ʒɪtʃitʃ ɔt]

banco (m)	bank (m)	[baŋk]
cuenta (f)	konto (n)	['kɔntɔ]
ingresar en la cuenta	wpłacić na konto	['vpwatʃitʃ na 'kɔntɔ]
sacar de la cuenta	podjąć z konta	['pɔdʰɔ̃tʃ s 'kɔnta]

tarjeta (f) de crédito	karta (f) kredytowa	['karta krɛdɪ'tɔva]
dinero (m) en efectivo	gotówka (f)	[gɔ'tufka]
cheque (m)	czek (m)	[tʃɛk]
sacar un cheque	wystawić czek	[vɪs'tavitʃ tʃɛk]
talonario (m)	książeczka (f) czekowa	[kçɔ̃'ʒɛtʃka tʃɛ'kɔva]

cartera (f)	portfel (m)	['pɔrtfɛʎ]
monedero (m)	portmonetka (f)	[pɔrtmɔ'nɛtka]
portamonedas (m)	portmonetka (f)	[pɔrtmɔ'nɛtka]
caja (f) fuerte	sejf (m)	[sɛjf]

heredero (m)	spadkobierca (m)	[spatkɔ'bertsa]
herencia (f)	spadek (m)	['spadɛk]
fortuna (f)	majątek (m)	[maɔ̃tɛk]

arriendo (m)	dzierżawa (f)	[dʒer'ʒava]
alquiler (m) (dinero)	czynsz (m)	[tʃɪnʃ]
alquilar (~ una casa)	wynajmować	[vɪnaj'mɔvatʃ]

precio (m)	cena (f)	['tsɛna]
coste (m)	wartość (f)	['vartɔɕtʃ]
suma (f)	suma (f)	['suma]
gastar (vt)	wydawać	[vɪ'davatʃ]
gastos (m pl)	wydatki (pl)	[vɪ'datki]

| economizar (vi, vt) | oszczędzać | [ɔʃˈʃɛndzatʃ] |
| econimico (adj) | ekonomiczny | [ɛkɔnɔˈmitʃnɪ] |

pagar (vi, vt)	płacić	[ˈpwatʃitʃ]
pago (m)	opłata (f)	[ɔpˈwata]
cambio (m) (devolver el ~)	reszta (f)	[ˈrɛʃta]

impuesto (m)	podatek (m)	[pɔˈdatɛk]
multa (f)	kara (f)	[ˈkara]
multar (vt)	karać grzywną	[ˈkaratʃ ˈgʒɪvnɔ̃]

81. La oficina de correos

oficina (f) de correos	poczta (f)	[ˈpɔtʃta]
correo (m) (cartas, etc.)	poczta (f)	[ˈpɔtʃta]
cartero (m)	listonosz (m)	[lisˈtɔnɔʃ]
horario (m) de apertura	godziny (pl) pracy	[gɔˈdʑinɪ ˈpratsɪ]

carta (f)	list (m)	[list]
carta (f) certificada	list (m) polecony	[list pɔleˈtsɔnɪ]
tarjeta (f) postal	pocztówka (f)	[pɔtʃˈtufka]
telegrama (m)	telegram (m)	[tɛˈlegram]
paquete (m) postal	paczka (f)	[ˈpatʃka]
giro (m) postal	przekaz (m) pieniężny	[ˈpʃɛkas peˈnenʒnɪ]

recibir (vt)	odebrać	[ɔˈdɛbratʃ]
enviar (vt)	wysłać	[ˈvɪswatʃ]
envío (m)	wysłanie (n)	[vɪsˈwane]

dirección (f)	adres (m)	[ˈadrɛs]
código (m) postal	kod (m) pocztowy	[kɔt pɔtʃˈtɔvɪ]
expedidor (m)	nadawca (m)	[naˈdaftsa]
destinatario (m)	odbiorca (m)	[ɔdˈbɔrtsa]

| nombre (m) | imię (n) | [ˈimɛ̃] |
| apellido (m) | nazwisko (n) | [nazˈviskɔ] |

tarifa (f)	taryfa (f)	[taˈrɪfa]
ordinario (adj)	zwykła	[ˈzvɪkwa]
económico (adj)	oszczędna	[ɔʃˈʃɛndna]

peso (m)	ciężar (m)	[ˈtʃenʒar]
pesar (~ una carta)	ważyć	[ˈvaʒitʃ]
sobre (m)	koperta (f)	[kɔˈpɛrta]
sello (m)	znaczek (m)	[ˈznatʃɛk]
poner un sello	naklejać znaczek	[nakˈlejatʃ ˈznatʃɛk]

La vivienda. La casa. El hogar

82. La casa. La vivienda

casa (f)	dom (m)	[dɔm]
en casa (adv)	w domu	[v 'dɔmu]
patio (m)	podwórko (n)	[pɔd'vurkɔ]
verja (f)	ogrodzenie (n)	[ɔgrɔ'dzɛne]
ladrillo (m)	cegła (f)	['ʦɛgwa]
de ladrillo (adj)	z cegły	[s 'ʦegwɪ]
piedra (f)	kamień (m)	['kameɲ]
de piedra (adj)	kamienny	[ka'meɲɪ]
hormigón (m)	beton (m)	['bɛtɔn]
de hormigón (adj)	betonowy	[bɛtɔ'nɔvɪ]
nuevo (adj)	nowy	['nɔvɪ]
viejo (adj)	stary	['starɪ]
deteriorado (adj)	rozwalający się	[rɔzvala'jõtsɪ ɕɛ̃]
moderno (adj)	nowoczesny	[nɔvɔt'ʃɛsnɪ]
de muchos pisos	wielopiętrowy	[velɔpɛ̃t'rɔvɪ]
alto (adj)	wysoki	[vɪ'sɔki]
piso (m)	piętro (n)	['pɛntrɔ]
de un solo piso	parterowy	[partɛ'rɔvɪ]
piso (m) bajo	dolne piętro (n)	['dɔʎnɛ 'pentrɔ]
piso (m) alto	górne piętro (n)	['gurnɛ 'pentrɔ]
techo (m)	dach (m)	[dah]
chimenea (f)	komin (m)	['kɔmin]
tejas (f pl)	dachówka (f)	[da'hufka]
de tejas (adj)	z dachówki	[z da'hufki]
desván (m)	strych (m)	[strɪh]
ventana (f)	okno (n)	['ɔknɔ]
vidrio (m)	szkło (n)	[ʃkwɔ]
alféizar (m)	parapet (m)	[pa'rapɛt]
contraventanas (f pl)	okiennice (pl)	[ɔke'ɲiʦe]
pared (f)	ściana (f)	['ɕʨ'ana]
balcón (m)	balkon (m)	['baʎkɔn]
gotera (f)	rynna (m)	['rɪŋa]
arriba (estar ~)	na górze	[na 'guʒɛ]
subir (vi)	wchodzić	['fhɔʤiʨ]
descender (vi)	schodzić	['shɔʤiʨ]
mudarse (vr)	przeprowadzać się	[pʃɛprɔ'vadzaʨ ɕɛ̃]

83. La casa. La entrada. El ascensor

entrada (f)	wejście (n)	['vɛjɕʧe]
escalera (f)	schody (pl)	['shɔdɪ]
escalones (m)	stopnie (pl)	['stɔpne]
baranda (f)	poręcz (f)	['pɔrɛ̃ʧ]
vestíbulo (m)	hol (m)	[hɔʎ]
buzón (m)	skrzynka (f) pocztowa	['skʃɪŋka pɔʧtɔva]
contenedor (m) de basura	pojemnik (m) na śmieci	[pɔ'emnik na 'ɕmeʧi]
bajante (f) de basura	zsyp (m) na śmieci	[ssɪp na 'ɕmeʧi]
ascensor (m)	winda (f)	['vinda]
ascensor (m) de carga	winda (f) towarowa	['vinda tɔva'rɔva]
cabina (f)	kabina (f)	[ka'bina]
ir en el ascensor	jechać windą	['ehaʧ 'vindɔ̃]
apartamento (m)	mieszkanie (n)	[meʃ'kane]
inquilinos (m)	mieszkańcy (pl)	[meʃ'kaɲʦɪ]
vecino (m)	sąsiad (m)	['sɔ̃ɕat]
vecina (f)	sąsiadka (f)	[sɔ̃'ɕatka]
vecinos (m pl)	sąsiedzi (pl)	[sɔ̃'ɕedʑi]

84. La casa. Las puertas. Los candados

puerta (f)	drzwi (f)	[dʒvi]
portón (m)	brama (f)	['brama]
tirador (m)	klamka (f)	['kʎamka]
abrir el cerrojo	otworzyć	[ɔt'fɔʒɪʧ]
abrir (vt)	otwierać	[ɔt'feraʧ]
cerrar (vt)	zamykać	[za'mɪkaʧ]
llave (f)	klucz (m)	[klyʧ]
manojo (m) de llaves	pęk (m)	[pɛ̃k]
crujir (vi)	skrzypieć	['skʃɪpeʧ]
crujido (m)	skrzypnięcie (n)	[skʃɪp'nɛ̃ʧe]
gozne (m)	zawias (m)	['zavʲas]
felpudo (m)	wycieraczka (f)	[vɪʧe'ratʃka]
cerradura (f)	zamek (m)	['zamɛk]
ojo (m) de cerradura	dziurka (f) od klucza	['dʒyrka ɔt 'klytʃa]
cerrojo (m)	rygiel (m)	['rɪgeʎ]
pestillo (m)	zasuwka (f)	[za'sufka]
candado (m)	kłódka (f)	['kwutka]
tocar el timbre	dzwonić	['dzvɔniʧ]
campanillazo (f)	dzwonek (m)	['dzvɔnɛk]
timbre (m)	dzwonek (m)	['dzvɔnɛk]
botón (m)	guzik (m)	['guʑik]
llamada (f) (golpes)	pukanie (n)	[pu'kane]
llamar (golpear)	pukać	['pukaʧ]
código (m)	szyfr (m)	[ʃɪfr]

cerradura (f) de contraseña	zamek (m) szyfrowy	['zamɛk ʃɪf'rɔvɪ]
telefonillo (m)	domofon (m)	[dɔ'mɔfɔn]
número (m)	numer (m)	['numɛr]
placa (f) de puerta	tabliczka (f)	[tab'litʃka]
mirilla (f)	wizjer (m)	['vizʰer]

85. La casa de campo

aldea (f)	wieś (f)	[veɕ]
huerta (f)	ogród (m)	['ɔgrut]
empalizada (f)	płot (m)	[pwɔt]
valla (f)	ogrodzenie (n)	[ɔgrɔ'dzɛne]
puertecilla (f)	furtka (f)	['furtka]

granero (m)	spichlerz (m)	['spihleʃ]
sótano (m)	piwnica (f)	[piv'nitsa]
cobertizo (m)	szopa (f)	['ʃɔpa]
pozo (m)	studnia (f)	['studɲa]

estufa (f)	piec (f)	[peʦ]
calentar la estufa	palić w piecu	['palitʃ f 'peʦu]
leña (f)	drewno (n)	['drɛvnɔ]
leño (m)	polano (n)	[pɔ'ʎanɔ]

veranda (f)	weranda (f)	[vɛ'randa]
terraza (f)	taras (m)	['taras]
porche (m)	ganek (m)	['ganɛk]
columpio (m)	huśtawka (f)	[huɕ'tafka]

86. El castillo. El palacio

castillo (m)	zamek (m)	['zamɛk]
palacio (m)	pałac (m)	['pawaʦ]
fortaleza (f)	twierdza (f)	['tferdza]

muralla (f)	mur (m)	[mur]
torre (f)	wieża (f)	['veʒa]
torre (f) principal	główna wieża (f)	['gwuvna 'veʒa]

rastrillo (m)	brona (f)	['brɔna]
pasaje (m) subterráneo	tunel (m) podziemny	['tunɛʎ pɔ'dʑemnɛ]
foso (m) del castillo	fosa (f)	['fɔsa]

| cadena (f) | łańcuch (m) | ['waɲʦuh] |
| aspillera (f) | otwór (m) strzelniczy | ['ɔtfɔr stʃɛʎ'nitsɪ] |

| magnífico (adj) | wspaniały | [fspa'ɲawɪ] |
| majestuoso (adj) | majestatyczny | [maesta'tɪtʃnɪ] |

inexpugnable (adj)	nie do zdobycia	[ne dɔ zdɔbɪtʃa]
caballeresco (adj)	rycerski	[rɪ'tsɛrski]
medieval (adj)	średniowieczny	[ɕrɛdnɔ'vetʃnɪ]

87. El apartamento

apartamento (m)	mieszkanie (n)	[meʃ'kane]
habitación (f)	pokój (m)	['pɔkuj]
dormitorio (m)	sypialnia (f)	[sɨ'pʲaʎɲa]
comedor (m)	jadalnia (f)	[ja'daʎɲa]
salón (m)	salon (m)	['salɜn]
despacho (m)	gabinet (m)	[ga'binɛt]

antecámara (f)	przedpokój (m)	[pʃɛt'pɔkuj]
cuarto (m) de baño	łazienka (f)	[wa'ʒeŋka]
servicio (m)	toaleta (f)	[tɔa'leta]

techo (m)	sufit (m)	['sufit]
suelo (m)	podłoga (f)	[pɔd'wɔga]
rincón (m)	kąt (m)	[kɔ̃t]

88. El apartamento. La limpieza

hacer la limpieza	sprzątać	['spʃɔ̃tatʃ]
quitar (retirar)	wynosić	[vɨ'nɔʃitʃ]
polvo (m)	kurz (m)	[kuʃ]
polvoriento (adj)	zakurzony	[zaku'ʒɔnɨ]
limpiar el polvo	ścierać kurz	['ɕtʃeratʃ kuʃ]
aspirador (m)	odkurzacz (m)	[ɔt'kuʒatʃ]
limpiar con la aspiradora	odkurzać	[ɔt'kuʒatʃ]

barrer (vi, vt)	zamiatać	[za'mʲatatʃ]
barreduras (f pl)	śmiecie (pl)	['ɕmetʃe]
orden (m)	porządek (m)	[pɔ'ʒɔ̃dɛk]
desorden (m)	nieporządek (m)	[nepɔ'ʒɔ̃dɛk]

fregona (f)	szczotka (f) podłogowa	['ʃtʃɔtka pɔdwɔ'gɔva]
trapo (m)	ścierka (f)	['ɕtʃerka]
escoba (f)	miotła (f)	['mɔtwa]
cogedor (m)	szufelka (f)	[ʃu'fɛʎka]

89. Los muebles. El interior

muebles (m pl)	meble (pl)	['mɛble]
mesa (f)	stół (m)	[stɔw]
silla (f)	krzesło (n)	['kʃeswɔ]
cama (f)	łóżko (n)	['wuʃkɔ]
sofá (m)	kanapa (f)	[ka'napa]
sillón (m)	fotel (m)	['fɔtɛʎ]

librería (f)	biblioteczka (f)	[bibʎjɔ'tɛtʃka]
estante (m)	półka (f)	['puwka]
estantería (f)	etażerka (f)	[ɛta'ʒɛrka]
armario (m)	szafa (f) ubraniowa	['ʃafa ubra'nɜva]
percha (f)	wieszak (m)	['veʃak]

perchero (m) de pie	wieszak (m)	['veʃak]
cómoda (f)	komoda (f)	[kɔ'mɔda]
mesa (f) de café	stolik (m) kawowy	['stɔlik ka'vɔvɪ]
espejo (m)	lustro (n)	['lystrɔ]
tapiz (m)	dywan (m)	['dɪvan]
alfombra (f)	dywanik (m)	[dɪ'vanik]
chimenea (f)	kominek (m)	[kɔ'minɛk]
candela (f)	świeca (f)	['ɕfeʦa]
candelero (m)	świecznik (m)	['ɕfeʧnik]
cortinas (f pl)	zasłony (pl)	[zas'wɔnɪ]
empapelado (m)	tapety (pl)	[ta'pɛtɪ]
estor (m) de láminas	żaluzje (pl)	[ʒa'lyzʰe]
lámpara (f) de mesa	lampka (f) na stół	['ʎampka na stɔw]
candil (m)	lampka (f)	['ʎampka]
lámpara (f) de pie	lampa (f) stojąca	['ʎampa stɔ:ʦa]
lámpara (f) de araña	żyrandol (m)	[ʒɪ'randɔʎ]
pata (f) (~ de la mesa)	noga (f)	['nɔga]
brazo (m)	poręcz (f)	['pɔrɛ̃ʧ]
espaldar (m)	oparcie (n)	[ɔ'parʧe]
cajón (m)	szuflada (f)	[ʃuf'ʎada]

90. Los accesorios de la cama

ropa (f) de cama	pościel (f)	['pɔɕʧeʎ]
almohada (f)	poduszka (f)	[pɔ'duʃka]
funda (f)	poszewka (f)	[pɔ'ʃɛfka]
manta (f)	kołdra (f)	['kɔwdra]
sábana (f)	prześcieradło (n)	[pʃɛɕʧe'radwɔ]
sobrecama (f)	narzuta (f)	[na'ʒuta]

91. La cocina

cocina (f)	kuchnia (f)	['kuhɲa]
gas (m)	gaz (m)	[gas]
cocina (f) de gas	kuchenka (f) gazowa	[ku'hɛŋka ga'zɔva]
cocina (f) eléctrica	kuchenka (f) elektryczna	[ku'hɛŋka ɛlekt'rɪʧna]
horno (m)	piekarnik (m)	[pe'karnik]
horno (m) microondas	mikrofalówka (f)	[mikrɔfa'lyfka]
frigorífico (m)	lodówka (f)	[lɔ'dufka]
congelador (m)	zamrażarka (f)	[zamra'ʒarka]
lavavajillas (m)	zmywarka (f) do naczyń	[zmɪ'varka dɔ 'naʧɪɲ]
picadora (f) de carne	maszynka (f) do mięsa	[ma'ʃɪŋka dɔ 'mensa]
exprimidor (m)	sokowirówka (f)	[sɔkɔvi'rufka]
tostador (m)	toster (m)	['tɔstɛr]
batidora (f)	mikser (m)	['miksɛr]

cafetera (f) (preparar café)	ekspres (m) do kawy	['ɛksprɛs dɔ 'kavɪ]
cafetera (f) (servir café)	dzbanek (m) do kawy	['dzbanɛk dɔ 'kavɪ]
molinillo (m) de café	młynek (m) do kawy	['mwɪnɛk dɔ 'kavɪ]
hervidor (m) de agua	czajnik (m)	['tʃajnik]
tetera (f)	czajniczek (m)	[tʃaj'nitʃɛk]
tapa (f)	pokrywka (f)	[pɔk'rɪfka]
colador (m) de té	sitko (n)	['ɕitkɔ]
cuchara (f)	łyżka (f)	['wɪʃka]
cucharilla (f)	łyżeczka (f)	[wɪ'ʒɛtʃka]
cuchara (f) de sopa	łyżka (f) stołowa	['wɪʃka stɔ'wɔva]
tenedor (m)	widelec (m)	[vi'dɛlɛts]
cuchillo (m)	nóż (m)	[nuʃ]
vajilla (f)	naczynia (pl)	[nat'ʃɪɲa]
plato (m)	talerz (m)	['talɛʃ]
platillo (m)	spodek (m)	['spɔdɛk]
vaso (m) de chupito	kieliszek (m)	[ke'liʃɛk]
vaso (m) (~ de agua)	szklanka (f)	['ʃkʎaŋka]
taza (f)	filiżanka (f)	[fili'ʒaŋka]
azucarera (f)	cukiernica (f)	[tsuker'nitsa]
salero (m)	solniczka (f)	[sɔʎ'nitʃka]
pimentero (m)	pieprzniczka (f)	[pepʃ'nitʃka]
mantequera (f)	maselniczka (f)	[masɛʎ'nitʃka]
cacerola (f)	garnek (m)	['garnɛk]
sartén (f)	patelnia (f)	[pa'tɛʎɲa]
cucharón (m)	łyżka (f) wazowa	['wɪʃka va'zɔva]
colador (m)	durszlak (m)	['durʃʎak]
bandeja (f)	taca (f)	['tatsa]
botella (f)	butelka (f)	[bu'tɛʎka]
tarro (m) de vidrio	słoik (m)	['swɔik]
lata (f) de hojalata	puszka (f)	['puʃka]
abrebotellas (m)	otwieracz (m)	[ɔt'feratʃ]
abrelatas (m)	otwieracz (m)	[ɔt'feratʃ]
sacacorchos (m)	korkociąg (m)	[kɔr'kɔtʃɔ̃k]
filtro (m)	filtr (m)	[fiʎtr]
filtrar (vt)	filtrować	[fiʎt'rɔvatʃ]
basura (f)	odpadki (pl)	[ɔt'patki]
cubo (m) de basura	kosz (m) na śmieci	[kɔʃ na 'ɕmetʃi]

92. El baño

cuarto (m) de baño	łazienka (f)	[wa'ʒeŋka]
agua (f)	woda (f)	['vɔda]
grifo (m)	kran (m)	[kran]
agua (f) caliente	gorąca woda (f)	[gɔ'rɔ̃tsa 'vɔda]
agua (f) fría	zimna woda (f)	['ʒimna 'vɔda]

| pasta (f) de dientes | pasta (f) do zębów | ['pasta dɔ 'zɛ̃buf] |
| limpiarse los dientes | myć zęby | [mɨʧ 'zɛ̃bɨ] |

afeitarse (vr)	golić się	['gɔliʧ ɕɛ̃]
espuma (f) de afeitar	pianka (f) do golenia	['pʲaŋka dɔ gɔ'leɲa]
maquinilla (f) de afeitar	maszynka (f) do golenia	[ma'ʃɨŋka dɔ gɔ'leɲa]

lavar (vt)	myć	[mɨʧ]
darse un baño	myć się	['mɨʧ ɕɛ̃]
ducha (f)	prysznic (m)	['prɨʃniʦ]
darse una ducha	brać prysznic	[braʧ 'prɨʃniʦ]

baño (m)	wanna (f)	['vaŋa]
inodoro (m)	sedes (m)	['sɛdɛs]
lavabo (m)	zlew (m)	[zlef]

| jabón (m) | mydło (n) | ['mɨdwɔ] |
| jabonera (f) | mydelniczka (f) | [mɨdɛʎ'niʧka] |

esponja (f)	gąbka (f)	['gɔ̃pka]
champú (m)	szampon (m)	['ʃampɔn]
toalla (f)	ręcznik (m)	['rɛnʧnik]
bata (f) de baño	szlafrok (m)	['ʃʎafrɔk]

colada (f), lavado (m)	pranie (n)	['prane]
lavadora (f)	pralka (f)	['praʎka]
lavar la ropa	prać	[praʧ]
detergente (m) en polvo	proszek (m) do prania	['prɔʃɛk dɔ 'praɲa]

93. Los aparatos domésticos

televisor (m)	telewizor (m)	[tɛle'vizɔr]
magnetófono (m)	magnetofon (m)	[magnɛ'tɔfɔn]
vídeo (m)	magnetowid (m)	[magnɛ'tɔvid]
radio (f)	odbiornik (m)	[ɔd'bɜrnik]
reproductor (m) (~ MP3)	odtwarzacz (m)	[ɔtt'vaʒaʧ]

proyector (m) de vídeo	projektor (m) wideo	[prɔ'ektɔr vi'dɛɔ]
sistema (m) home cinema	kino (n) domowe	['kinɔ dɔ'mɔvɛ]
reproductor DVD (m)	odtwarzacz DVD (m)	[ɔtt'vaʒaʧ di vi di]
amplificador (m)	wzmacniacz (m)	['vzmaʦɲaʧ]
videoconsola (f)	konsola (f) do gier	[kɔn'sɔʎa dɔ ger]

cámara (f) de vídeo	kamera (f) wideo	[ka'mɛra vi'dɛɔ]
cámara (f) fotográfica	aparat (m) fotograficzny	[a'parat fɔtɔgra'fiʧnɨ]
cámara (f) digital	aparat (m) cyfrowy	[a'parat ʦɨf'rɔvɨ]

aspirador (m)	odkurzacz (m)	[ɔt'kuʒaʧ]
plancha (f)	żelazko (n)	[ʒɛ'ʎaskɔ]
tabla (f) de planchar	deska (f) do prasowania	['dɛska dɔ prasɔ'vaɲa]

teléfono (m)	telefon (m)	[tɛ'lefɔn]
teléfono (m) móvil	telefon (m) komórkowy	[tɛ'lefɔn kɔmur'kɔvɨ]
máquina (f) de escribir	maszyna (f) do pisania	[ma'ʃina dɔ pi'saɲa]

máquina (f) de coser	maszyna (f) do szycia	[ma'ʃina dɔ 'ʃitʃa]
micrófono (m)	mikrofon (m)	[mik'rɔfɔn]
auriculares (m pl)	słuchawki (pl)	[swu'hafki]
mando (m) a distancia	pilot (m)	['pilɔt]

CD (m)	płyta CD (f)	['pwɪta si'di]
casete (m)	kaseta (f)	[ka'sɛta]
disco (m) de vinilo	płyta (f)	['pwɪta]

94. Los arreglos. La renovación

renovación (f)	remont (m)	['rɛmɔnt]
renovar (vt)	robić remont	['rɔbitʃ 'rɛmɔnt]
reparar (vt)	remontować	[rɛmɔn'tɔvatʃ]
poner en orden	doprowadzać do porządku	[dɔprɔ'vadzatʃ dɔ pɔ'ʒɔ̃tku]
rehacer (vt)	przerabiać	[pʃɛ'rabʲatʃ]

pintura (f)	farba (f)	['farba]
pintar (las paredes)	malować	[ma'lɔvatʃ]
pintor (m)	malarz (m)	['maʎaʃ]
brocha (f)	pędzel (m)	['pɛndzɛʎ]

cal (f)	wapno (n)	['vapnɔ]
encalar (vt)	bielić	['belitʃ]

empapelado (m)	tapety (pl)	[ta'pɛtɪ]
empapelar (vt)	wytapetować	[vɪtapɛ'tɔvatʃ]
barniz (m)	lakier (m)	['ʎaker]
cubrir con barniz	lakierować	[ʎake'rɔvatʃ]

95. La plomería

agua (f)	woda (f)	['vɔda]
agua (f) caliente	gorąca woda (f)	[gɔ'rɔ̃tsa 'vɔda]
agua (f) fría	zimna woda (f)	['ʒimna 'vɔda]
grifo (m)	kran (m)	[kran]

gota (f)	kropla (f)	['krɔpʎa]
gotear (el grifo)	kapać	['kapatʃ]
gotear (cañería)	cieknąć	['tʃeknɔ̃tʃ]
escape (f) de agua	przeciek (m)	['pʃɛtʃek]
charco (m)	kałuża (f)	[ka'wuʒa]

tubo (m)	rura (f)	['rura]
válvula (f)	zawór (m)	['zavur]
estar atascado	zapchać się	['zaphatʃ ɕɛ̃]

instrumentos (m pl)	narzędzia (pl)	[na'ʒɛ̃dʒʲa]
llave (f) inglesa	klucz (m) nastawny	[klytʃ nas'tavnɪ]
destornillar (vt)	odkręcić	[ɔtk'rɛ̃tʃitʃ]
atornillar (vt)	zakręcić	[zak'rɛ̃tʃitʃ]
desatascar (vt)	przeczyszczać	[pʃɛt'ʃiʃtʃatʃ]

fontanero (m)	hydraulik (m)	[hɪd'raulik]
sótano (m)	piwnica (f)	[piv'niʦa]
alcantarillado (m)	kanalizacja (f)	[kanali'zaʦʰja]

96. El fuego. El Incendio

fuego (m)	ogień (m)	['ɔgeɲ]
llama (f)	płomień (m)	['pwɔmeɲ]
chispa (f)	iskra (f)	['iskra]
humo (m)	dym (m)	[dɪm]
antorcha (f)	pochodnia (f)	[pɔ'hɔdɲa]
hoguera (f)	ognisko (n)	[ɔg'niskɔ]

gasolina (f)	benzyna (f)	[bɛn'zɪna]
queroseno (m)	nafta (f)	['nafta]
inflamable (adj)	łatwopalny	[watfɔ'paʎnɪ]
explosivo (adj)	wybuchowy	[vɪbu'hɔvɪ]
PROHIBIDO FUMAR	ZAKAZ PALENIA!	['zakas pa'leɲa]

seguridad (f)	bezpieczeństwo (n)	[bɛspet'ʃɛɲstfɔ]
peligro (m)	niebezpieczeństwo (n)	[nebɛspet'ʃɛɲstfɔ]
peligroso (adj)	niebezpieczny	[nebɛs'petʃnɪ]

prenderse fuego	zapalić się	[za'palitʃ ɕɛ̃]
explosión (f)	wybuch (m)	['vɪbuh]
incendiar (vt)	podpalić	[pɔt'palitʃ]
incendiario (m)	podpalacza (m)	[pɔt'palatʃa]
incendio (m) provocado	podpalenie (n)	[pɔtpa'lene]

estar en llamas	płonąć	['pwɔ̃ɔɲtʃ]
arder (vi)	palić się	['palitʃ ɕɛ̃]
incendiarse (vr)	spłonąć	['spwɔ̃ɔɲtʃ]

bombero (m)	strażak (m)	['straʒak]
coche (m) de bomberos	wóz (m) strażacki	[vus stra'ʒaʦki]
cuerpo (m) de bomberos	jednostka (f) straży pożarnej	[ed'nɔstka 'straʒɪ pɔ'ʒarnɛj]
escalera (f) de bomberos	drabina (f) wozu strażackiego	[dra'bina 'vɔzu stra'ʒaʦkegɔ]

manguera (f)	wąż (m)	[vɔ̃ʃ]
extintor (m)	gaśnica (f)	[gaɕ'niʦa]
casco (m)	kask (m)	[kask]
sirena (f)	syrena (f)	[sɪ'rɛna]

gritar (vi)	krzyczeć	['kʃitʃɛtʃ]
pedir socorro	wzywać pomocy	['vzɪvatʃ pɔ'mɔʦɪ]
socorrista (m)	ratownik (m)	[ra'tɔvnik]
salvar (vt)	ratować	[ra'tɔvatʃ]

llegar (vi)	przyjechać	[pʃɪ'ehatʃ]
apagar (~ el incendio)	gasić	['gaɕitʃ]
agua (f)	woda (f)	['vɔda]
arena (f)	piasek (m)	['piasɛk]
ruinas (f pl)	zgliszcza (pl)	['zgliʃʃa]

colapsarse (vr)	runąć	['runɔ̃tʃ]
hundirse (vr)	zawalić się	[za'validʒ ɕɛ̃]
derrumbarse (vr)	runąć	['runɔ̃tʃ]

| trozo (m) (~ del muro) | odłamek (m) | [ɔd'wamɛk] |
| ceniza (f) | popiół (m) | ['pɔpyw] |

| morir asfixiado | udusić się | [u'duɕitʃ ɕɛ̃] |
| perecer (vi) | zginąć | ['zginɔ̃tʃ] |

LAS ACTIVIDADES DE LA GENTE

El trabajo. Los negocios. Unidad 1

97. La banca

banco (m)	bank (m)	[baŋk]
sucursal (f)	filia (f)	['fiʎja]
asesor (m) (~ fiscal)	konsultant (m)	[kɔn'suʎtant]
gerente (m)	kierownik (m)	[ke'rɔvnik]
cuenta (f)	konto (n)	['kɔntɔ]
numero (m) de la cuenta	numer (m) konta	['numɛr 'kɔnta]
cuenta (f) corriente	rachunek (m) bieżący	[ra'hunɛk be'ʒɔ̃tsɪ]
cuenta (f) de ahorros	rachunek (m) oszczędnościowy	[ra'hunɛk ɔʃtʃɛ̃dnɔɕtʃɔvɪ]
abrir una cuenta	założyć konto	[za'wɔʒɪtʃ 'kɔntɔ]
cerrar la cuenta	zamknąć konto	['zamknɔntʃ 'kɔ̃tɔ]
ingresar en la cuenta	wpłacić na konto	['vpwatʃitʃ na 'kɔntɔ]
sacar de la cuenta	podjąć z konta	['pɔdⁿɔ̃tʃ s 'kɔnta]
depósito (m)	wkład (m)	[fkwat]
hacer un depósito	dokonać wpłaty	[dɔ'kɔnatʃ 'fpwatɪ]
giro (m) bancario	przelew (m)	['pʃɛlev]
hacer un giro	dokonać przelewu	[dɔ'kɔnatʃ pʃɛ'levu]
suma (f)	suma (f)	['suma]
¿Cuánto?	Ile?	['ile]
firma (f) (nombre)	podpis (m)	['pɔdpis]
firmar (vt)	podpisać	[pɔd'pisatʃ]
tarjeta (f) de crédito	karta (f) kredytowa	['karta krɛdɪ'tɔva]
código (m)	kod (m)	[kɔd]
número (m) de tarjeta de crédito	numer (m) karty kredytowej	['numɛr 'kartɪ krɛdɪ'tɔvɛj]
cajero (m) automático	bankomat (m)	[ba'ŋkɔmat]
cheque (m)	czek (m)	[tʃɛk]
sacar un cheque	wystawić czek	[vɪs'tavitʃ tʃɛk]
talonario (m)	książeczka (f) czekowa	[kɕɔ̃'ʒɛtʃka tʃɛ'kɔva]
crédito (m)	kredyt (m)	['krɛdɪt]
pedir el crédito	wystąpić o kredyt	[vɪs'tɔ̃pitʃ ɔ 'krɛdɪt]
obtener un crédito	brać kredyt	[bratʃ 'krɛdɪt]
conceder un crédito	udzielać kredytu	[u'dʑeʎatʃ krɛ'dɪtu]
garantía (f)	gwarancja (f)	[gva'rantsʰja]

98. El teléfono. Las conversaciones telefónicas

teléfono (m)	telefon (m)	[tɛ'lefɔn]
teléfono (m) móvil	telefon (m) komórkowy	[tɛ'lefɔn kɔmur'kɔvi]
contestador (m)	sekretarka (f)	[sɛkrɛ'tarka]

| llamar, telefonear | dzwonić | ['dzvɔnitʃ] |
| llamada (f) | telefon (m) | [tɛ'lefɔn] |

marcar un número	wybrać numer	['vibratʃ 'numɛr]
¿Sí?, ¿Dígame?	Halo!	['halɔ]
preguntar (vt)	zapytać	[za'pitatʃ]
responder (vi, vt)	odpowiedzieć	[ɔtpɔ'vedʑetʃ]

oír (vt)	słyszeć	['swiʃɛtʃ]
bien (adv)	dobrze	['dɔbʒɛ]
mal (adv)	źle	[ʑ/le]
ruidos (m pl)	zakłócenia (pl)	[zakwu'tsɛɲa]

auricular (m)	słuchawka (f)	[swu'hafka]
descolgar (el teléfono)	podnieść słuchawkę	['pɔdnɛɕtʃ swu'hafkɛ̃]
colgar el auricular	odłożyć słuchawkę	[ɔd'wɔʒitʃ swu'hafkɛ̃]

ocupado (adj)	zajęty	[za'enti]
sonar (teléfono)	dzwonić	['dzvɔnitʃ]
guía (f) de teléfonos	książka (f) telefoniczna	[kɕɔ̃ʃka tɛlefɔ'nitʃna]

local (adj)	miejscowy	[mejs'tsɔvi]
de larga distancia	międzymiastowy	[mɛ̃dʑimʲas'tɔvi]
internacional (adj)	międzynarodowy	[mɛ̃dʑinarɔ'dɔvi]

99. El teléfono celular

teléfono (m) móvil	telefon (m) komórkowy	[tɛ'lefɔn kɔmur'kɔvi]
pantalla (f)	wyświetlacz (m)	[viɕ'fetʎatʃ]
botón (m)	klawisz (m)	['kʎaviʃ]
tarjeta SIM (f)	karta (f) SIM	['karta sim]

pila (f)	bateria (f)	[ba'tɛrʲja]
descargarse (vr)	rozładować się	[rɔzwa'dɔvatʃ ɕɛ̃]
cargador (m)	ładowarka (f)	[wadɔ'varka]

menú (m)	menu (n)	['menu]
preferencias (f pl)	ustawienia (pl)	[usta'veɲa]
melodía (f)	melodia (f)	[mɛ'lɔdʲja]
seleccionar (vt)	wybrać	['vibratʃ]

calculadora (f)	kalkulator (m)	[kaʎku'ʎatɔr]
contestador (m)	sekretarka (f)	[sɛkrɛ'tarka]
despertador (m)	budzik (m)	['budʑik]
contactos (m pl)	kontakty (pl)	[kɔn'takti]
mensaje (m) de texto	SMS (m)	[ɛs ɛm ɛs]
abonado (m)	abonent (m)	[a'bɔnɛnt]

100. Los artículos de escritorio

bolígrafo (m)	długopis (m)	[dwu'gɔpis]
pluma (f) estilográfica	pióro (n)	['pyrɔ]
lápiz (f)	ołówek (m)	[ɔ'wuvɛk]
marcador (m)	marker (m)	['markɛr]
rotulador (m)	flamaster (m)	[fʎa'mastɛr]
bloc (m) de notas	notes (m)	['nɔtɛs]
agenda (f)	kalendarz (m)	[ka'lendaʃ]
regla (f)	linijka (f)	[li'nijka]
calculadora (f)	kalkulator (m)	[kaʎku'ʎatɔr]
goma (f) de borrar	gumka (f)	['gumka]
chincheta (f)	pinezka (f)	[pi'nɛska]
clip (m)	spinacz (m)	['spinatʃ]
pegamento (m)	klej (m)	[klej]
grapadora (f)	zszywacz (m)	['sʃivatʃ]
perforador (m)	dziurkacz (m)	['dʒyrkatʃ]
sacapuntas (m)	temperówka (f)	[tɛmpɛ'rufka]

El trabajo. Los negocios. Unidad 2

101. Los medios masivos

periódico (m)	gazeta (f)	[ga'zɛta]
revista (f)	czasopismo (n)	[tʃasɔ'pismɔ]
prensa (f)	prasa (f)	['prasa]
radio (f)	radio (n)	['radʰ3]
estación (f) de radio	stacja (f) radiowa	['statsʰja radʰ3va]
televisión (f)	telewizja (f)	[tɛle'vizʰja]

presentador (m)	prezenter (m)	[prɛ'zɛntɛr]
presentador (m) de noticias	spiker (m)	['spikɛr]
comentarista (m)	komentator (m)	[kɔmɛn'tatɔr]

periodista (m)	dziennikarz (m)	[dʒe'ɲikaʃ]
corresponsal (m)	korespondent (m)	[kɔrɛs'pɔndɛnt]
corresponsal (m) fotográfico	fotoreporter (m)	[fotɔrɛ'pɔrtɛr]
reportero (m)	reporter (m)	[rɛ'pɔrtɛr]

| redactor (m) | redaktor (m) | [rɛ'daktɔr] |
| redactor jefe (m) | redaktor (m) naczelny | [rɛ'daktɔr nat'ʃɛʎnɪ] |

suscribirse (vr)	zaprenumerować	[zaprɛnumɛ'rɔvatʃ]
suscripción (f)	prenumerata (f)	[prɛnumɛ'rata]
suscriptor (m)	prenumerator (m)	[prɛnumɛ'ratɔr]
leer (vi, vt)	czytać	['tʃɪtatʃ]
lector (m)	czytelnik (m)	[tʃɪ'tɛʎnik]

tirada (f)	nakład (m)	['nakwat]
mensual (adj)	comiesięczny	[tsɔme'ɕɛntʃnɪ]
semanal (adj)	cotygodniowy	[tsɔtɪgɔd'nɜvɪ]
número (m)	numer (m)	['numɛr]
nuevo (~ número)	najnowszy	[naj'nɔfʃɪ]

titular (m)	nagłówek (m)	[nag'wuvɛk]
noticia (f)	notatka (f) prasowa	[nɔ'tatka pra'sɔva]
columna (f)	rubryka (f)	['rubrɪka]
artículo (m)	artykuł (m)	[ar'tɪkuw]
página (f)	strona (f)	['strɔna]

reportaje (m)	reportaż (m)	[rɛ'pɔrtaʃ]
evento (m)	wydarzenie (n)	[vɪda'ʒene]
sensación (f)	sensacja (f)	[sɛn'satsʰja]
escándalo (m)	skandal (m)	['skandaʎ]
escandaloso (adj)	skandaliczny	[skanda'litʃnɪ]
gran (~ escándalo)	głośny	['gwɔɕnɪ]

| emisión (f) | program (m) telewizyjny | ['program tɛlevi'zɪjnɪ] |
| entrevista (f) | wywiad (m) | ['vɪvʲat] |

transmisión (f) en vivo	**bezpośrednia transmisja** (f)	[bɛspɔɕ'rɛdɲa trans'mis^{h}ja]
canal (m)	**kanał** (m) **telewizyjny**	['kanaw tɛlevi'zɪjnɪ]

102. La agricultura

agricultura (f)	**rolnictwo** (n)	[rɔʎ'niʦtfɔ]
campesino (m)	**rolnik** (m)	['rɔʎnik]
campesina (f)	**rolniczka** (f)	[rɔʎ'niʧka]
granjero (m)	**farmer** (m)	['farmɛr]
tractor (m)	**traktor** (m)	['traktɔr]
cosechadora (f)	**kombajn** (m)	['kɔmbajn]
arado (m)	**pług** (m)	[pwuk]
arar (vi, vt)	**orać**	['ɔraʧ]
labrado (m)	**rola** (f)	['rɔʎa]
surco (m)	**bruzda** (f)	['bruzda]
sembrar (vi, vt)	**siać**	[ɕaʧ]
sembradora (f)	**siewnik** (m)	['ɕevnik]
siembra (f)	**zasiew** (m)	['zaɕef]
guadaña (f)	**kosa** (f)	['kɔsa]
segar (vi, vt)	**kosić**	['kɔɕiʧ]
pala (f)	**łopata** (f)	[wɔ'pata]
layar (vt)	**kopać**	['kɔpaʧ]
azada (f)	**motyka** (f)	[mɔ'tɪka]
sachar, escardar	**plewić**	['pleviʧ]
mala hierba (f)	**chwast** (m)	[hfast]
regadera (f)	**konewka** (f)	[kɔ'nɛfka]
regar (plantas)	**podlewać**	[pɔd'levaʧ]
riego (m)	**podlewanie** (n)	[pɔdle'vane]
horquilla (f)	**widły** (pl)	['vidwɪ]
rastrillo (m)	**grabie** (pl)	['grabe]
fertilizante (m)	**nawóz** (m)	['navus]
abonar (vt)	**nawozić**	[na'vɔʒiʧ]
estiércol (m)	**obornik** (m)	[ɔ'bɔrnik]
campo (m)	**pole** (n)	['pɔle]
prado (m)	**łąka** (f)	['wɔ̃ka]
huerta (f)	**ogród** (m)	['ɔgrut]
jardín (m)	**sad** (m)	[sat]
pacer (vt)	**paść**	[paɕʧ]
pastor (m)	**pastuch** (m)	['pastuh]
pastadero (m)	**pastwisko** (n)	[past'fiskɔ]
ganadería (f)	**hodowla** (f) **zwierząt**	[hɔ'dɔvʎa 'zveʒɔ̃t]
cría (f) de ovejas	**hodowla** (f) **owiec**	[hɔ'dɔvʎa 'ɔveʦ]

plantación (f)	plantacja (f)	[pʎanˈtatsʰja]
hilera (f) (~ de cebollas)	grządka (f)	[ˈgʒɔ̃tka]
invernadero (m)	inspekt (m)	[ˈinspɛkt]

| sequía (f) | susza (f) | [ˈsuʃa] |
| seco, árido (adj) | suchy | [ˈsuhɪ] |

| cereales (m pl) | rośliny (pl) zbożowe | [rɔɕˈlinɪ zbɔˈʒɔvɛ] |
| recolectar (vt) | zbierać plony | [ˈzberatɕ ˈplɔnɪ] |

molinero (m)	młynarz (m)	[ˈmwɪnaʃ]
molino (m)	młyn (m)	[mwɪn]
moler (vt)	mleć zboże	[mlɛtɕ ˈzbɔʒɛ]
harina (f)	mąka (f)	[ˈmɔ̃ka]
paja (f)	słoma (f)	[ˈswɔma]

103. La construcción. Los métodos de construcción

obra (f)	budowa (f)	[buˈdɔva]
construir (vt)	budować	[buˈdɔvatɕ]
albañil (m)	budowniczy (m)	[budɔvˈnitʃɪ]

proyecto (m)	projekt (m)	[ˈprɔekt]
arquitecto (m)	architekt (m)	[arˈhitɛkt]
obrero (m)	robotnik (m)	[rɔˈbɔtnik]

cimientos (m pl)	fundament (m)	[funˈdamɛnt]
techo (m)	dach (m)	[dah]
pila (f) de cimentación	pal (m)	[paʎ]
muro (m)	ściana (f)	[ˈɕtɕana]

| armadura (f) | zbrojenie (n) | [zbrɔˈene] |
| andamio (m) | rusztowanie (n) | [ruʃtɔˈvane] |

hormigón (m)	beton (m)	[ˈbɛtɔn]
granito (m)	granit (m)	[ˈgranit]
piedra (f)	kamień (m)	[ˈkamɛɲ]
ladrillo (m)	cegła (f)	[ˈtsɛgwa]

arena (f)	piasek (m)	[ˈpʲasɛk]
cemento (m)	cement (m)	[ˈtsɛmɛnt]
estuco (m)	tynk (m)	[tɪŋk]
estucar (vt)	tynkować	[tɪˈŋkɔvatɕ]
pintura (f)	farba (f)	[ˈfarba]
pintar (las paredes)	malować	[maˈlɔvatɕ]
barril (m)	beczka (f)	[ˈbɛtʃka]

grúa (f)	dźwig (m)	[dʑʲvik]
levantar (vt)	podnosić	[pɔdˈnɔɕitɕ]
bajar (vt)	opuszczać	[ɔˈpuʃtʃatɕ]

bulldózer (m)	spychacz (m)	[ˈspɪhatʃ]
excavadora (f)	koparka (f)	[kɔˈparka]
cuchara (f)	łyżka (f)	[ˈwɪʃka]

| cavar (vt) | kopać | ['kɔpatɕ] |
| casco (m) | kask (m) | [kask] |

Las profesiones y los oficios

104. La búsqueda de trabajo. El despido del trabajo

trabajo (m)	**praca** (f)	['praʦa]
personal (m)	**etat** (m)	['ɛtat]
carrera (f)	**kariera** (f)	[karʰ'era]
perspectiva (f)	**perspektywa** (f)	[pɛrspɛk'tɪva]
maestría (f)	**profesjonalizm** (m)	[prɔfɛsʰɜ'nalizm]
selección (f)	**wybór** (m)	['vɪbur]
agencia (f) de empleo	**agencja** (f) **rekrutacyjna**	[a'gɛnʦʰja rɛkruta'ʦɪjna]
curriculum vitae (m)	**CV** (n), **życiorys** (m)	[ʦɛ 'fau], [ʒɪ'ʧʲɔrɪs]
entrevista (f)	**rozmowa** (f) **kwalifikacyjna**	[rɔz'mɔva kfalifika'ʦɪjna]
vacancia (f)	**wakat** (m)	['vakat]
salario (m)	**pensja** (f)	['pɛnsʰja]
salario (m) fijo	**stałe wynagrodzenie** (n)	['stawɛ vɪnagrɔ'ʣɛne]
remuneración (f)	**opłata** (f)	[ɔp'wata]
puesto (m) (trabajo)	**stanowisko** (n)	[stanɔ'viskɔ]
deber (m)	**obowiązek** (m)	[ɔbɔvɔ̃zɛk]
gama (f) de deberes	**zakres** (m) **obowiazkow**	['zakrɛs ɔbɔ'vʲazkɔf]
ocupado (adj)	**zajęty**	[za'entɪ]
despedir (vt)	**zwolnić**	['zvɔʎniʧ]
despido (m)	**zwolnienie** (n)	[zvɔʎ'nene]
desempleo (m)	**bezrobocie** (n)	[bɛzrɔ'bɔʧe]
desempleado (m)	**bezrobotny** (m)	[bɛzrɔ'bɔtnɪ]
jubilación (f)	**emerytura** (f)	[ɛmɛrɪ'tura]
jubilarse	**przejść na emeryturę**	['pʃɛjʨ na ɛmɛrɪ'turɛ̃]

105. Los negociantes

director (m)	**dyrektor** (m)	[dɪ'rɛktɔr]
gerente (m)	**kierownik** (m)	[ke'rɔvnik]
jefe (m)	**szef** (m)	[ʃɛf]
superior (m)	**kierownik** (m)	[ke'rɔvnik]
superiores (m pl)	**kierownictwo** (n)	[kerɔv'niʦtfɔ]
presidente (m)	**prezes** (m)	['prɛzɛs]
presidente (m) (de compañía)	**przewodniczący** (m)	[pʃɛvɔdnit'ʃɔ̃tsɪ]
adjunto (m)	**zastępca** (m)	[zas'tɛ̃pʦa]
asistente (m)	**pomocnik** (m)	[pɔ'mɔʦnik]
secretario, -a (m, f)	**sekretarka** (f)	[sɛkrɛ'tarka]

secretario (m) particular	sekretarz (m) osobisty	[sɛk'rɛtaʃ ɔsɔ'bistɪ]
hombre (m) de negocios	biznesmen (m)	['biznɛsmɛn]
emprendedor (m)	przedsiębiorca (m)	[pʃɛdɕɛ̃'bɜrtsa]
fundador (m)	założyciel (m)	[zawɔ'ʒɪtʃeʎ]
fundar (vt)	założyć	[za'wɔʒɪtʃ]

institutor (m)	wspólnik (m)	['fspɔʎnik]
compañero (m)	partner (m)	['partnɛr]
accionista (m)	akcjonariusz (m)	[aktsʰɜ'narʰjuʃ]

millonario (m)	milioner (m)	[mi'ʎjɔnɛr]
multimillonario (m)	miliarder (m)	[mi'ʎjardɛr]
propietario (m)	właściciel (m)	[vwaɕ'tʃitʃeʎ]
terrateniente (m)	właściciel (m) ziemski	[vwaɕ'tʃitʃeʎ 'ʒemski]

cliente (m)	klient (m)	['klient]
cliente (m) habitual	stały klient (m)	['stawɪ 'klient]
comprador (m)	kupujący (m)	[kupuɔ̃tsɪ]
visitante (m)	zwiedzający (m)	[zvedzaɔ̃tsɪ]

profesional (m)	profesjonalista (m)	[prɔfɛsʰɜna'lista]
experto (m)	ekspert (m)	['ɛkspɛrt]
especialista (m)	specjalista (m)	[spɛtsʰja'lista]

| banquero (m) | bankier (m) | ['baŋker] |
| broker (m) | broker (m) | ['brɔkɛr] |

cajero (m)	kasjer (m), kasjerka (f)	['kasʰer], [kasʰ'erka]
contable (m)	księgowy (m)	[kɕɛ̃'gɔvɪ]
guardia (m) de seguridad	ochroniarz (m)	[ɔh'rɔɲaʃ]

inversionista (m)	inwestor (m)	[in'vɛstɔr]
deudor (m)	dłużnik (m)	['dwuʒnik]
acreedor (m)	kredytodawca (m)	[krɛdɪtɔ'daftsa]
prestatario (m)	pożyczkobiorca (m)	[pɔʒɪtʃkɔ'bɜrtsa]

| importador (m) | importer (m) | [im'pɔrtɛr] |
| exportador (m) | eksporter (m) | [ɛks'pɔrtɛr] |

productor (m)	producent (m)	[prɔ'dutsɛnt]
distribuidor (m)	dystrybutor (m)	[dɪstrɪ'butɔr]
intermediario (m)	pośrednik (m)	[pɔɕ'rɛdnik]

asesor (m) (~ fiscal)	konsultant (m)	[kɔn'suʎtant]
representante (m)	przedstawiciel (m)	[pʃɛtsta'vitʃeʎ]
agente (m)	agent (m)	['agɛnt]
agente (m) de seguros	agent (m) ubezpieczeniowy	['agent ubɛspetʃɛ'nɜvɪ]

106. Los trabajos de servicio

cocinero (m)	kucharz (m)	['kuhaʃ]
jefe (m) de cocina	szef (m) kuchni	[ʃɛf 'kuhni]
panadero (m)	piekarz (m)	['pekaʃ]
barman (m)	barman (m)	['barman]

| camarero (m) | kelner (m) | ['kɛʎnɛr] |
| camarera (f) | kelnerka (f) | [kɛʎ'nɛrka] |

abogado (m)	adwokat (m)	[ad'vɔkat]
jurista (m)	prawnik (m)	['pravnik]
notario (m)	notariusz (m)	[nɔ'tarʰjuʃ]

electricista (m)	elektryk (m)	[ɛ'lektrɪk]
fontanero (m)	hydraulik (m)	[hɪd'raulik]
carpintero (m)	cieśla (m)	['tɕeɕʎa]

masajista (m)	masażysta (m)	[masa'ʒɪsta]
masajista (f)	masażystka (f)	[masa'ʒɪstka]
médico (m)	lekarz (m)	['lekaʃ]

taxista (m)	taksówkarz (m)	[tak'sufkaʃ]
chófer (m)	kierowca (m)	[ke'rɔftsa]
repartidor (m)	kurier (m)	['kurʰer]

camarera (f)	pokojówka (f)	[pɔkɔ'jufka]
guardia (m) de seguridad	ochroniarz (m)	[ɔh'rɔɲaʃ]
azafata (f)	stewardessa (f)	[stʰjuar'dɛsa]

profesor (m) (~ de baile, etc.)	nauczyciel (m)	[naut'ʃitʃeʎ]
bibliotecario (m)	bibliotekarz (m)	[bibʎ'ɔ'tɛkaʃ]
traductor (m)	tłumacz (m)	['twumatʃ]
intérprete (m)	tłumacz (m)	['twumatʃ]
guía (m)	przewodnik (m)	[pʃɛ'vɔdnik]

peluquero (m)	fryzjer (m)	['frɪzʰer]
cartero (m)	listonosz (m)	[lis'tɔnɔʃ]
vendedor (m)	sprzedawca (m)	[spʃɛ'daftsa]

jardinero (m)	ogrodnik (m)	[ɔg'rɔdnik]
servidor (m)	służący (m)	[swu'ʒɔ̃tsɪ]
criada (f)	służąca (f)	[swu'ʒɔ̃tsa]
mujer (f) de la limpieza	sprzątaczka (f)	[spʃɔ̃'tatʃka]

107. La profesión militar y los rangos

soldado (m) raso	szeregowy (m)	[ʃɛrɛ'gɔvɪ]
sargento (m)	sierżant (m)	['ɕerʒant]
teniente (m)	podporucznik (m)	[pɔtpɔ'rutʃnik]
capitán (m)	kapitan (m)	[ka'pitan]

mayor (m)	major (m)	['majɔr]
coronel (m)	pułkownik (m)	[puw'kɔvnik]
general (m)	generał (m)	[gɛ'nɛraw]
mariscal (m)	marszałek (m)	[mar'ʃawɛk]
almirante (m)	admirał (m)	[ad'miraw]

militar (m)	wojskowy (m)	[vɔjs'kɔvɪ]
soldado (m)	żołnierz (m)	['ʒɔwneʃ]
oficial (m)	oficer (m)	[ɔ'fitsɛr]

comandante (m)	dowódca (m)	[dɔ'vuttsa]
guardafronteras (m)	pogranicznik (m)	[pɔgra'nitʃnik]
radio-operador (m)	radiooperator (m)	[radʰɜ:pɛ'ratɔr]
explorador (m)	zwiadowca (m)	[zvʲa'dɔftsa]
zapador (m)	saper (m)	['sapɛr]
tirador (m)	strzelec (m)	['stʃɛlets]
navegador (m)	nawigator (m)	[navi'gatɔr]

108. Los oficiales. Los sacerdotes

| rey (m) | król (m) | [kruʎ] |
| reina (f) | królowa (f) | [kru'lɜva] |

| príncipe (m) | książę (m) | [kɕɔ̃ʒɛ̃] |
| princesa (f) | księżniczka (f) | [kɕɛ̃ʒ'nitʃka] |

| zar (m) | car (m) | [tsar] |
| zarina (f) | caryca (f) | [tsa'rɪtsa] |

presidente (m)	prezydent (m)	[prɛ'zɪdɛnt]
ministro (m)	minister (m)	[mi'nistɛr]
primer ministro (m)	premier (m)	['prɛmʰer]
senador (m)	senator (m)	[sɛ'natɔr]

diplomático (m)	dyplomata (m)	[dɪplɜ'mata]
cónsul (m)	konsul (m)	['kɔnsuʎ]
embajador (m)	ambasador (m)	[amba'sadɔr]
consejero (m)	doradca (m)	[dɔ'rattsa]

funcionario (m)	pracownik (m)	[pra'tsɔvnik]
prefecto (m)	burmistrz (m) dzielnicy	['burmistʃ dʒeʎ'nitsɪ]
alcalde (m)	mer (m)	[mɛr]

| juez (m) | sędzia (m) | ['sɛ̃dʒʲa] |
| fiscal (m) | prokurator (m) | [prɔku'ratɔr] |

misionero (m)	misjonarz (m)	[misʰɜnaʃ]
monje (m)	zakonnik (m)	[za'kɔɲik]
abad (m)	opat (m)	['ɔpat]
rabino (m)	rabin (m)	['rabin]

visir (m)	wezyr (m)	['vɛzɪr]
sha (m), shah (m)	szach (m)	[ʃah]
jeque (m)	szejk (m)	[ʃɛjk]

109. Las profesiones agrícolas

apicultor (m)	pszczelarz (m)	['pʃtʃɛʎaʃ]
pastor (m)	pastuch (m)	['pastuh]
agrónomo (m)	agronom (m)	[ag'rɔnɔm]
ganadero (m)	hodowca (m) zwierząt	[hɔ'dɔfsa 'zveʒɔ̃t]
veterinario (m)	weterynarz (m)	[vɛtɛ'rɪnaʃ]

granjero (m)	farmer (m)	['farmɛr]
vinicultor (m)	winiarz (m)	['viɲaʃ]
zoólogo (m)	zoolog (m)	[zɔ'ɔlɜk]
cowboy (m)	kowboj (m)	['kɔvbɔj]

110. Las profesiones artísticas

| actor (m) | aktor (m) | ['aktɔr] |
| actriz (f) | aktorka (f) | [ak'tɔrka] |

| cantante (m) | śpiewak (m) | ['ɕpevak] |
| cantante (f) | śpiewaczka (f) | [ɕpe'vatʃka] |

| bailarín (m) | tancerz (m) | ['tanʦɛʃ] |
| bailarina (f) | tancerka (f) | [tan'ʦɛrka] |

| artista (m) | artysta (m) | [ar'tısta] |
| artista (f) | artystka (f) | [ar'tıstka] |

músico (m)	muzyk (m)	['muzık]
pianista (m)	pianista (m)	[pʰja'nista]
guitarrista (m)	gitarzysta (m)	[gita'ʒısta]

director (m) de orquesta	dyrygent (m)	[dı'rıgɛnt]
compositor (m)	kompozytor (m)	[kɔmpɔ'zıtɔr]
empresario (m)	impresario (m)	[imprɛ'sarʰɔ]

director (m) de cine	reżyser (m)	[rɛ'ʒısɛr]
productor (m)	producent (m)	[prɔ'duʦɛnt]
guionista (m)	scenarzysta (m)	[sʦɛna'ʒısta]
crítico (m)	krytyk (m)	['krıtık]

escritor (m)	pisarz (m)	['pisaʃ]
poeta (m)	poeta (m)	[pɔ'ɛta]
escultor (m)	rzeźbiarz (m)	['ʒɛʑbʲaʃ]
pintor (m)	malarz (m)	['maʎaʃ]

malabarista (m)	żongler (m)	['ʒɔŋler]
payaso (m)	klown (m)	['kʎaun]
acróbata (m)	akrobata (m)	[akrɔ'bata]
ilusionista (m)	sztukmistrz (m)	['ʃtukmistʃ]

111. Profesiones diversas

médico (m)	lekarz (m)	['lekaʃ]
enfermera (f)	pielęgniarka (f)	[pelɛ̃g'ɲarka]
psiquiatra (m)	psychiatra (m)	[psıhʰ'atra]
estomatólogo (m)	dentysta (m)	[dɛn'tısta]
cirujano (m)	chirurg (m)	['hirurk]

| astronauta (m) | astronauta (m) | [astrɔ'nauta] |
| astrónomo (m) | astronom (m) | [ast'rɔnɔm] |

conductor (m) (chófer)	kierowca (m)	[ke'rɔftsa]
maquinista (m)	maszynista (m)	[maʃɪ'nista]
mecánico (m)	mechanik (m)	[mɛ'hanik]
minero (m)	górnik (m)	['gurnik]
obrero (m)	robotnik (m)	[rɔ'bɔtnik]
cerrajero (m)	ślusarz (m)	['ɕlysaʃ]
carpintero (m)	stolarz (m)	['stɔʎaʃ]
tornero (m)	tokarz (m)	['tɔkaʃ]
albañil (m)	budowniczy (m)	[budɔv'nitʃɪ]
soldador (m)	spawacz (m)	['spavatʃ]
profesor (m) (título)	profesor (m)	[prɔ'fɛsɔr]
arquitecto (m)	architekt (m)	[ar'hitɛkt]
historiador (m)	historyk (m)	[his'tɔrɪk]
científico (m)	naukowiec (m)	[nau'kɔvets]
físico (m)	fizyk (m)	['fizɪk]
químico (m)	chemik (m)	['hɛmik]
arqueólogo (m)	archeolog (m)	[arhɛ'ɔlɜk]
geólogo (m)	geolog (m)	[gɛ'ɔlɜk]
investigador (m)	badacz (m)	['badatʃ]
niñera (f)	opiekunka (f) do dziecka	[ɔpe'kuŋka dɔ 'dʑetska]
pedagogo (m)	pedagog (m)	[pɛ'dagɔk]
redactor (m)	redaktor (m)	[rɛ'daktɔr]
redactor jefe (m)	redaktor (m) naczelny	[rɛ'daktɔr nat'ʃɛʎnɪ]
corresponsal (m)	korespondent (m)	[kɔrɛs'pɔndɛnt]
mecanógrafa (f)	maszynistka (f)	[maʃɪ'nistka]
diseñador (m)	projektant (m)	[prɔ'ektant]
especialista (m) en ordenadores	komputerowiec (m)	[kɔmputɛ'rɔvets]
programador (m)	programista (m)	[prɔgra'mista]
ingeniero (m)	inżynier (m)	[in'ʒɪner]
marino (m)	marynarz (m)	[ma'rɪnaʃ]
marinero (m)	marynarz (m)	[ma'rɪnaʃ]
socorrista (m)	ratownik (m)	[ra'tɔvnik]
bombero (m)	strażak (m)	['straʒak]
policía (m)	policjant (m)	[pɔ'litsʰjant]
vigilante (m) nocturno	stróż (m)	[struʃ]
detective (m)	detektyw (m)	[dɛ'tɛktɪv]
aduanero (m)	celnik (m)	['tsɛʎnik]
guardaespaldas (m)	ochroniarz (m)	[ɔh'rɔɲaʃ]
guardia (m) de prisiones	nadzorca (m)	[na'dzɔrtsa]
inspector (m)	inspektor (m)	[ins'pɛktɔr]
deportista (m)	sportowiec (m)	[spɔr'tɔvets]
entrenador (m)	trener (m)	['trɛnɛr]
carnicero (m)	rzeźnik (m)	['ʒɛʑnik]
zapatero (m)	szewc (m)	[ʃɛfts]
comerciante (m)	handlowiec (m)	[hand'lɔvets]

cargador (m)	ładowacz (m)	[wa'dɔvatʃ]
diseñador (m) de modas	projektant (m) mody	[prɔ'ektant 'mɔdɪ]
modelo (f)	modelka (f)	[mɔ'dɛʎka]

112. Los trabajos. El estatus social

| escolar (m) | uczeń (m) | ['utʃɛɲ] |
| estudiante (m) | student (m) | ['studɛnt] |

filósofo (m)	filozof (m)	[fi'lɔzɔf]
economista (m)	ekonomista (m)	[ɛkɔnɔ'mista]
inventor (m)	wynalazca (m)	[vɪna'ʎasʦa]

desempleado (m)	bezrobotny (m)	[bɛzrɔ'bɔtnɪ]
jubilado (m)	emeryt (m)	[ɛ'mɛrɪt]
espía (m)	szpieg (m)	[ʃpek]

prisionero (m)	więzień (m)	['venʒɛ̃]
huelguista (m)	strajkujący (m)	[strajkuɔ̃tsɪ]
burócrata (m)	biurokrata (m)	[byrɔk'rata]
viajero (m)	podróżnik (m)	[pɔd'ruʒnik]

| homosexual (m) | homoseksualista (m) | [hɔmɔsɛksua'lista] |
| pirata (m) informático | haker (m) | ['hakɛr] |

bandido (m)	bandyta (m)	[ban'dɪta]
sicario (m)	płatny zabójca (m)	['pwatnɪ za'bɔjʦa]
drogadicto (m)	narkoman (m)	[nar'kɔman]
narcotraficante (m)	handlarz (m) narkotyków	['handʎaʒ narkɔ'tɪkuf]
prostituta (f)	prostytutka (f)	[prɔstɪ'tutka]
chulo (m), proxeneta (m)	sutener (m)	[su'tɛnɛr]

brujo (m)	czarodziej (m)	[tʃa'rɔdʒej]
bruja (f)	czarodziejka (f)	[tʃarɔ'dʒejka]
pirata (m)	pirat (m)	['pirat]
esclavo (m)	niewolnik (m)	[ne'vɔʎnik]
samurai (m)	samuraj (m)	[sa'muraj]
salvaje (m)	dzikus (m)	['dʒikus]

Los deportes

113. Tipos de deportes. Deportistas

deportista (m)	sportowiec (m)	[spɔr'tɔvɛts]
tipo (m) de deporte	rodzaj (m) sportu	['rɔdzaj 'spɔrtu]
baloncesto (m)	koszykówka (f)	[kɔʃɨ'kufka]
baloncestista (m)	koszykarz (m)	[kɔ'ʃɨkaʃ]
béisbol (m)	baseball (m)	['bɛjzbɔʎ]
beisbolista (m)	bejsbolista (m)	[bɛjzbɔ'lista]
fútbol (m)	piłka (f) nożna	['piwka 'nɔʒna]
futbolista (m)	piłkarz (m)	['piwkaʃ]
portero (m)	bramkarz (m)	['bramkaʃ]
hockey (m)	hokej (m)	['hɔkɛj]
jugador (m) de hockey	hokeista (m)	[hɔkɛ'ista]
voleibol (m)	siatkówka (f)	[ɕat'kufka]
voleibolista (m)	siatkarz (m)	['ɕatkaʃ]
boxeo (m)	boks (m)	[bɔks]
boxeador (m)	bokser (m)	['bɔksɛr]
lucha (f)	zapasy (pl)	[za'pasɨ]
luchador (m)	zapaśnik (m)	[za'paɕnik]
kárate (m)	karate (n)	[ka'ratɛ]
karateka (m)	karateka (m)	[kara'tɛka]
judo (m)	judo (n)	['dʒudɔ]
judoka (m)	judoka (m)	[dʒu'dɔka]
tenis (m)	tenis (m)	['tɛnis]
tenista (m)	tenisista (m)	[tɛni'ɕista]
natación (f)	pływanie (n)	[pwɨ'vane]
nadador (m)	pływak (m)	['pwɨvak]
esgrima (f)	szermierka (f)	[ʃɛr'merka]
esgrimidor (m)	szermierz (m)	['ʃɛrmeʃ]
ajedrez (m)	szachy (pl)	['ʃahɨ]
ajedrecista (m)	szachista (m)	[ʃa'hista]
alpinismo (m)	alpinizm (m)	[aʎpi'nism]
alpinista (m)	alpinista (m)	[aʎpi'nista]
carrera (f)	bieganie (n)	['begane]

corredor (m)	biegacz (m)	['begatʃ]
atletismo (m)	lekkoatletyka (f)	[lekkɔat'letɪka]
atleta (m)	lekkoatleta (m)	[lekkɔat'leta]

| deporte (m) hípico | jeździectwo (n) | [ezʲ'dʒeɪsstfɔ] |
| jinete (m) | jeździec (m) | ['eʒdʒeɪs] |

patinaje (m) artístico	łyżwiarstwo (n) figurowe	[wɪʒ'vʲarstfɔ figu'rɔvε]
patinador (m)	łyżwiarz (m) figurowy	['wɪʒvʲaʃ figu'rɔvɪ]
patinadora (f)	łyżwiarka (f) figurowa	[wɪʒ'vʲarka figu'rɔva]

levantamiento (m) de pesas	podnoszenie (n) ciężarów	[pɔdnɔ'ʃεne tʃε'ʒaruv]
carreras (f pl) de coches	wyścigi (pl) samochodowe	[vɪɕ'tʃigi samɔhɔ'dɔvε]
piloto (m) de carreras	kierowca (m) wyścigowy	[ke'rɔftsa vɪɕtʃi'gɔvɪ]

| ciclismo (m) | kolarstwo (n) | [kɔ'ʎarstfɔ] |
| ciclista (m) | kolarz (m) | ['kɔʎaʃ] |

salto (m) de longitud	skoki (pl) w dal	['skɔki v daʎ]
salto (m) con pértiga	skoki (pl) o tyczce	['skɔki ɔ 'tɪtʃtsε]
saltador (m)	skoczek (m)	['skɔtʃεk]

114. Tipos de deportes. Miscelánea

fútbol (m) americano	futbol (m) amerykański	['futbɔʎ amεrɪ'kaɲski]
bádminton (m)	badminton (m)	[bad'mintɔn]
biatlón (m)	biathlon (m)	['bʰatlɜn]
billar (m)	bilard (m)	['biʎart]

bobsleigh (m)	bobsleje (pl)	[bɔps'lɛe]
culturismo (m)	kulturystyka (f)	[kuʎtu'rɪstɪka]
waterpolo (m)	piłka (f) wodna	['piwka 'vɔdna]
balonmano (m)	piłka (f) ręczna	['piwka 'rεntʃna]
golf (m)	golf (m)	[gɔʎf]

remo (m)	wioślarstwo (n)	[vɜɕ'ʎarstfɔ]
buceo (m)	nurkowanie (n)	[nurkɔ'vane]
esquí (m) de fondo	biegi (pl) narciarskie	['begi nar'tʃʲarske]
tenis (m) de mesa	tenis (m) stołowy	['tεnis stɔ'wɔvɪ]

vela (f)	żeglarstwo (n)	[ʒεg'ʎarstfɔ]
rally (m)	rajd (m)	[rajt]
rugby (m)	rugby (n)	['ragbɪ]
snowboarding (m)	snowboard (m)	['snɔubɔrd]
tiro (m) con arco	łucznictwo (n)	[wutʃ'nitstfɔ]

115. El gimnasio

barra (f) de pesas	sztanga (f)	['ʃtaŋa]
pesas (f pl)	hantle (pl)	['hantle]
aparato (m) de ejercicios	trenażer (m)	[trε'naʒεr]
bicicleta (f) estática	trenażer (m) rowerowy	[trε'naʒεr rɔvε'rɔvɪ]

cinta (f) de correr	bieżnia (f)	['beʒɲa]
barra (f) fija	drążek (m)	['drɔʒɛk]
barras (f pl) paralelas	poręcze (pl)	[pɔ'rɛntʃɛ]
potro (m)	koń (m) gimnastyczny	[kɔɲ gimnas'tɨtʃnɨ]
colchoneta (f)	mata (f)	['mata]
aeróbica (f)	aerobik (m)	[aɛ'rɔbik]
yoga (m)	joga (f)	['jɔga]

116. Los deportes. Miscelánea

Juegos (m pl) Olímpicos	Igrzyska (pl) Olimpijskie	[ig'ʒɨska ɔlim'pijske]
vencedor (m)	zwycięzca (m)	[zvɨ'tʃenstsa]
vencer (vi)	zwyciężać	[zvɨ'tʃenʒatʃ]
ganar (vi)	wygrać	['vɨgratʃ]
líder (m)	lider (m)	['lidɛr]
llevar la delantera	prowadzić	[prɔ'vadʑitʃ]
primer puesto (m)	pierwsze miejsce (n)	['pɛrfʃɛ 'mejstsɛ]
segundo puesto (m)	drugie miejsce (n)	['druge 'mejstsɛ]
tercer puesto (m)	trzecie miejsce (n)	['tʃɛtʃe 'mejstsɛ]
medalla (f)	medal (m)	['mɛdaʎ]
trofeo (m)	trofeum (m)	[trɔ'fɛum]
copa (f) (trofeo)	puchar (m)	['puhar]
premio (m)	nagroda (f)	[nag'rɔda]
premio (m) principal	główna nagroda (f)	['gwuvna nag'rɔda]
record (m)	rekord (m)	['rɛkɔrt]
establecer un record	ustanawiać rekord	[usta'navʲatʃ 'rɛkɔrt]
final (m)	finał (m)	['finaw]
de final (adj)	finałowy	[fina'wɔvɨ]
campeón (m)	mistrz (m)	[mistʃ]
campeonato (m)	mistrzostwa (pl)	[mist'ʃɔstva]
estadio (m)	stadion (m)	['stadʰɔn]
gradería (f)	trybuna (f)	[trɨ'buna]
hincha (m)	kibic (m)	['kibits]
adversario (m)	przeciwnik (m)	[pʃɛ'tʃivnik]
arrancadero (m)	start (m)	[start]
línea (f) de meta	meta (f)	['mɛta]
derrota (f)	przegrana (f)	[pʃɛg'rana]
perder (vi)	przegrać	['pʃɛgratʃ]
árbitro (m)	sędzia (m)	['sɛdʑʲa]
jurado (m)	jury (n)	[ʒi'ri]
cuenta (f)	wynik (m)	['vɨnik]
empate (m)	remis (m)	['rɛmis]
empatar (vi)	zremisować	[zrɛmi'sɔvatʃ]

| punto (m) | punkt (m) | ['puŋkt] |
| resultado (m) | wynik (m) | ['vɪnik] |

descanso (m)	przerwa (f)	['pʃɛrva]
droga (f), doping (m)	doping (m)	['dɔpiŋk]
penalizar (vt)	karać	['karatʃ]
descalificar (vt)	dyskwalifikować	[dɪskfalifi'kɔvatʃ]

aparato (m)	przyrząd (m)	['pʃɪʒɔ̃t]
jabalina (f)	oszczep (m)	['ɔʃtʃɛp]
peso (m) (lanzamiento de ~)	kula (f)	['kuʎa]
bola (f) (billar, etc.)	kula (f)	['kuʎa]

objetivo (m)	cel (m)	[ʦɛʎ]
blanco (m)	tarcza (f)	['tartʃa]
tirar (vi)	strzelać	['stʃɛʎatʃ]
preciso (~ disparo)	dokładny	[dɔk'wadnɪ]

entrenador (m)	trener (m)	['trɛnɛr]
entrenar (vt)	trenować	[trɛ'nɔvatʃ]
entrenarse (vr)	ćwiczyć	['ʧfiʧɪʧ]
entrenamiento (m)	trening (m)	['trɛniŋk]

gimnasio (m)	sala (f) gimnastyczna	['saʎa gimnas'tɪʧna]
ejercicio (m)	ćwiczenie (n)	['ʧfit'ʃɛne]
calentamiento (m)	rozgrzewka (f)	[rɔzg'ʒɛfka]

La educación

117. La escuela

escuela (f)	szkoła (f)	['ʃkɔwa]
director (m) de escuela	dyrektor (m) szkoły	[dɪ'rɛktɔr 'ʃkɔwɪ]
alumno (m)	uczeń (m)	['utʃɛŋ]
alumna (f)	uczennica (f)	[utʃɛ'ɲitsa]
escolar (m)	uczeń (m)	['utʃɛŋ]
escolar (f)	uczennica (f)	[utʃɛ'ɲitsa]
enseñar (vt)	uczyć	['utʃitʃ]
aprender (ingles, etc.)	uczyć się	['utʃitʃ ɕɛ̃]
aprender de memoria	uczyć się na pamięć	['utʃitʃ ɕɛ̃ na 'pamɛ̃tʃ]
aprender (a leer, etc.)	uczyć się	['utʃitʃ ɕɛ̃]
estar en la escuela	uczyć się	['utʃitʃ ɕɛ̃]
ir a la escuela	iść do szkoły	[iɕtʃ dɔ 'ʃkɔwɪ]
alfabeto (m)	alfabet (m)	[aʎ'fabɛt]
materia (f)	przedmiot (m)	['pʃɛdmɔt]
clase (f), aula (f)	klasa (f)	['kʎasa]
lección (f)	lekcja (f)	['lektsʰja]
recreo (m)	przerwa (f)	['pʃɛrva]
campana (f)	dzwonek (m)	['dzvɔnɛk]
pupitre (m)	ławka (f)	['wafka]
pizarra (f)	tablica (f)	[tab'litsa]
nota (f)	ocena (f)	[ɔ'tsɛna]
buena nota (f)	dobra ocena (f)	['dobra ɔ'tsɛna]
mala nota (f)	zła ocena (f)	[zwa ɔ'tsɛna]
poner una nota	wystawiać oceny	[vɪs'tavʲatʃ ɔ'tsɛnɪ]
falta (f)	błąd (m)	[bwɔ̃t]
hacer faltas	robić błędy	['rɔbitʃ 'bwɛndɪ]
corregir (un error)	poprawiać	[pɔp'ravʲatʃ]
chuleta (f)	ściągawka (f)	[ɕtʃɔ̃'gafka]
deberes (m pl) de casa	praca (f) domowa	['pratsa dɔ'mɔva]
ejercicio (m)	ćwiczenie (n)	[tʃfit'ʃɛne]
estar presente	być obecnym	[bɪtʃ ɔ'bɛtsnɪm]
estar ausente	być nieobecnym	[bɪtʃ nɛɔ'bɛtsnɪm]
castigar (vt)	karać	['karatʃ]
castigo (m)	kara (f)	['kara]
conducta (f)	zachowanie (f)	[zahɔ'vane]
libreta (f) de notas	dziennik (m) szkolny	['dʒɛɲik 'ʃkɔʎnɪ]

lápiz (f)	ołówek (m)	[ɔ'wuvɛk]
goma (f) de borrar	gumka (f)	['gumka]
tiza (f)	kreda (f)	['krɛda]
cartuchera (f)	piórnik (m)	['pyrnik]
mochila (f)	teczka (f)	['tɛtʃka]
bolígrafo (m)	długopis (m)	[dwu'gɔpis]
cuaderno (m)	zeszyt (m)	['zɛʃit]
manual (m)	podręcznik (m)	[pɔd'rɛntʃnik]
compás (m)	cyrkiel (m)	['tsirkeʎ]
trazar (vi, vt)	szkicować	[ʃki'tsɔvatʃ]
dibujo (m) técnico	rysunek (m) techniczny	[ri'sunɛk tɛh'nitʃnɛ]
poema (m), poesía (f)	wiersz (m)	[verʃ]
de memoria (adv)	na pamięć	[na 'pamɛ̃tʃ]
aprender de memoria	uczyć się na pamięć	['utʃitʃ ɕɛ̃ na 'pamɛ̃tʃ]
vacaciones (f pl)	ferie (pl)	['ferʰe]
estar de vacaciones	być na feriach	[bitʃ na 'fɛrʰjah]
prueba (f) escrita	sprawdzian (m)	['spravdʑan]
composición (f)	wypracowanie (n)	[vipratsɔ'vane]
dictado (m)	dyktando (n)	[dik'tandɔ]
examen (m)	egzamin (m)	[ɛg'zamin]
hacer un examen	zdawać egzaminy	['zdavatʃ ɛgza'mini]
experimento (m)	eksperyment (m)	[ɛkspɛ'rimɛnt]

118. Los institutos. La Universidad

academia (f)	akademia (f)	[aka'dɛmʰja]
universidad (f)	uniwersytet (m)	[uni'vɛrsitɛt]
facultad (f)	wydział (m)	['vidʑaw]
estudiante (m)	student (m)	['studɛnt]
estudiante (f)	studentka (f)	[stu'dɛntka]
profesor (m)	wykładowca (m)	[vikwa'dɔftsa]
aula (f)	sala (f)	['saʎa]
graduado (m)	absolwent (m)	[ab'sɔʎvɛnt]
diploma (m)	dyplom (f)	['diplɔm]
tesis (f) de grado	rozprawa (f)	[rɔsp'rava]
estudio (m)	studium (n)	['studʰjum]
laboratorio (m)	laboratorium (n)	[ʎabɔra'tɔrʰjum]
clase (f)	wykład (m)	['vikwat]
compañero (m) de curso	kolega (m) z roku	[kɔ'lega z 'rɔku]
beca (f)	stypendium (n)	[sti'pɛndʰjum]
grado (m) académico	stopień (m) naukowy	['stɔpeɲ nau'kɔvi]

109

119. Las ciencias. Las disciplinas

matemáticas (f pl)	matematyka (f)	[matɛ'matɪka]
álgebra (f)	algebra (f)	[aʎ'gɛbra]
geometría (f)	geometria (f)	[gɛɔ'mɛtrʲja]

astronomía (f)	astronomia (f)	[astrɔ'nɔmʲja]
biología (f)	biologia (f)	[bʰɔ'lɜgʰja]
geografía (f)	geografia (f)	[gɛɔg'rafʲja]
geología (f)	geologia (f)	[gɛɔ'lɜgʰja]
historia (f)	historia (f)	[his'tɔrʲja]

medicina (f)	medycyna (f)	[mɛdɪ'tsɪna]
pedagogía (f)	pedagogika (f)	[pɛda'gɔgika]
derecho (m)	prawo (n)	['pravɔ]

física (f)	fizyka (f)	['fizɪka]
química (f)	chemia (f)	['hɛmʰja]
filosofía (f)	filozofia (f)	[filɜ'zɔfʰja]
psicología (f)	psychologia (f)	[psɪhɔ'lɜgʰja]

120. Los sistemas de escritura. La ortografía

gramática (f)	gramatyka (f)	[gra'matɪka]
vocabulario (m)	słownictwo (n)	[swɔv'nitstfɔ]
fonética (f)	fonetyka (f)	[fɔ'nɛtɪka]

sustantivo (m)	rzeczownik (m)	[ʒɛt'ʃɔvnik]
adjetivo (m)	przymiotnik (m)	[pʃi'mɜtnik]
verbo (m)	czasownik (m)	[tʃa'sɔvnik]
adverbio (m)	przysłówek (m)	[pʃis'wuvɛk]

pronombre (m)	zaimek (m)	[za'imɛk]
interjección (f)	wykrzyknik (m)	[vɪk'ʃɪknik]
preposición (f)	przyimek (m)	[pʃi'imɛk]

raíz (f), radical (m)	rdzeń (m) słowa	[rdzɛɲ 'swɔva]
desinencia (f)	końcówka (f)	[kɔɲ'tsufka]
prefijo (m)	prefiks (m)	['prɛfiks]
sílaba (f)	sylaba (f)	[sɪ'ʎaba]
sufijo (m)	sufiks (m)	['sufiks]

| acento (m) | akcent (m) | ['aktsɛnt] |
| apóstrofo (m) | apostrof (m) | [a'pɔstrɔf] |

punto (m)	kropka (f)	['krɔpka]
coma (f)	przecinek (m)	[pʃɛ'tʃinɛk]
punto y coma	średnik (m)	['ɕrɛdnik]
dos puntos (m pl)	dwukropek (m)	[dvuk'rɔpɛk]
puntos (m pl) suspensivos	wielokropek (m)	[velɜk'rɔpɛk]

| signo (m) de interrogación | znak (m) zapytania | [znak zapɪ'taɲa] |
| signo (m) de admiración | wykrzyknik (m) | [vɪk'ʃɪknik] |

comillas (f pl)	cudzysłów (m)	[ʦu'dʑɪswuf]
entre comillas	w cudzysłowie	[f ʦudʑɪs'wɔve]
paréntesis (m)	nawias (m)	['navʲas]
entre paréntesis	w nawiasie	[v na'vʲaɕe]

guión (m)	łącznik (m)	['wɔ̃ʧɲik]
raya (f)	myślnik (m)	['mɪɕʎnik]
blanco (m)	odstęp (m)	['ɔʦtɛ̃p]

| letra (f) | litera (f) | [li'tɛra] |
| letra (f) mayúscula | wielka litera (f) | ['veʎka li'tɛra] |

| vocal (f) | samogłoska (f) | [samɔg'wɔska] |
| consonante (m) | spółgłoska (f) | [spuwg'wɔska] |

oración (f)	zdanie (n)	['zdane]
sujeto (m)	podmiot (m)	['pɔdmɔt]
predicado (m)	orzeczenie (n)	[ɔʒɛt'ʃɛne]

línea (f)	linijka (n)	[li'nijka]
en una nueva línea	od nowej linii	[ɔd 'nɔvɛj 'lini:]
párrafo (m)	akapit (m)	[a'kapit]

palabra (f)	słowo (n)	['swɔvɔ]
combinación (f) de palabras	połączenie (n) wyrazowe	[pɔwɔ̃t'ʃɛne vɪra'zɔvɛ]
expresión (f)	wyrażenie (n)	[vɪra'ʒɛne]
sinónimo (m)	synonim (m)	[sɪ'nɔnim]
antónimo (m)	antonim (m)	[an'tɔnim]

regla (f)	reguła (f)	[rɛ'guwa]
excepción (f)	wyjątek (m)	[vɪɔ̃tɛk]
correcto (adj)	poprawny	[pɔp'ravnɪ]

conjugación (f)	koniugacja (f)	[kɔnʰju'gaʦʰja]
declinación (f)	deklinacja (f)	[dɛkli'naʦʰja]
caso (m)	przypadek (m)	[pʃɪ'padɛk]
pregunta (f)	pytanie (n)	[pɪ'tane]
subrayar (vt)	podkreślić	[pɔtk'rɛɕliʧ]
línea (f) de puntos	linia (f) przerywana	['liɲja pʃɛrɪ'vana]

121. Los idiomas extranjeros

lengua (f)	język (m)	['enzɪk]
lengua (f) extranjera	obcy język (m)	['ɔbʦɪ 'enzɪk]
estudiar (vt)	studiować	[studʰɔvaʧ]
aprender (ingles, etc.)	uczyć się	['uʧɪʧ ɕɛ̃]

leer (vi, vt)	czytać	['ʧɪtaʧ]
hablar (vi, vt)	mówić	['muviʧ]
comprender (vt)	rozumieć	[rɔ'zumeʧ]
escribir (vt)	pisać	['pisaʧ]

| rápidamente (adv) | szybko | ['ʃɪpkɔ] |
| lentamente (adv) | wolno | ['vɔʎnɔ] |

con fluidez (adv)	swobodnie	[sfɔ'bɔdne]
reglas (f pl)	reguły (pl)	[rɛ'guwɨ]
gramática (f)	gramatyka (f)	[gra'matɨka]
vocabulario (m)	słownictwo (n)	[swɔv'ɲitstfɔ]
fonética (f)	fonetyka (f)	[fɔ'nɛtɨka]

manual (m)	podręcznik (m)	[pɔd'rɛntʃɲik]
diccionario (m)	słownik (m)	['swɔvɲik]
manual (m) autodidáctico	samouczek (m)	[samɔ'utʃɛk]
guía (f) de conversación	rozmówki (pl)	[rɔz'mufki]

casete (m)	kaseta (f)	[ka'sɛta]
videocasete (f)	kaseta (f) wideo	[ka'sɛta vi'dɛɔ]
CD (m)	płyta CD (f)	['pwɨta si'di]
DVD (m)	płyta DVD (f)	['pwɨta divi'di]

alfabeto (m)	alfabet (m)	[aʎ'fabɛt]
deletrear (vt)	przeliterować	[pʃɛlite'rɔvatʃ]
pronunciación (f)	wymowa (f)	[vɨ'mɔva]

acento (m)	akcent (m)	['aktsɛnt]
con acento	z akcentem	[z ak'tsɛntɛm]
sin acento	bez akcentu	[bɛz ak'tsɛntu]

| palabra (f) | wyraz (m), słowo (n) | ['vɨras], ['svɔvɔ] |
| significado (m) | znaczenie (n) | [zna'tʃɛnie] |

cursos (m pl)	kurs (m)	[kurs]
inscribirse (vr)	zapisać się	[za'pisatʃ ɕɛ̃]
profesor (m) (~ de inglés)	wykładowca (m)	[vɨkwa'dɔftsa]

traducción (f) (proceso)	tłumaczenie (n)	[twumat'ʃɛne]
traducción (f) (texto)	przekład (m)	['pʃɛkwat]
traductor (m)	tłumacz (m)	['twumatʃ]
intérprete (m)	tłumacz (m)	['twumatʃ]

| políglota (m) | poliglota (m) | [polig'lɔta] |
| memoria (f) | pamięć (f) | ['pamɛ̃tʃ] |

122. Los personajes de los cuentos de hadas

| Papá Noel (m) | Święty Mikołaj (m) | ['ɕfɛntɨ mi'kɔwaj] |
| sirena (f) | rusałka (f) | [ru'sawka] |

mago (m)	czarodziej (m)	[tʃa'rɔdʑej]
maga (f)	czarodziejka (f)	[tʃarɔ'dʑejka]
mágico (adj)	czarodziejski	[tʃarɔ'dʑejski]
varita (f) mágica	różdżka (f) czarodziejska	['ruʃtʃka tʃarɔ'dʑejska]

cuento (m) de hadas	bajka (f)	['bajka]
milagro (m)	cud (m)	[tsut]
enano (m)	krasnoludek (m)	[krasnɔ'lydɛk]
transformarse en ...	zamienić się	[za'meɲitʃ ɕɛ̃]
espíritu (m) (fantasma)	zjawa (f)	['zʰjava]

fantasma (m)	duch (m)	[duh]
monstruo (m)	potwór (m)	['pɔtfur]
dragón (m)	smok (m)	[smɔk]
gigante (m)	wielkolud (m)	[veʎ'kɔlyt]

123. Los signos de zodiaco

Aries (m)	Baran (m)	['baran]
Tauro (m)	Byk (m)	[bɪk]
Géminis (m pl)	Bliźnięta (pl)	[bliʑ'nenta]
Cáncer (m)	Rak (m)	[rak]
Leo (m)	Lew (m)	[lef]
Virgo (m)	Panna (f)	['paɲa]

Libra (f)	Waga (f)	['vaga]
Escorpio (m)	Skorpion (m)	['skɔrpʰɜn]
Sagitario (m)	Strzelec (m)	['stʃɛlets]
Capricornio (m)	Koziorożec (m)	[kɔʒʒ'rɔʒets]
Acuario (m)	Wodnik (m)	['vɔdnik]
Piscis (m pl)	Ryby (pl)	['rɪbɪ]

carácter (m)	charakter (m)	[ha'raktɛr]
rasgos (m pl) de carácter	cechy (pl) charakteru	['tsɛhɪ harak'tɛru]
conducta (f)	zachowanie (n)	[zahɔ'vane]
decir la buenaventura	wróżyć	['vruʒɪtʃ]
adivinadora (f)	wróżka (f)	['vruʃka]
horóscopo (m)	horoskop (m)	[hɔ'rɔskɔp]

113

El arte

124. El teatro

teatro (m)	teatr (m)	['tɛatr]
ópera (f)	opera (f)	['ɔpɛra]
opereta (f)	operetka (f)	[ɔpɛ'rɛtka]
ballet (m)	balet (m)	['balet]
cartelera (f)	afisz (m)	['afiʃ]
compañía (f) de teatro	zespół (m)	['zɛspuw]
gira (f) artística	tournée (n)	[tur'nɛ]
hacer una gira artística	być na tournée	[bɪʧ na tur'nɛ]
ensayar (vi, vt)	robić próbę	['rɔbiʧ 'prubɛ̃]
ensayo (m)	próba (f)	['pruba]
repertorio (m)	repertuar (m)	[rɛ'pɛrtuar]
representación (f)	przedstawienie (n)	[pʃɛʦta'vene]
espectáculo (m)	spektakl (m)	['spɛktakʎ]
pieza (f) de teatro	sztuka (f)	['ʃtuka]
billet (m)	bilet (m)	['bilet]
taquilla (f)	kasa (f) biletowa	['kasa bile'tɔva]
vestíbulo (m)	hol (m)	[hɔʎ]
guardarropa (f)	szatnia (f)	['ʃatɲa]
ficha (f) de guardarropa	numerek (m)	[nu'mɛrɛk]
gemelos (m pl)	lornetka (f)	[lɜr'nɛtka]
acomodador (m)	kontroler (m)	[kɔnt'rɔler]
patio (m) de butacas	parter (m)	['partɛr]
balconcillo (m)	balkon (m)	['baʎkɔn]
entresuelo (m)	pierwszy balkon (m)	['perʃʃi 'baʎkɔn]
palco (m)	loża (f)	['lɔʒa]
fila (f)	rząd (m)	[ʒɔ̃t]
asiento (m)	miejsce (n)	['mejsʦɛ]
público (m)	publiczność (f)	[pub'liʧnɔɕʧ]
espectador (m)	widz (m)	[viʣ]
aplaudir (vi, vt)	klaskać	['klaskaʧ]
aplausos (m pl)	oklaski (pl)	[ɔk'ʎaski]
ovación (f)	owacje (pl)	[ɔ'vaʦʰe]
escenario (m)	scena (f)	['sʦena]
telón (m)	kurtyna (f)	[kur'tɪna]
decoración (f)	dekoracje (pl)	[dɛkɔ'raʦʰe]
bastidores (m pl)	kulisy (pl)	[ku'lisɪ]
escena (f)	scena (f)	['sʦena]
acto (m)	akt (m)	[akt]
entreacto (m)	przerwa (f)	['pʃɛrva]

125. El cine

actor (m)	aktor (m)	['aktɔr]
actriz (f)	aktorka (f)	[ak'tɔrka]
cine (m) (industria)	kino (n)	['kinɔ]
película (f)	kino (n), film (m)	['kinɔ], [fiʎm]
episodio (m)	odcinek (m)	[ɔ'ʧinɛk]
película (f) policíaca	film (m) kryminalny	[fiʎm krɪmi'naʎnɪ]
película (f) de acción	film (m) akcji	[fiʎm 'akʦʰi]
película (f) de aventura	film (m) przygodowy	[fiʎm pʃigɔ'dɔvɪ]
película (f) de ciencia ficción	film (m) science-fiction	[fiʎm sajns fikʃn]
película (f) de horror	horror (m)	['hɔrɔr]
película (f) cómica	komedia (f) filmowa	[kɔ'mɛdʰja fiʎ'mɔva]
melodrama (m)	melodramat (m)	[mɛlɜd'ramat]
drama (m)	dramat (m)	['dramat]
película (f) de ficción	film (m) fabularny	[fiʎm fabu'ʎarnɪ]
documental (m)	film (m) dokumentalny	[fiʎm dɔkumɛn'taʎnɪ]
dibujos (m pl) animados	film (m) animowany	[fiʎm animɔ'vanɪ]
cine (m) mudo	nieme kino (n)	['nemɛ 'kinɔ]
papel (m)	rola (f)	['rɔʎa]
papel (m) principal	główna rola (f)	['gwuvna 'rɔʎa]
interpretar (vt)	grać	[graʧ]
estrella (f) de cine	gwiazda (f) filmowa	['gvʲazda fiʎ'mɔva]
conocido (adj)	sławny	['swavnɪ]
famoso (adj)	znany	['znanɪ]
popular (adj)	popularny	[pɔpu'ʎarnɪ]
guión (m) de cine	scenariusz (m)	[sʦɛ'narʰjuʃ]
guionista (m)	scenarzysta (m)	[sʦɛna'ʒɪsta]
director (m) de cine	reżyser (m)	[rɛ'ʒɪsɛr]
productor (m)	producent (m)	[prɔ'duʦɛnt]
asistente (m)	asystent (m)	[a'sɪstɛnt]
operador (m)	operator (m)	[ɔpɛ'ratɔr]
doble (m) de riesgo	kaskader (m)	[kas'kadɛr]
filmar una película	kręcić film	['krɛ̃ʧiʧ fiʎm]
audición (f)	próby (pl)	['prubɪ]
rodaje (m)	zdjęcia (pl)	['zdʰɛ̃ʧa]
equipo (m) de rodaje	ekipa (f) filmowa	[ɛ'kipa fiʎ'mɔva]
plató (m) de rodaje	plan (m) filmowy	[pʎan fiʎ'mɔvɪ]
cámara (f)	kamera (f) filmowa	[ka'mɛra fiʎ'mɔva]
cine (m) (iremos al ~)	kino (n)	['kinɔ]
pantalla (f)	ekran (m)	['ɛkran]
mostrar la película	wyświetlać film	[vɪɕ'fetʎaʧ fiʎm]
pista (f) sonora	ścieżka (f) dźwiękowa	['ɕʧeʃka dʑʲvɛ̃'kɔva]
efectos (m pl) especiales	efekty (pl) specjalne	[ɛ'fɛktɪ spɛʦʰ'jaʎnɛ]
subtítulos (m pl)	napisy (pl)	[na'pisɪ]

créditos (m pl)	czołówka (f)	[tʃɔ'wufka]
traducción (f)	tłumaczenie (n)	[twumat'ʃɛne]

126. La pintura

arte (m)	sztuka (f)	['ʃtuka]
bellas artes (f pl)	sztuki (pl) piękne	['ʃtuki 'peŋknɛ]
galería (f) de arte	galeria (f)	[galerʲja]
exposición (f) de arte	wystawa (f) sztuki	[vɪs'tava 'ʃtuki]
pintura (f)	malarstwo (n)	[ma'ʎarstfɔ]
gráfica (f)	grafika (f)	['grafika]
abstraccionismo (m)	abstrakcjonizm (m)	[abstraktsʰɔnizm]
impresionismo (m)	impresjonizm (m)	[imprɛsʰɔnizm]
pintura (f)	obraz (m)	['ɔbras]
dibujo (m)	rysunek (m)	[rɪ'sunɛk]
pancarta (f)	plakat (m)	['pʎakat]
ilustración (f)	ilustracja (f)	[ilyst'ratsʰja]
miniatura (f)	miniatura (f)	[miɲja'tura]
copia (f)	kopia (f)	['kɔpʰja]
reproducción (f)	reprodukcja (f)	[rɛprɔ'duktsʰja]
mosaico (m)	mozaika (f)	[mɔ'zaika]
vidriera (f)	witraż (m)	['vitraʃ]
fresco (m)	fresk (m)	[frɛsk]
grabado (m)	sztych (m)	[ʃtɪh]
busto (m)	popiersie (n)	[pɔ'perɕe]
escultura (f)	rzeźba (f)	['ʒɛʑba]
estatua (f)	posąg (m)	['pɔsɔ̃k]
yeso (m)	gips (m)	[gips]
en yeso (adj)	gipsowy	[gip'sɔvɪ]
retrato (m)	portret (m)	['pɔrtrɛt]
autorretrato (m)	autoportret (m)	[autɔ'pɔrtrɛt]
paisaje (m)	pejzaż (m)	['pɛjzaʃ]
naturaleza (f) muerta	martwa natura (f)	['martfa na'tura]
caricatura (f)	karykatura (f)	[karɪka'tura]
pintura (f)	farba (f)	['farba]
acuarela (f)	akwarela (f)	[akfa'rɛʎa]
óleo (m)	farba (f) olejna	['farba ɔlejna]
lápiz (f)	ołówek (m)	[ɔ'wuvɛk]
tinta (f) china	tusz (m)	[tuʃ]
carboncillo (m)	węgiel (m)	['vɛŋeʎ]
dibujar (vi, vt)	rysować	[rɪ'sɔvatʃ]
pintar (vi, vt)	malować	[ma'lɔvatʃ]
posar (vi)	pozować	[pɔ'zɔvatʃ]
modelo (m)	model (m)	['mɔdeʎ]
modelo (f)	modelka (f)	[mɔ'dɛʎka]

pintor (m)	malarz (m)	['maʎaʃ]
obra (f) de arte	dzieło (n)	['dʒewɔ]
obra (f) maestra	arcydzieło (n)	[arʦɨ'dʒewɔ]
estudio (m) (de un artista)	pracownia (f)	[pra'ʦɔvɲa]
lienzo (m)	płótno (n)	['pwutnɔ]
caballete (m)	sztalugi (pl)	[ʃta'lygi]
paleta (f)	paleta (f)	[pa'leta]
marco (m)	rama (f)	['rama]
restauración (f)	restauracja (f)	[rɛstau'raʦʰja]
restaurar (vt)	restaurować	[rɛstau'rɔvaʧ]

127. La literatura y la poesía

literatura (f)	literatura (f)	[litɛra'tura]
autor (m) (escritor)	autor (m)	['autɔr]
seudónimo (m)	pseudonim (m)	[psɛu'dɔnim]
libro (m)	książka (f)	[kɕõʃka]
tomo (m)	tom (m)	[tɔm]
tabla (f) de contenidos	spis (m) treści	[spis 'trɛɕʨi]
página (f)	strona (f)	['strɔna]
héroe (m) principal	główny bohater (m)	['gwuvnɨ bɔ'hatɛr]
autógrafo (m)	autograf (m)	[au'tɔgraf]
relato (m) corto	opowiadanie (n)	[ɔpɔvʲa'dane]
cuento (m)	opowieść (f)	[ɔ'pɔvɛɕʨ]
novela (f)	powieść (f)	['pɔvɛɕʨ]
obra (f) literaria	wypracowanie (n)	[vɨpraʦɔ'vane]
fábula (f)	baśń (f)	[baɕɲ]
novela (f) policíaca	kryminał (m)	[krɨ'minaw]
verso (m)	wiersz (m)	[verʃ]
poesía (f)	poezja (f)	[pɔ'ɛzʰja]
poema (f)	poemat (m)	[pɔ'ɛmat]
poeta (m)	poeta (m)	[pɔ'ɛta]
bellas letras (f pl)	beletrystyka (f)	[bɛlet'rɨstɨka]
ciencia ficción (f)	fantastyka (f) naukowa	[fan'tastɨka nau'kɔva]
aventuras (f pl)	przygody (pl)	[pʃɨ'gɔdɨ]
literatura (f) didáctica	podręczniki (pl)	[pɔdrɛ̃ʧ'niki]
literatura (f) infantil	literatura (f) dla dzieci	[litɛra'tura dʎa 'dʑeʨi]

128. El circo

circo (m)	cyrk (m)	[ʦɨrk]
circo (m) ambulante	cyrk (m) wędrowny	[ʦɨrk vɛ̃d'rɔvnɨ]
programa (m)	program (m)	['prɔgram]
representación (f)	przedstawienie (n)	[pʃɛtsta'vene]
número (m)	numer (m)	['numɛr]
arena (f)	arena (f)	[a'rɛna]

| pantomima (f) | pantomima (f) | [pantɔ'mima] |
| payaso (m) | klown (m) | ['kʎaun] |

acróbata (m)	akrobata (m)	[akrɔ'bata]
acrobacia (f)	akrobatyka (f)	[akrɔ'batɨka]
gimnasta (m)	gimnastyk (m)	[gim'nastɨk]
gimnasia (f)	gimnastyka (f)	[gim'nastɨka]
salto (m)	salto (n)	['saʎtɔ]

forzudo (m)	atleta (m)	[at'leta]
domador (m)	poskramiacz (m)	[pɔsk'ramʲatʃ]
caballista (m)	jeździec (m)	['eʒʥeʦ]
asistente (m)	asystent (m)	[a'sɨstɛnt]

truco (m)	trik (m)	[trik]
truco (m) de magia	sztuczka (f)	['ʃtutʃka]
ilusionista (m)	sztukmistrz (m)	['ʃtukmistʃ]

malabarista (m)	żongler (m)	['ʒɔŋler]
hacer malabarismos	żonglować	[ʒɔŋ'lɔvaʨ]
amaestrador (m)	treser (m)	['trɛsɛr]
amaestramiento (m)	tresura (f)	[trɛ'sura]
amaestrar (vt)	tresować	[trɛ'sɔvaʨ]

129. La música. La música popular

música (f)	muzyka (f)	['muzɨka]
músico (m)	muzyk (m)	['muzɨk]
instrumento (m) musical	instrument (m) muzyczny	[inst'rumɛnt mu'zɨtʃnɨ]
tocar ...	grać na ...	[graʨ na]

guitarra (f)	gitara (f)	[gi'tara]
violín (m)	skrzypce (pl)	['skʃɨpʦɛ]
violonchelo (m)	wiolonczela (f)	[vʲɔlɔnt'ʃɛʎa]
contrabajo (m)	kontrabas (m)	[kɔnt'rabas]
arpa (f)	harfa (f)	['harfa]

piano (m)	pianino (n)	[pʲa'ninɔ]
piano (m) de cola	fortepian (m)	[fɔr'tɛpʲjan]
órgano (m)	organy (pl)	[ɔr'ganɨ]

instrumentos (m pl) de viento	instrumenty (pl) dęte	[instru'mɛntɨ 'dɛntɛ]
oboe (m)	obój (m)	['ɔbuj]
saxofón (m)	saksofon (m)	[sak'sɔfɔn]
clarinete (m)	klarnet (m)	['kʎarnɛt]
flauta (f)	flet (m)	[flɛt]
trompeta (f)	trąba (f), trąbka (f)	['trɔ̃ba], ['trɔ̃bka]

| acordeón (m) | akordeon (m) | [akɔr'dɛɔn] |
| tambor (m) | bęben (m) | ['bɛmbɛn] |

dúo (m)	duet (m)	['duɛt]
trío (m)	trio (f)	['triɔ]
cuarteto (m)	kwartet (m)	['kfartɛt]

coro (m)	chór (m)	[hur]
orquesta (f)	orkiestra (f)	[ɔr'kestra]

música (f) pop	muzyka (f) pop	['muzɪka pɔp]
música (f) rock	muzyka (f) rockowa	['muzɪka rɔ'kɔva]
grupo (m) de rock	zespół (m) rockowy	['zɛspuw rɔ'kɔvɪ]
jazz (m)	jazz (m)	[dʒɛs]

ídolo (m)	idol (m)	['idɔʎ]
admirador (m)	wielbiciel (m)	[veʎ'bitʃeʎ]

concierto (m)	koncert (m)	['kɔntsɛrt]
sinfonía (f)	symfonia (f)	[sɪm'fɔnja]
composición (f)	utwór (m)	['utfur]
escribir (vt)	skomponować	[skɔmpɔ'nɔvatʃ]

canto (m)	śpiew (m)	[ɕpev]
canción (f)	piosenka (f)	[pɔ'sɛnka]
melodía (f)	melodia (f)	[mɛ'lɔdʰja]
ritmo (m)	rytm (m)	[rɪtm]
blues (m)	blues (m)	[blys]

notas (f pl)	nuty (pl)	['nutɪ]
batuta (f)	batuta (f)	[ba'tuta]
arco (m)	smyczek (m)	['smɪtʃɛk]
cuerda (f)	struna (f)	['struna]
estuche (m)	futerał (m)	[fu'tɛraw]

Los restaurantes. El entretenimiento. El viaje

130. El viaje. Viajar

turismo (m)	turystyka (f)	[tu'rɪstɪka]
turista (m)	turysta (m)	[tu'rɪsta]
viaje (m)	podróż (f)	['pɔdruʃ]
aventura (f)	przygoda (f)	[pʃɪ'gɔda]
viaje (m)	podróż (f)	['pɔdruʃ]
vacaciones (f pl)	urlop (m)	['urlɔp]
estar de vacaciones	być na urlopie	[bɪtʃ na ur'lɔpe]
descanso (m)	wypoczynek (m)	[vɪpɔt'ʃɪnɛk]
tren (m)	pociąg (m)	['pɔtʃɔ̃k]
en tren	pociągiem	[pɔtʃɔ̃gem]
avión (m)	samolot (m)	[sa'mɔlɔt]
en avión	samolotem	[samɔ'lɔtɛm]
en coche	samochodem	[samɔ'hɔdɛm]
en barco	statkiem	['statkem]
equipaje (m)	bagaż (m)	['bagaʃ]
maleta (f)	walizka (f)	[va'liska]
carrito (m) de equipaje	wózek (m) bagażowy	['vuzɛk baga'ʒɔvɪ]
pasaporte (m)	paszport (m)	['paʃpɔrt]
visado (m)	wiza (f)	['viza]
billete (m)	bilet (m)	['bilet]
billete (m) de avión	bilet (m) lotniczy	['bilet lɔt'nitʃɪ]
guía (f) (libro)	przewodnik (m)	[pʃɛ'vɔdnik]
mapa (m)	mapa (f)	['mapa]
área (m) (~ rural)	miejscowość (f)	[mejs'ʦɔvɔɕtʃ]
lugar (m)	miejsce (n)	['mejsʦɛ]
exotismo (m)	egzotyka (f)	[ɛg'zɔtɪka]
exótico (adj)	egzotyczny	[ɛgzɔ'tɪtʃnɪ]
asombroso (adj)	zadziwiający	[zadʒivjaɔ̃tsɪ]
grupo (m)	grupa (f)	['grupa]
excursión (f)	wycieczka (f)	[vɪ'tʃetʃka]
guía (m) (persona)	przewodnik (f)	[pʃɛ'vɔdnik]

131. El hotel

hotel (m)	hotel (m)	['hɔtɛʎ]
motel (m)	motel (m)	['mɔtɛʎ]
de tres estrellas	trzy gwiazdki	[tʃɪ 'gvʲaztki]

| de cinco estrellas | pięć gwiazdek | [pɛ̃t͡ʃ 'gvʲazdɛk] |
| hospedarse (vr) | zatrzymać się | [zat'ʃɨmat͡ʃ ɕɛ̃] |

habitación (f)	pokój (m)	['pɔkuj]
habitación (f) individual	pokój (m) jednoosobowy	['pɔkuj ednɔ:sɔ'bɔvɨ]
habitación (f) doble	pokój (m) dwuosobowy	['pɔkuj dvuɔsɔ'bɔvɨ]
reservar una habitación	rezerwować pokój	[rɛzɛr'vɔvat͡ʃ 'pɔkuj]

| media pensión (f) | wyżywienie (n) Half Board | [vɨʒɨ'vene haf bɔrd] |
| pensión (f) completa | pełne (n) wyżywienie | ['pɛwnɛ vɨʒɨvi'ene] |

con baño	z łazienką	[z wa'ʒɛnkɔ̃]
con ducha	z prysznicem	[z prɨʃ'nit͡sɛm]
televisión (f) satélite	telewizja (f) satelitarna	[tɛle'vizʰja satɛli'tarna]
climatizador (m)	klimatyzator (m)	[klimatɨ'zatɔr]
toalla (f)	ręcznik (m)	['rɛnt͡ʃnik]
llave (f)	klucz (m)	[klyt͡ʃ]

administrador (m)	administrator (m)	[administ'ratɔr]
camarera (f)	pokojówka (f)	[pɔkɔ'jufka]
maletero (m)	tragarz (m)	['tragaʃ]
portero (m)	odźwierny (m)	[ɔd'vjernɨ]

restaurante (m)	restauracja (f)	[rɛstau'rat͡sʰja]
bar (m)	bar (m)	[bar]
desayuno (m)	śniadanie (n)	[ɕɲa'dane]
cena (f)	kolacja (f)	[kɔ'ʎat͡sʰja]
buffet (m) libre	szwedzki stół (m)	['ʃfɛt͡ski stuw]

ascensor (m)	winda (f)	['vinda]
NO MOLESTAR	NIE PRZESZKADZAĆ	[ne pʃɛʃ'kadzat͡ʃ]
PROHIBIDO FUMAR	ZAKAZ PALENIA!	['zakas pa'leɲa]

132. Los libros. La lectura

libro (m)	książka (f)	[kɕɔ̃ʃka]
autor (m)	autor (m)	['autɔr]
escritor (m)	pisarz (m)	['pisaʃ]
escribir (~ un libro)	napisać	[na'pisat͡ʃ]

lector (m)	czytelnik (m)	[t͡ʃɨ'tɛʎnik]
leer (vi, vt)	czytać	['t͡ʃɨtat͡ʃ]
lectura (f)	lektura (f)	[lek'tura]

| en silencio | po cichu | [pɔ 't͡ɕihu] |
| en voz alta | na głos | ['na gwɔs] |

editar (vt)	wydawać	[vɨ'davat͡ʃ]
edición (f) (~ de libros)	wydanie (n)	[vɨ'dane]
editor (m)	wydawca (m)	[vɨ'daft͡sa]
editorial (f)	wydawnictwo (n)	[vɨdav'nit͡stfɔ]

| salir (libro) | ukazać się | [u'kazat͡ʃ ɕɛ̃] |
| salida (f) (de un libro) | publikacja (f) | [publi'kat͡sija] |

121

tirada (f)	nakład (m)	['nakwat]
librería (f)	księgarnia (f)	[kɕɛ̃'garɲa]
biblioteca (f)	biblioteka (f)	[biblɜ'tɛka]

cuento (m)	opowieść (f)	[ɔ'pɔvɛɕʨ]
relato (m) corto	opowiadanie (n)	[ɔpɔvʲa'dane]
novela (f)	powieść (f)	['pɔvɛɕʨ]
novela (f) policíaca	kryminał (m)	[krɨ'minaw]

memorias (f pl)	wspomnienia (pl)	[fspɔm'neɲa]
leyenda (f)	legenda (f)	[le'gɛnda]
mito (m)	mit (m)	[mit]

versos (m pl)	wiersze (pl)	['verʃɛ]
autobiografía (f)	autobiografia (f)	[autɔbʲɔg'rafʲja]
obras (f pl) escogidas	wybrane prace (pl)	[vɨb'ranɛ 'pratsɛ]
ciencia ficción (f)	fantastyka (f)	[fan'tastɨka]
título (m)	tytuł (m)	['tɨtuw]
introducción (f)	wstęp (m)	[fstɛ̃p]
portada (f)	strona (f) tytułowa	['strɔna tɨtu'wɔva]

capítulo (m)	rozdział (m)	['rɔzʤʲaw]
extracto (m)	fragment (m)	['fragmɛnt]
episodio (m)	epizod (m)	[ɛ'pizɔt]

sujeto (m)	wątek (m)	['võtɛk]
contenido (m)	spis (m) treści	[spis 'trɛɕʨi]
tabla (f) de contenidos	spis (m) treści	[spis 'trɛɕʨi]
héroe (m) principal	główny bohater (m)	['gwuvnɨ bɔ'hatɛr]

tomo (m)	tom (m)	[tɔm]
cubierta (f)	okładka (f)	[ɔk'watka]
encuadernado (m)	oprawa (f)	[ɔp'rava]
marcador (m) de libro	zakładka (f)	[zak'watka]

página (f)	strona (f)	['strɔna]
hojear (vt)	kartkować	[kart'kɔvaʨ]
márgenes (m pl)	margines (m)	[mar'ginɛs]
anotación (f)	notatki (pl)	[nɔ'tatki]
nota (f) a pie de página	przypis (m)	['pʃipis]

texto (m)	tekst (m)	[tɛkst]
fuente (f)	czcionka (f)	['ʧʧɔŋka]
errata (f)	literówka (f)	[litɛ'rufka]

traducción (f)	przekład (m)	['pʃɛkwat]
traducir (vt)	tłumaczyć	[twu'matʃɨʧ]
original (m)	oryginał (m)	[ɔrɨ'ginaw]

famoso (adj)	znany	['znanɨ]
desconocido (adj)	nieznany	[nez'nanɨ]
interesante (adj)	ciekawy	[ʨe'kavɨ]
best-seller (m)	bestseller (m)	[bɛs'tsɛler]
diccionario (m)	słownik (m)	['swɔvnik]
manual (m)	podręcznik (m)	[pɔd'rɛnʧnik]
enciclopedia (f)	encyklopedia (f)	[ɛntsɨklɜ'pɛdʲja]

133. La caza. La pesca

caza (f)	polowanie (n)	[pɔlɜ'vane]
cazar (vi, vt)	polować	[pɔ'lɜvaʧ]
cazador (m)	myśliwy (m)	[mɪɕ'livɪ]
tirar (vi)	strzelać	['stʃɛʎaʧ]
fusil (m)	strzelba (f)	['stʃɛʎba]
cartucho (m)	nabój (m)	['nabuj]
perdigón (m)	śrut (m)	[ɕryt]
cepo (m)	potrzask (m)	['pɔtʃask]
trampa (f)	sidła (pl)	['ɕidwa]
poner una trampa	zastawiać sidła	[zas'tavjaʧ 'ɕidwa]
cazador (m) furtivo	kłusownik (m)	[kwu'sɔvnik]
caza (f) menor	zwierzyna łowna (f)	[zve'ʒɪna 'wɔvna]
perro (m) de caza	pies (m) myśliwski	[pes mɪɕ'lifski]
safari (m)	safari (n)	[sa'fari]
animal (m) disecado	wypchane zwierzę (n)	[vɪp'hanɛ 'zveʒɛ̃]
pescador (m)	rybak (m)	['rɪbak]
pesca (f)	wędkowanie (n)	[vɛ̃tkɔ'vane]
pescar (vi)	wędkować	[vɛ̃t'kɔvaʧ]
caña (f) de pescar	wędka (f)	['vɛntka]
sedal (m)	żyłka (f)	['ʒɪwka]
anzuelo (m)	haczyk (m)	['haʧɪk]
flotador (m)	spławik (m)	['spwavik]
cebo (m)	przynęta (f)	[pʃɪ'nɛnta]
lanzar el anzuelo	zarzucić wędkę	[za'ʒuʧiʧ 'vɛtkɛ̃]
picar (vt)	brać	[braʧ]
pesca (f) (lo pescado)	połów (m)	['pɔwuf]
agujero (m) en el hielo	przerębel (m)	[pʃɛ'rɛ̃bɛʎ]
red (f)	sieć (f)	[ɕeʧ]
barca (f)	łódź (f)	[wuʧ]
pescar con la red	łowić siecią	['wɔviʧ 'ɕeʧɔ̃]
tirar la red	zarzucać sieć	[za'ʒuʦaʧ ɕeʧ]
sacar la red	wyciągać sieć	[vɪʧɔ̃gaʧ ɕeʧ]
ballenero (m) (persona)	wielorybnik (m)	[velɜ'rɪbnik]
ballenero (m) (barco)	statek (m) wielorybniczy	['statɛk velɜrɪb'niʧɪ]
arpón (m)	harpun (m)	['harpun]

134. Los juegos. El billar

billar (m)	bilard (m)	['biʎart]
sala (f) de billar	sala (f) bilardowa	['saʎa biʎar'dɔva]
bola (f) de billar	bila (f)	['biʎa]
entronerar la bola	wbić bilę	[vbiʧ 'bilɛ̃]
taco (m)	kij (m)	[kij]
tronera (f)	łuza (f)	['wuza]

135. Los juegos. Las cartas

cuadrados (m pl)	karo (n)	['karɔ]
picas (f pl)	pik (m)	[pik]
corazones (m pl)	kier (m)	[ker]
tréboles (m pl)	trefl (m)	['trɛfʎ]
as (m)	as (m)	[as]
rey (m)	król (m)	[kruʎ]
dama (f)	dama (f)	['dama]
sota (f)	walet (m)	['valɛt]
carta (f)	karta (f)	['karta]
cartas (f pl)	karty (pl)	['kartɪ]
triunfo (m)	atut (m)	['atut]
baraja (f)	talia (f)	['taʎja]
dar (las cartas)	rozdawać karty	[rɔz'davatʃ 'kartɪ]
barajar (vt)	tasować	[ta'sɔvatʃ]
jugada (f)	ruch (m)	[ruh]
fullero (m)	szuler (m)	['ʃuler]

136. El descanso. Los juegos. Miscelánea

pasear (vi)	spacerować	[spatsɛ'rɔvatʃ]
paseo (m) (caminata)	spacer (m)	['spatsɛr]
paseo (m) (en coche)	przejażdżka (f)	[pʃɛ'jaʃtʃka]
aventura (f)	przygoda (f)	[pʃɪ'gɔda]
picnic (m)	piknik (m)	['piknik]
juego (m)	gra (f)	[gra]
jugador (m)	gracz (m)	[gratʃ]
partido (m)	partia (f)	['partʰja]
coleccionista (m)	kolekcjoner (m)	[kɔlekts'ʰɜnɛr]
coleccionar (vt)	kolekcjonować	[kɔlekts'ʰɜ'nɔvatʃ]
colección (f)	kolekcja (f)	[kɔ'lektsʰja]
crucigrama (m)	krzyżówka (f)	[kʃɪ'ʒufka]
hipódromo (m)	hipodrom (m)	[hi'pɔdrɔm]
discoteca (f)	dyskoteka (f)	[dɪskɔ'tɛka]
sauna (f)	sauna (f)	['sauna]
lotería (f)	loteria (f)	[lɔ'tɛrʰja]
marcha (f)	wyprawa (f)	[vɪp'rava]
campo (m)	obóz (m)	['ɔbus]
tienda (f) de campaña	namiot (m)	['namɜt]
brújula (f)	kompas (m)	['kɔmpas]
campista (m)	turysta (m)	[tu'rɪsta]
ver (la televisión)	oglądać	[ɔglɔ̃datʃ]
telespectador (m)	telewidz (m)	[tɛ'levitts]
programa (m) de televisión	program (m) telewizyjny	['prɔgram tɛlevi'zɪjnɪ]

137. La fotografía

cámara (f) fotográfica	aparat (m) fotograficzny	[a'parat fɔtɔgra'fitʃnɪ]
fotografía (f) (una foto)	fotografia (f)	[fɔtɔg'rafʰja]
fotógrafo (m)	fotograf (m)	[fɔ'tɔgraf]
estudio (m) fotográfico	studio (n) fotograficzne	['studʰɜ fɔtɔgra'fitʃnɛ]
álbum (m) de fotos	album (m) fotograficzny	['aʎbum fɔtɔgra'fitʃnɪ]
objetivo (m)	obiektyw (m)	[ɔbʰ'ektɪf]
teleobjetivo (m)	teleobiektyw (m)	[tɛleɔbʰ'ektɪf]
filtro (m)	filtr (m)	[fiʎtr]
lente (m)	soczewka (f)	[sɔt'ʃɛfka]
óptica (f)	optyka (f)	['ɔptɪka]
diafragma (m)	przysłona (f)	[pʃɪs'wɔna]
tiempo (m) de exposición	czas (m) naświetlania	[tʃas naɕfet'ʎaɲa]
visor (m)	celownik (m)	[tsɛ'lɜvnik]
cámara (f) digital	aparat (m) cyfrowy	[a'parat tsɪf'rɔvɪ]
trípode (m)	statyw (m)	['statɪf]
flash (m)	flesz (m)	[fleʃ]
fotografiar (vt)	fotografować	[fɔtɔgra'fɔvatʃ]
hacer fotos	robić zdjęcia	['rɔbitʃ 'zdʰɛ̃tʃa]
fotografiarse (vr)	fotografować się	[fɔtɔgra'fɔvatʃ ɕɛ̃]
foco (m)	ostrość (f)	['ɔstrɔɕtʃ]
enfocar (vt)	ustawiać ostrość	[us'tavʲatʃ 'ɔstrɔɕtʃ]
nítido (adj)	wyraźny	[vɪ'raʑnɪ]
nitidez (f)	ostrość (f)	['ɔstrɔɕtʃ]
contraste (m)	kontrast (m)	['kɔntrast]
contrastante (adj)	kontrastowy	[kɔntras'tɔvɪ]
foto (f)	zdjęcie (n)	['zdʰɛ̃tʃe]
negativo (m)	negatyw (m)	[nɛ'gatɪf]
película (f) fotográfica	film (m)	[fiʎm]
fotograma (m)	kadr (m)	[kadr]
imprimir (vt)	robić odbitki	['rɔbitʃ ɔd'bitki]

138. La playa. La natación

playa (f)	plaża (f)	['pʎaʒa]
arena (f)	piasek (m)	['pʲasɛk]
desierto (playa ~a)	pustynny	[pus'tɪɲɪ]
bronceado (m)	opalenizna (f)	[ɔpale'nizna]
broncearse (vr)	opalać się	[ɔ'paʎatʃ ɕɛ̃]
bronceado (adj)	opalony	[ɔpa'lɜnɪ]
protector (m) solar	krem (m) do opalania	[krɛm dɔ ɔpa'ʎaɲa]
bikini (m)	bikini (n)	[bi'kini]
traje (m) de baño	kostium (m) kąpielowy	['kɔstʰjum kɔ̃pelɔvɪ]

bañador (m)	kąpielówki (pl)	[kɔ̃pe'lyfki]
piscina (f)	basen (m)	['basɛn]
nadar (vi)	pływać	['pwivatɕ]
ducha (f)	prysznic (m)	['prɨʃnits]
cambiarse (vr)	przebierać się	[pʃɛ'beratɕ ɕɛ̃]
toalla (f)	ręcznik (m)	['rɛntʃnik]

barca (f)	łódź (f)	[wutɕ]
lancha (f) motora	motorówka (f)	[mɔtɔ'rufka]

esquís (m pl) acuáticos	narty (pl) wodne	['nartɨ 'vɔdnɛ]
bicicleta (f) acuática	rower (m) wodny	['rɔvɛr 'vɔdnɨ]
surf (m)	surfing (m)	['sɛrfiŋk]
surfista (m)	surfer (m)	['surfɛr]

equipo (m) de buceo	akwalung (m)	[ak'faʎaŋk]
aletas (f pl)	płetwy (pl)	['pwɛtfɨ]
máscara (f) de buceo	maska (f)	['maska]
buceador (m)	nurek (m)	['nurɛk]
bucear (vi)	nurkować	[nur'kɔvatɕ]
bajo el agua (adv)	pod wodą	[pɔd 'vɔdɔ̃]

sombrilla (f)	parasol (m)	[pa'rasɔʎ]
tumbona (f)	leżak (m)	['leʒak]
gafas (f pl) de sol	okulary (pl)	[ɔku'ʎarɨ]
colchoneta (f) inflable	materac (m) dmuchany	[ma'tɛrats dmu'hanɨ]

jugar (divertirse)	grać	[gratɕ]
bañarse (vr)	kąpać się	['kɔ̃patɕ ɕɛ̃]

pelota (f) de playa	piłka (f) plażowa	['piwka pʎa'ʒɔva]
inflar (vt)	nadmuchiwać	[nadmu'hivatɕ]
inflable (colchoneta ~)	nadmuchiwany	[nadmuhi'vanɨ]

ola (f)	fala (f)	['faʎa]
boya (f)	boja (f)	['bɔja]
ahogarse (vr)	tonąć	['tɔɔ̃ntɕ]

salvar (vt)	ratować	[ra'tɔvatɕ]
chaleco (m) salvavidas	kamizelka (f) ratunkowa	[kami'zɛʎka ratu'ŋkɔva]
observar (vt)	obserwować	[ɔbsɛr'vɔvatɕ]
socorrista (m)	ratownik (m)	[ra'tɔvnik]

EL EQUIPO TÉCNICO. EL TRANSPORTE

El equipo técnico

139. El computador

| ordenador (m) | komputer (m) | [kɔm'putɛr] |
| ordenador (m) portátil | laptop (m) | ['ʎaptɔp] |

| encender (vt) | włączyć | ['vwɔ̃tʃitʃ] |
| apagar (vt) | wyłączyć | [vɪ'wɔ̃tʃitʃ] |

teclado (m)	klawiatura (f)	[kʎavʰja'tura]
tecla (f)	klawisz (m)	['kʎaviʃ]
ratón (m)	myszka (f)	['mɪʃka]
alfombrilla (f) para ratón	podkładka (f) pod myszkę	[pɔtk'watka pɔd 'mɪʃkɛ]

| botón (m) | przycisk (m) | ['pʃitʃisk] |
| cursor (m) | kursor (m) | ['kursɔr] |

| monitor (m) | monitor (m) | [mɔ'nitɔr] |
| pantalla (f) | ekran (m) | ['ɛkran] |

disco (m) duro	dysk (m) twardy	[dɪsk 'tfardɪ]
volumen (m) de disco duro	pojemność (f) dysku twardego	[pɔ'emnɔɕtʃ 'dɪsku tfar'dɛgɔ]
memoria (f)	pamięć (f)	['pamɛ̃tʃ]
memoria (f) operativa	pamięć (f) operacyjna	['pamɛ̃tʃ ɔpɛra'tsɪjna]

archivo, fichero (m)	plik (m)	[plik]
carpeta (f)	folder (m)	['fɔʎdɛr]
abrir (vt)	otworzyć	[ɔt'fɔʒitʃ]
cerrar (vt)	zamknąć	['zamknɔ̃tʃ]

guardar (un archivo)	zapisać	[za'pisatʃ]
borrar (vt)	usunąć	[u'sunɔ̃tʃ]
copiar (vt)	skopiować	[skɔ'pʲɔvatʃ]
ordenar (vt) (~ de A a Z, etc.)	segregować	[sɛgrɛ'gɔvatʃ]
copiar (vt)	przepisać	[pʃɛ'pisatʃ]

programa (m)	program (m)	['prɔgram]
software (m)	oprogramowanie (n)	[ɔprɔgramɔ'vane]
programador (m)	programista (m)	[prɔgra'mista]
programar (vt)	zaprogramować	[zaprɔgra'mɔvatʃ]

pirata (m) informático	haker (m)	['hakɛr]
contraseña (f)	hasło (n)	['haswɔ]
virus (m)	wirus (m)	['virus]
detectar (vt)	wykryć	['vɪkritʃ]

octeto (m)	bajt (m)	[bajt]
megaocteto (m)	megabajt (m)	[mɛga'bajt]
datos (m pl)	dane (pl)	['danɛ]
base (f) de datos	baza (f) danych	['baza 'danɪh]
cable (m)	kabel (m)	['kabɛʎ]
desconectar (vt)	odłączyć	[ɔd'wɔ̃tʃitʃ]
conectar (vt)	podłączyć	[pɔd'wɔ̃tʃitʃ]

140. El internet. El correo electrónico

internet (m), red (f)	Internet (m)	[in'tɛrnɛt]
navegador (m)	przeglądarka (f)	[pʃɛglɔ̃'darka]
buscador (m)	wyszukiwarka (f)	[vɪʃuki'varka]
proveedor (m)	dostawca (m) internetu	[dɔs'taftsa intɛr'nɛtu]
webmaster (m)	webmaster (m)	[vɛb'mastɛr]
sitio (m) web	witryna (f) internetowa	[vit'rɪna intɛrnɛ'tɔva]
página (f) web	strona (f) internetowa	['strɔna intɛrnɛ'tɔva]
dirección (f)	adres (m)	['adrɛs]
libro (m) de direcciones	książka (f) adresowa	[kɕɔ̃ʃka adrɛ'sɔva]
buzón (m)	skrzynka (f) pocztowa	['skʃɪŋka pɔtʃ'tɔva]
correo (m)	poczta (f)	['pɔtʃta]
mensaje (m)	wiadomość (f)	[vʲa'dɔmɔɕtʃ]
expedidor (m)	nadawca (m)	[na'daftsa]
enviar (vt)	wysłać	['vɪswatʃ]
envío (m)	wysłanie (n)	[vɪs'wane]
destinatario (m)	odbiorca (m)	[ɔd'bɜrtsa]
recibir (vt)	dostać	['dɔstatʃ]
correspondencia (f)	korespondencja (f)	[kɔrɛspɔn'dɛntsʲja]
escribirse con ...	korespondować	[kɔrɛspɔn'dɔvatʃ]
archivo, fichero (m)	plik (m)	[plik]
descargar (vt)	ściągnąć	[ɕtʃɔ̃gnɔntʃ]
crear (vt)	utworzyć	[ut'fɔʒitʃ]
borrar (vt)	usunąć	[u'sunɔ̃tʃ]
borrado (adj)	usunięty	[usu'nentɪ]
conexión (f) (ADSL, etc.)	połączenie (n)	[pɔwɔ̃t'ʃene]
velocidad (f)	szybkość (f)	['ʃɪpkɔɕtʃ]
módem (m)	modem (m)	['mɔdɛm]
acceso (m)	dostęp (m)	['dɔstɛ̃p]
puerto (m)	port (m)	[pɔrt]
conexión (f) (establecer la ~)	połączenie (n)	[pɔwɔ̃t'ʃene]
conectarse a ...	podłączyć się	[pɔd'wɔ̃tʃitʃ ɕɛ̃]
seleccionar (vt)	wybrać	['vɪbratʃ]
buscar (vt)	szukać	['ʃukatʃ]

El transporte

141. El avión

avión (m)	samolot (m)	[sa'mɔlɜt]
billete (m) de avión	bilet (m) lotniczy	['bilet lɜt'nitʃi]
compañía (f) aérea	linie (pl) lotnicze	['liɲje lɜt'nitʃɛ]
aeropuerto (m)	port (m) lotniczy	[pɔrt lɜt'nitʃi]
supersónico (adj)	ponaddźwiękowy	[pɔnaddʒ'vɛ̃'kɔvɪ]
comandante (m)	kapitan (m) statku	[ka'pitan 'statku]
tripulación (f)	załoga (f)	[za'wɔga]
piloto (m)	pilot (m)	['pilɜt]
azafata (f)	stewardessa (f)	[stʰjuar'dɛsa]
navegador (m)	nawigator (m)	[navi'gatɔr]
alas (f pl)	skrzydła (pl)	['skʃɪdwa]
cola (f)	ogon (m)	['ɔgɔn]
cabina (f)	kabina (f)	[ka'bina]
motor (m)	silnik (m)	['ɕiʎnik]
tren (m) de aterrizaje	podwozie (n)	[pɔd'vɔʒe]
turbina (f)	turbina (f)	[tur'bina]
hélice (f)	śmigło (n)	['ɕmigwɔ]
caja (f) negra	czarna skrzynka (f)	['tʃarna 'skʃɪŋka]
timón (m)	wolant (m)	['vɔʎant]
combustible (m)	paliwo (n)	[pa'livɔ]
instructivo (m) de seguridad	instrukcja (f)	[inst'ruktsʰja]
respirador (m) de oxígeno	maska (f) tlenowa	['maska tle'nɔva]
uniforme (m)	uniform (m)	[u'nifɔrm]
chaleco (m) salvavidas	kamizelka (f) ratunkowa	[kami'zɛʎka ratu'ŋkɔva]
paracaídas (m)	spadochron (m)	[spa'dɔhrɔn]
despegue (m)	start (m)	[start]
despegar (vi)	startować	[star'tɔvatʃ]
pista (f) de despegue	pas (m) startowy	[pas star'tɔvɪ]
visibilidad (f)	widoczność (f)	[vi'dɔtʃnɔɕtʃ]
vuelo (m) (~ de pájaro)	lot (m)	['lɜt]
altura (f)	wysokość (f)	[vɪ'sɔkɔɕtʃ]
pozo (m) de aire	dziura (f) powietrzna	['dʒyra pɔ'vetʃna]
asiento (m)	miejsce (n)	['mejstsɛ]
auriculares (m pl)	słuchawki (pl)	[swu'hafki]
mesita (f) plegable	stolik (m) rozkładany	['stolik rɔskwa'danɪ]
ventana (f)	iluminator (m)	[ilymi'natɔr]
pasillo (m)	przejście (n)	['pʃejɕtʃe]

142. El tren

tren (m)	pociąg (m)	['pɔt͡ʃɔ̃k]
tren (m) eléctrico	pociąg (m) podmiejski	['pɔt͡ʃɔ̃k pɔd'mejski]
tren (m) rápido	pociąg (m) pośpieszny	['pɔt͡ʃɔ̃k pɔɕ'pejɲi]
locomotora (f) diésel	lokomotywa (f)	[lɔkɔmɔ'tɪva]
tren (m) de vapor	parowóz (m)	[pa'rɔvus]

coche (m)	wagon (m)	['vagɔn]
coche (m) restaurante	wagon (m) restauracyjny	['vagɔn rɛstaura't͡sɪjnɪ]

rieles (m pl)	szyny (pl)	['ʃɪnɪ]
ferrocarril (m)	kolej (f)	['kɔlej]
traviesa (f)	podkład (m)	['pɔtkwat]

plataforma (f)	peron (m)	['pɛrɔn]
vía (f)	tor (m)	[tɔr]
semáforo (m)	semafor (m)	[sɛ'mafɔr]
estación (f)	stacja (f)	['stat͡sʰja]

maquinista (m)	maszynista (m)	[maʃɪ'nista]
maletero (m)	tragarz (m)	['tragaʃ]
mozo (m) del vagón	konduktor (m)	[kɔn'duktɔr]
pasajero (m)	pasażer (m)	[pa'saʒɛr]
revisor (m)	kontroler (m)	[kɔnt'rɔler]

corredor (m)	korytarz (m)	[kɔ'rɪtaʃ]
freno (m) de urgencia	hamulec (m) bezpieczeństwa	[ha'mulet͡s bɛzpet'ʃɛɲstfa]

compartimiento (m)	przedział (m)	['pʃɛd͡ʑaw]
litera (f)	łóżko (n)	['wuʃkɔ]
litera (f) de arriba	łóżko (n) górne	['wuʃkɔ 'gurnɛ]
litera (f) de abajo	łóżko (n) dolne	['wuʃkɔ 'dɔʎnɛ]
ropa (f) de cama	pościel (f)	['pɔɕt͡ʃeʎ]

billete (m)	bilet (m)	['bilet]
horario (m)	rozkład (m) jazdy	['rɔskwad 'jazdɪ]
pantalla (f) de información	tablica (f) informacyjna	[tab'litsa informa't͡sɪjna]

partir (vi)	odjeżdżać	[ɔdʰ'ed͡ʒat͡ʃ]
partida (f) (del tren)	odjazd (m)	['ɔdʰjast]

llegar (tren)	wjeżdżać	['vʰed͡ʒat͡ʃ]
llegada (f)	przybycie (n)	[pʃɪ'bɪt͡ʃe]

llegar en tren	przyjechać pociągiem	[pʃɪ'ehat͡ʃ pɔt͡ʃɔ̃gem]
tomar el tren	wsiąść do pociągu	[fɕɔ̃ɕt͡ɕ dɔ pɔt͡ʃɔ̃gu]
bajar del tren	wysiąść z pociągu	['vɪɕɔ̃ɕt͡ɕ s pɔt͡ʃɔ̃gu]

descarrilamiento (m)	katastrofa (f)	[katast'rɔfa]
tren (m) de vapor	parowóz (m)	[pa'rɔvus]
fogonero (m)	palacz (m)	['paʎat͡ʃ]
hogar (m)	palenisko (n)	[pale'niskɔ]
carbón (m)	węgiel (m)	['vɛŋeʎ]

143. El barco

buque (m)	statek (m)	['statɛk]
navío (m)	okręt (m)	['ɔkrɛ̃t]
buque (m) de vapor	parowiec (m)	[pa'rɔvʲɛts]
motonave (m)	motorowiec (m)	[mɔtɔ'rɔvʲɛts]
trasatlántico (m)	liniowiec (m)	[li'ɲɔvʲɛts]
crucero (m)	krążownik (m)	[krɔ̃'ʒɔvnik]
yate (m)	jacht (m)	[jaht]
remolcador (m)	holownik (m)	[hɔ'lɔvnik]
barcaza (f)	barka (f)	['barka]
ferry (m)	prom (m)	[prɔm]
velero (m)	żaglowiec (m)	[ʒag'lɔvʲɛts]
bergantín (m)	brygantyna (f)	[brɨgan'tɨna]
rompehielos (m)	lodołamacz (m)	[lɔdɔ'wamatʃ]
submarino (m)	łódź (f) podwodna	[wutʃ pɔd'vɔdna]
bote (m) de remo	łódź (f)	[wutʃ]
bote (m)	szalupa (f)	[ʃa'lɨpa]
bote (m) salvavidas	szalupa (f)	[ʃa'lɨpa]
lancha (f) motora	motorówka (f)	[mɔtɔ'rufka]
capitán (m)	kapitan (m)	[ka'pitan]
marinero (m)	marynarz (m)	[ma'rɨnaʃ]
marino (m)	marynarz (m)	[ma'rɨnaʃ]
tripulación (f)	załoga (f)	[za'wɔga]
contramaestre (m)	bosman (m)	['bɔsman]
grumete (m)	chłopiec (m) okrętowy	['hwɔpʲɛts ɔkrɛ̃'tɔvɨ]
cocinero (m) de a bordo	kucharz (m) okrętowy	['kuhaʃ ɔkrɛ̃'tɔvɨ]
médico (m) del buque	lekarz (m) okrętowy	['lekaʃ ɔkrɛ̃'tɔvɨ]
cubierta (f)	pokład (m)	['pɔkwat]
mástil (m)	maszt (m)	[maʃt]
vela (f)	żagiel (m)	['ʒagʲɛʎ]
bodega (f)	ładownia (f)	[wa'dɔvɲa]
proa (f)	dziób (m)	[dʑyp]
popa (f)	rufa (f)	['rufa]
remo (m)	wiosło (n)	['vʲɔswɔ]
hélice (f)	śruba (f) napędowa	['ɕruba napɛ̃'dɔva]
camarote (m)	kajuta (f)	[ka'juta]
sala (f) de oficiales	mesa (f)	['mɛsa]
sala (f) de máquinas	maszynownia (f)	[maʃɨ'nɔvɲa]
puente (m) de mando	mostek (m) kapitański	['mɔstɛk kapi'taɲski]
sala (f) de radio	radiokabina (f)	[radʲɔka'bina]
onda (f)	fala (f)	['faʎa]
cuaderno (m) de bitácora	dziennik (m) pokładowy	['dʑɛɲik pɔkwa'dɔvɨ]
anteojo (m)	luneta (f)	[ly'nɛta]
campana (f)	dzwon (m)	[dzvɔn]

bandera (f)	bandera (f)	[ban'dɛra]
cabo (m) (maroma)	lina (f)	['lina]
nudo (m)	węzeł (m)	['vɛnzɛw]

| pasamano (m) | poręcz (f) | ['pɔrɛ̃ʧ] |
| pasarela (f) | trap (m) | [trap] |

ancla (f)	kotwica (f)	[kɔt'fitsa]
levar ancla	podnieść kotwicę	['pɔdnɛʨ kɔt'fitsɛ̃]
echar ancla	zarzucić kotwicę	[za'ʒuʧiʧ kɔt'fitsɛ̃]
cadena (f) del ancla	łańcuch (m) kotwicy	['waɲʦuh kɔt'fitsɪ]

puerto (m)	port (m)	[pɔrt]
embarcadero (m)	nabrzeże (n)	[nab'ʒɛʒɛ]
amarrar (vt)	cumować	[ʦu'mɔvaʧ]
desamarrar (vt)	odbijać	[ɔd'bijaʧ]

viaje (m)	podróż (f)	['pɔdruʃ]
crucero (m) (viaje)	podróż (f) morska	['pɔdruʃ 'mɔrska]
derrota (f) (rumbo)	kurs (m)	[kurs]
itinerario (m)	trasa (f)	['trasa]

canal (m) navegable	tor (m) wodny	[tɔr 'vɔdnɪ]
bajío (m)	mielizna (f)	[me'lizna]
encallar (vi)	osiąść na mieliźnie	['ɔɕɔ̃ɕʧ na me'liʑne]

tempestad (f)	sztorm (m)	[ʃtɔrm]
señal (f)	sygnał (m)	['sɪgnaw]
hundirse (vr)	tonąć	['tɔɔɲʧ]
SOS	SOS	[ɛs ɔ ɛs]
aro (m) salvavidas	koło (n) ratunkowe	['kɔwɔ ratu'ŋkɔvɛ]

144. El aeropuerto

aeropuerto (m)	port (m) lotniczy	[pɔrt lɔt'niʧɪ]
avión (m)	samolot (m)	[sa'mɔlɔt]
compañía (f) aérea	linie (pl) lotnicze	['liɲje lɔt'niʧɛ]
controlador (m) aéreo	kontroler (m) lotów	[kɔnt'rɔler 'lɔtuf]

despegue (m)	odlot (m)	['ɔdlɔt]
llegada (f)	przylot (m)	['pʃilɔt]
llegar (en avión)	przylecieć	[pʃɪ'leʧeʧ]

| hora (f) de salida | godzina (f) odlotu | [gɔ'dʑina ɔd'lɔtu] |
| hora (f) de llegada | godzina (f) przylotu | [gɔ'dʑina pʃɪ'lɔtu] |

| retrasarse (vr) | opóźniać się | [ɔ'puʑɲaʧ ɕɛ̃] |
| retraso (m) de vuelo | opóźnienie (n) odlotu | [ɔpuʑ'nene ɔd'lɔtu] |

pantalla (f) de información	tablica (f) informacyjna	[tab'litsa informa'ʦɪjna]
información (f)	informacja (f)	[infɔr'maʦʰja]
anunciar (vt)	ogłaszać	[ɔg'waʃaʧ]
vuelo (m)	lot (m)	['lɔt]
aduana (f)	urząd (m) celny	['uʒɔ̃t 'ʦɛʎnɪ]

aduanero (m)	celnik (m)	['tsɛʎnik]
declaración (f) de aduana	deklaracja (f)	[dɛkʎa'ratsʰja]
rellenar la declaración	wypełnić deklarację	[vɪ'pɛwnitʃ dɛkʎa'ratsʰɛ̃]
control (m) de pasaportes	odprawa (f) paszportowa	[ɔtp'rava paʃpɔr'tɔva]

equipaje (m)	bagaż (m)	['bagaʃ]
equipaje (m) de mano	bagaż (m) podręczny	['bagaʃ pɔd'rɛntʃnɪ]
objetos perdidos (oficina)	poszukiwanie (n) bagażu	[pɔʃuki'vane ba'gaʒu]
carrito (m) de equipaje	wózek (m) bagażowy	['vuzɛk baga'ʒɔvɪ]

aterrizaje (m)	lądowanie (n)	[lɔ̃dɔ'vane]
pista (f) de aterrizaje	pas (m) startowy	[pas star'tɔvɪ]
aterrizar (vi)	lądować	[lɔ̃'dɔvatʃ]
escaleras (f pl) (de avión)	schody (pl) do samolotu	['shɔdɪ dɔ samɔ'lɔtu]

facturación (f) (check-in)	odprawa (f) biletowa	[ɔtp'rava bile'tɔva]
mostrador (m) de facturación	stanowisko (n) odprawy	[stanɔ'viskɔ ɔtp'ravɪ]
hacer el check-in	zgłosić się do odprawy	['zgwɔɕitʃ ɕɛ̃ dɔ ɔtp'ravɪ]
tarjeta (f) de embarque	karta (f) pokładowa	['karta pɔkwa'dɔva]
puerta (f) de embarque	wyjście (n) do odprawy	['vɪjɕtʃe dɔ ɔtp'ravɪ]

tránsito (m)	tranzyt (m)	['tranzɪt]
esperar (aguardar)	czekać	['tʃɛkatʃ]
zona (f) de preembarque	poczekalnia (f)	[pɔtʃɛ'kaʎɲa]
despedir (vt)	odprowadzać	[ɔtprɔ'vadzatʃ]
despedirse (vr)	żegnać się	['ʒɛgnatʃ ɕɛ̃]

145. La bicicleta. La motocicleta

bicicleta (f)	rower (m)	['rɔvɛr]
scooter (f)	skuter (m)	['skutɛr]
motocicleta (f)	motocykl (m)	[mɔ'tɔtsɪkʎ]

ir en bicicleta	jechać na rowerze	['ehatʃ na rɔ'vɛʒɛ]
manillar (m)	kierownica (f)	[kerɔv'nitsa]
pedal (m)	pedał (m)	['pɛdaw]
frenos (m pl)	hamulce (pl)	[ha'muʎtsɛ]
sillín (m)	siodełko (n)	[ɕɔ'dɛwkɔ]

bomba (f)	pompka (f)	['pɔmpka]
portaequipajes (m)	bagażnik (m)	[ba'gaʒnik]
linterna (f)	lampa (f)	['ʎampa]
casco (m)	kask (m)	[kask]

rueda (f)	koło (n)	['kɔwɔ]
guardabarros (m)	błotnik (m)	['bwɔtnik]
llanta (f)	obręcz (f)	['ɔbrɛ̃tʃ]
rayo (m)	szprycha (f)	['ʃprɪha]

Los coches

146. Tipos de carros

coche (m)	samochód (m)	[sa'mɔhut]
coche (m) deportivo	samochód (m) sportowy	[sa'mɔhut spɔr'tɔvɪ]
limusina (f)	limuzyna (f)	[limu'zɪna]
todoterreno (m)	samochód (m) terenowy	[sa'mɔhut tɛrɛ'nɔvɪ]
cabriolé (m)	kabriolet (m)	[kabrʰ'ɔlet]
microbús (m)	mikrobus (m)	[mik'rɔbus]
ambulancia (f)	karetka (f) pogotowia	[ka'rɛtka pɔgɔ'tɔvʲa]
quitanieves (m)	odśnieżarka (f)	[ɔtɕne'ʒarka]
camión (m)	ciężarówka (f)	[tɕɛ̃ʒa'rufka]
camión (m) cisterna	samochód-cysterna (f)	[sa'mɔhut tsɪs'tɛrna]
camioneta (f)	furgon (m)	['furgɔn]
remolcador (m)	ciągnik (m) siodłowy	['tɕɔ̃gnik sʲɔd'wɔvɪ]
remolque (m)	przyczepa (f)	[pʃɪt'ʃɛpa]
confortable (adj)	komfortowy	[kɔmfɔr'tɔvɪ]
de ocasión (adj)	używany	[uʒɪ'vanɪ]

147. Los carros. Taller de pintura

capó (m)	maska (f)	['maska]
guardabarros (m)	błotnik (m)	['bwɔtnik]
techo (m)	dach (m)	[dah]
parabrisas (m)	szyba (f) przednia	['ʃɪba 'pʃɛdɲa]
espejo (m) retrovisor	lusterko (n) wsteczne	[lys'tɛrkɔ 'fstɛtʃnɛ]
limpiador (m)	spryskiwacz (m)	[sprɪs'kivatʃ]
limpiaparabrisas (m)	wycieraczki (pl)	[vɪtɕe'ratʃki]
ventana (f) lateral	szyba (f) boczna	['ʃɪba 'bɔtʃna]
elevalunas (m)	podnośnik (m) szyby	[pɔd'nɔɕnik 'ʃɪbɪ]
antena (f)	antena (f)	[an'tɛna]
techo (m) solar	szyberdach (m)	[ʃɪberdah]
parachoques (m)	zderzak (m)	['zdɛʒak]
maletero (m)	bagażnik (m)	[ba'gaʒnik]
puerta (f)	drzwi (f)	[dʒvi]
tirador (m) de puerta	klamka (f)	['kʎamka]
cerradura (f)	zamek (m)	['zamɛk]
matrícula (f)	tablica (f) rejestracyjna	[tab'litsa rejestra'tsɪjna]
silenciador (m)	tłumik (m)	['twumik]

| tanque (m) de gasolina | zbiornik (m) paliwa | ['zbɜrnik pa'liva] |
| tubo (m) de escape | rura (f) wydechowa | ['rura vɪdɛ'hɔva] |

acelerador (m)	gaz (m)	[gas]
pedal (m)	pedał (m)	['pɛdaw]
pedal (m) de acelerador	pedał (m) gazu	['pɛdaw 'gazu]

freno (m)	hamulec (m)	[ha'mulets]
pedal (m) de freno	pedał (m) hamulca	['pɛdaw ha'muʎtsa]
frenar (vi)	hamować	[ha'mɔvatʃ]
freno (m) de mano	hamulec (m) postojowy	[ha'mulets pɔstɔɜvɪ]

embrague (m)	sprzęgło (n)	['spʃɛŋwɔ]
pedal (m) de embrague	pedał (m) sprzęgła	['pɛdaw 'spʃɛŋwa]
disco (m) de embrague	tarcza (f) sprzęgła	['tartʃa 'spʃɛŋwa]
amortiguador (m)	amortyzator (m)	[amɔrtɪ'zatɔr]

rueda (f)	koło (n)	['kɔwɔ]
rueda (f) de repuesto	koło (n) zapasowe	['kɔwɔ zapa'sɔvɛ]
neumático (m)	opona (f)	[ɔ'pɔna]
tapacubo (m)	kołpak (m)	['kɔwpak]

ruedas (f pl) motrices	koła (pl) napędowe	['kɔwa napɛ̃'dɔvɛ]
de tracción delantera	z napędem	[z na'pɛndɛm
	na przednie koła	na 'pʃɛdne 'kɔwa]
de tracción trasera	z napędem na tylne koła	[z na'pɛndɛm na 'tɪʎnɛ 'kɔwa]
de tracción integral	z napędem na cztery koła	[z na'pɛndɛm na 'tʃtɛrɪ 'kɔwa]

caja (f) de cambios	skrzynia (f) biegów	['skʃɪɲa 'beguf]
automático (adj)	automatyczny	[autɔma'tɪtʃnɪ]
mecánico (adj)	mechaniczny	[mɛha'nitʃnɪ]
palanca (f) de cambios	dźwignia (f) skrzyni biegów	['dʒivigɲa 'skʃini 'beguf]

| faro (m) delantero | reflektor (m) | [rɛf'lektɔr] |
| faros (m pl) | światła (pl) | ['ɕfiatwa] |

luz (f) de cruce	światła (pl) mijania	['ɕfiatwa mi'jaɲa]
luz (f) de carretera	światła (pl) drogowe	['ɕfiatwa drɔ'gɔvɛ]
luz (f) de freno	światła (pl) hamowania	['ɕfiatwa hamɔ'vaɲa]

luz (f) de posición	światła (pl) obrysowe	['ɕfiatwa ɔbrɪ'sɔvɛ]
luces (f pl) de emergencia	światła (pl) awaryjne	['ʃfiatwa ava'rɪjnɛ]
luces (f pl) antiniebla	światła (pl) przeciwmgielne	['ʃfiatwa pʃɛtʃivm'geʎnɛ]
intermitente (m)	migacz (m)	['migatʃ]
luz (f) de marcha atrás	światła (pl) cofania	['ɕfiatwa tsɔ'faɲa]

148. Los carros. El compartimento de pasajeros

habitáculo (m)	wewnątrz (m) samochodu	['vevnɔ̃tʃ samɔ'hɔdu]
de cuero (adj)	skórzany	[sku'ʒanɪ]
de felpa (adj)	welurowy	[vɛly'rɔvɪ]
revestimiento (m)	obicie (n)	[ɔ'bitʃe]
instrumento (m)	przyrząd (m)	['pʃɪʒɔ̃t]
salpicadero (m)	deska (f) rozdzielcza	['dɛska rɔz'dʒeʎtʃa]

135

| velocímetro (m) | prędkościomierz (m) | [prɛ̃tkɔɕ'ʧɔmeʃ] |
| aguja (f) | strzałka (f) | ['stʃawka] |

cuentakilómetros (m)	licznik (m)	['liʧnik]
indicador (m)	czujnik (m)	['ʧujnik]
nivel (m)	poziom (m)	['pɔʒɔm]
testigo (m) (~ luminoso)	lampka (f)	['ʎampka]

volante (m)	kierownica (f)	[kerɔv'niʦa]
bocina (f)	klakson (m)	['kʎaksɔn]
botón (m)	przycisk (m)	['pʃiʧisk]
interruptor (m)	przełącznik (m)	[pʃɛ'wɔ̃ʧnik]

asiento (m)	siedzenie (n)	[ɕe'dzɛne]
respaldo (m)	oparcie (n)	[ɔ'parʧe]
reposacabezas (m)	zagłówek (m)	[zag'wuvɛk]
cinturón (m) de seguridad	pas (m) bezpieczeństwa	[pas bɛspet'ʃɛɲstfa]
abrocharse el cinturón	zapiąć pasy	['zapɔ̃ʨ 'pasɨ]
reglaje (m)	regulacja (f)	[rɛgu'ʎaʦʰja]

| bolsa (f) de aire (airbag) | poduszka (f) powietrzna | [pɔ'duʃka pɔ'vetʃna] |
| climatizador (m) | klimatyzator (m) | [klimatɨ'zatɔr] |

radio (f)	radio (n)	['radʰʒ]
lector (m) de CD	odtwarzacz CD (m)	[ɔtt'vaʒaʧ si di]
encender (vt)	włączyć	['vwɔ̃ʧiʧ]
antena (f)	antena (f)	[an'tɛna]
guantera (f)	schowek (m)	['shɔvɛk]
cenicero (m)	popielniczka (f)	[pɔpeʎ'niʧka]

149. Los carros. El motor

motor (m)	motor, silnik (m)	['mɔtɔr], ['ɕiʎnik]
diesel (adj)	dieslowy	[diz'lɜvɨ]
a gasolina (adj)	benzynowy	[bɛnzɨ'nɔvɨ]

volumen (m) del motor	pojemność (f) silnika	[pɔ'emnɔɕʧ ɕiʎ'nika]
potencia (f)	moc (f)	[mɔʦ]
caballo (m) de fuerza	koń (m) mechaniczny	[kɔɲ mɛha'niʧnɨ]
pistón (m)	tłok (m)	[twɔk]
cilindro (m)	cylinder (m)	[ʦɨ'lindɛr]
válvula (f)	zastawka (f)	[zas'tafka]

inyector (m)	wtryskiwacz (m)	[ftrɨs'kivaʧ]
generador (m)	generator (m)	[gɛnɛ'ratɔr]
carburador (m)	gaźnik (m)	['gazʲnik]
aceite (m) de motor	olej (m) silnikowy	['ɔlej ɕiʎni'kɔvɨ]

radiador (m)	chłodnica (f)	[hwɔd'niʦa]
liquido (m) refrigerante	płyn (m) chłodniczy	[pwɨn hwɔ'dzɔnʦɨ]
ventilador (m)	wentylator (m)	[vɛntɨ'ʎatɔr]

| batería (f) | akumulator (m) | [akumu'ʎatɔr] |
| estárter (m) | rozrusznik (m) | [rɔz'ruʃnik] |

| encendido (m) | zapłon (m) | ['zapwɔn] |
| bujía (f) de ignición | świeca (f) zapłonowa | ['ɕfetsa zapwɔ'nɔva] |

terminal (f)	zacisk (m)	['zatʃisk]
terminal (f) positiva	plus (m)	[plys]
terminal (f) negativa	minus (m)	['minus]
fusible (m)	bezpiecznik (m)	[bɛs'petʃnik]

filtro (m) de aire	filtr (m) powietrza	[fiʎtr pɔ'vetʃa]
filtro (m) de aceite	filtr (m) oleju	[fiʎtr ɔ'leju]
filtro (m) de combustible	filtr (m) paliwa	[fiʎtr pa'liva]

150. Los carros. Los choques. La reparación

accidente (m)	wypadek (m)	[vɪ'padɛk]
accidente (m) de tráfico	wypadek (m) drogowy	[vɪ'padɛk drɔ'gɔvɪ]
chocar contra ...	wjechać w ...	['vʰehatʃ v]
tener un accidente	stłuc się	[stwuts ɕɛ̃]
daño (m)	uszkodzenie (n)	[uʃkɔ'dzɛne]
intacto (adj)	nietknięty	[nietkni'ɛ̃tɪ]

| averiarse (vr) | zepsuć się | ['zɛpsutʃ ɕɛ̃] |
| remolque (m) (cuerda) | hol (m) | [hɔʎ] |

pinchazo (m)	przebita opona (f)	[pʃɛ'bita ɔ'pona]
desinflarse (vr)	spuścić	['spuɕtʃitʃ]
inflar (vt)	napompowywać	[napɔmpɔ'vɪvatʃ]
presión (f)	ciśnienie (n)	[tʃiɕ'nene]
verificar (vt)	skontrolować	[skɔntrɔ'lɜvatʃ]

reparación (f)	naprawa (f)	[nap'rava]
taller (m)	warsztat (m) samochodowy	['varʃtat samɔhɔ'dɔvɪ]
parte (f) de repuesto	część (f) zamienna	[tʃɛ̃ɕtʃ za'meŋa]
parte (f)	część (f)	[tʃɛ̃ɕtʃ]

perno (m)	śruba (f)	['ɕruba]
tornillo (m)	wkręt (m)	[fkrɛ̃t]
tuerca (f)	nakrętka (f)	[nak'rɛntka]
arandela (f)	podkładka (f)	[pɔtk'watka]
rodamiento (m)	łożysko (n)	[wɔ'ʒɪskɔ]

tubo (m)	rura (f)	['rura]
junta (f)	uszczelka (f)	[uʃt'ʃɛʎka]
hilo (m)	przewód (m)	['pʃɛvut]

gato (m)	podnośnik (m)	[pɔd'nɔɕnik]
llave (f) de tuerca	klucz (m) francuski	[klytʃ fran'tsuski]
martillo (m)	młotek (m)	['mwɔtɛk]
bomba (f)	pompka (f)	['pɔmpka]
destornillador (m)	śrubokręt (m)	[ɕru'bɔkrɛ̃t]

extintor (m)	gaśnica (f)	[gaɕ'nitsa]
triángulo (m) de avería	trójkąt (m) odblaskowy	['trujkɔ̃t ɔdbʎas'kɔvɪ]
calarse (vr)	gasnąć	['gasnɔ̃tʃ]

| parada (f) (del motor) | wyłączenie (n) | [vɪwɔt'ʃɛne] |
| estar averiado | być złamanym | [bɨtʃ zwa'manɨm] |

recalentarse (vr)	przegrzać się	['pʃɛgʒatʃ ɕɛ̃]
estar atascado	zapchać się	['zaphatʃ ɕɛ̃]
congelarse (vr)	zamarznąć	[za'marznɔ̃tʃ]
reventar (vi)	pęknąć	['pɛŋknɔ̃tʃ]

presión (f)	ciśnienie (n)	[tʃiɕ'nene]
nivel (m)	poziom (m)	['pɔʒʒm]
flojo (correa ~a)	słaby	['swabɨ]

abolladura (f)	wgniecenie (n)	[vgne'tʃene]
ruido (m) (en el motor)	pukanie (n)	[pu'kane]
grieta (f)	rysa (f)	['rɨsa]
rozadura (f)	zadrapanie (n)	[zadra'pane]

151. Los carros. La calle

camino (m)	droga (f)	['drɔga]
autovía (f)	autostrada (f)	[autɔst'rada]
carretera (f)	szosa (f)	['ʃɔsa]
dirección (f)	kierunek (m)	[ke'runɛk]
distancia (f)	odległość (f)	[ɔd'legwɔɕtʃ]

puente (m)	most (m)	[mɔst]
aparcamiento (m)	parking (m)	['parkiŋk]
plaza (f)	plac (m)	[pʎats]
intercambiador (m)	skrzyżowanie (n)	[skʃiʒɔ'vane]
túnel (m)	tunel (m)	['tunɛʎ]

gasolinera (f)	stacja (f) benzynowa	['statsʰja bɛnzɨ'nɔva]
aparcamiento (m)	parking (m)	['parkiŋk]
surtidor (m)	pompa (f) benzynowa	['pɔmpa bɛnzɨ'nɔva]
taller (m)	warsztat (m) samochodowy	['varʃtat samɔhɔ'dɔvɨ]
cargar gasolina	zatankować	[zata'ŋkɔvatʃ]
combustible (m)	paliwo (n)	[pa'livɔ]
bidón (m) de gasolina	kanister (m)	[ka'nistɛr]

asfalto (m)	asfalt (m)	['asfaʎt]
señalización (f) vial	oznakowanie (n)	[ɔznakɔ'vane]
bordillo (m)	krawężnik (m)	[kra'vɛnʒnik]
barrera (f) de seguridad	ogrodzenie (n)	[ɔgrɔ'dzɛne]
cuneta (f)	rów (m) boczny	[ruf 'bɔtʃnɨ]
borde (m) de la carretera	pobocze (n)	[pɔ'bɔtʃɛ]
farola (f)	słup (m)	[swup]

conducir (vi, vt)	prowadzić	[prɔ'vadʒitʃ]
girar (~ a la izquierda)	skręcać	['skrɛntsatʃ]
dar la vuelta en U	zawracać	[zav'ratsatʃ]
marcha (f) atrás	bieg (m) wsteczny	[bek 'fstɛtʃnɨ]

| tocar la bocina | trąbić | ['trɔ̃bitʃ] |
| bocinazo (m) | sygnał (m) | ['sɨgnaw] |

atascarse (vr)	utknąć	['utknɔ̃ʧ]
patinar (vi)	buksować	[buk'sɔvaʧ]
parar (el motor)	gasić	['gaɕiʧ]

velocidad (f)	szybkość (f)	['ʃɪpkɔɕʧ]
exceder la velocidad	przekroczyć prędkość	[pʃɛk'rɔʧiʧ 'prɛntkɔɕʧ]
multar (vt)	karać grzywną	['karaʧ 'gʒɪvnɔ̃]
semáforo (m)	światła (pl)	['ɕfʲatwa]
permiso (m) de conducir	prawo (n) jazdy	['pravɔ 'jazdɪ]

paso (m) a nivel	przejazd (m) kolejowy	['pʃɛjast kɔle'jɔvɪ]
cruce (m)	skrzyżowanie (n)	[skʃɪʒɔ'vane]
paso (m) de peatones	przejście (n) dla pieszych	['pʃɛjɕʨe dʎa 'peʃih]
curva (f)	zakręt (m)	['zakrɛ̃t]
zona (f) de peatones	strefa (f) dla pieszych	['strɛfa dʎa 'peʃih]

LA GENTE. ACONTECIMIENTOS DE LA VIDA

Acontecimentos de la vida

152. Los días festivos. Los eventos

fiesta (f)	święto (n)	['ɕfɛntɔ]
fiesta (f) nacional	święto (n) państwowe	['ɕfɛntɔ paɲst'fɔvɛ]
día (m) de fiesta	dzień (m) świąteczny	[dʑɛɲ ɕfɔ'tɛtʃnɪ]
festejar (vt)	świętować	[ɕfɛ̃'tɔvatʃ]
evento (m)	wydarzenie (n)	[vɪda'ʒɛne]
medida (f)	impreza (f)	[imp'rɛza]
banquete (m)	bankiet (m)	['baŋket]
recepción (f)	przyjęcie (n)	[pʃɪ'ɛtʃe]
festín (m)	uczta (f)	['utʃta]
aniversario (m)	rocznica (f)	[rɔtʃ'nitsa]
jubileo (m)	jubileusz (m)	[jubi'leuʃ]
celebrar (vt)	obchodzić	[ɔp'hɔdʑitʃ]
Año (m) Nuevo	Nowy Rok (m)	['nɔvɪ rɔk]
¡Feliz Año Nuevo!	Szczęśliwego Nowego Roku!	[ʃtʃɛɲɕli'vɛgɔ nɔ'vɛgɔ 'rɔku]
Navidad (f)	Boże Narodzenie (n)	['bɔʒɛ narɔ'dzɛne]
¡Feliz Navidad!	Wesołych Świąt!	[vɛ'sɔwɪh ɕfɔt]
árbol (m) de Navidad	choinka (f)	[hɔ'iŋka]
fuegos (m pl) artificiales	sztuczne ognie (pl)	['ʃtutʃne 'ɔgne]
boda (f)	wesele (n)	[vɛ'sɛle]
novio (m)	narzeczony (m)	[naʒɛt'ʃɔnɪ]
novia (f)	narzeczona (f)	[naʒɛt'ʃɔna]
invitar (vt)	zapraszać	[zap'raʃatʃ]
tarjeta (f) de invitación	zaproszenie (n)	[zaprɔ'ʃɛne]
invitado (m)	gość (m)	[gɔɕtʃ]
visitar (vt) (a los amigos)	iść w gości	[iɕtʃ v 'gɔɕtʃi]
recibir a los invitados	witać gości	['vitatʃ 'gɔɕtʃi]
regalo (m)	prezent (m)	['prɛzɛnt]
regalar (vt)	dawać w prezencie	['davatʃ f prɛ'zɛɲtʃe]
recibir regalos	dostawać prezenty	[dɔs'tavatʃ prɛ'zɛntɪ]
ramo (m) de flores	bukiet (m)	['buket]
felicitación (f)	gratulacje (pl)	[gratu'ʎatsʰe]
felicitar (vt)	gratulować	[gratu'lɔvatʃ]
tarjeta (f) de felicitación	kartka (f) z życzeniami	['kartka z ʒɪtʃɛ'ɲami]

| enviar una tarjeta | wysłać kartkę | ['vɪswatʃ 'kartkɛ̃] |
| recibir una tarjeta | dostać kartkę | ['dɔstatʃ kartkɛ̃] |

brindis (m)	toast (m)	['tɔast]
ofrecer (~ una copa)	częstować	[tʃɛ̃s'tɔvatʃ]
champaña (f)	szampan (m)	['ʃampan]

divertirse (vr)	bawić się	['bavitʃ ɕɛ̃]
diversión (f)	zabawa (f)	[za'bava]
alegría (f) (emoción)	radość (f)	['radɔɕtʃ]

| baile (m) | taniec (m) | ['tanɛts] |
| bailar (vi, vt) | tańczyć | ['taɲtʃɪtʃ] |

| vals (m) | walc (m) | ['vaʎts] |
| tango (m) | tango (n) | ['taŋɔ] |

153. Los funerales. El entierro

cementerio (m)	cmentarz (m)	['tsmɛntaʃ]
tumba (f)	grób (m)	[grup]
cruz (f)	krzyż (m)	[kʃɪʃ]
lápida (f)	nagrobek (m)	[nag'rɔbɛk]
verja (f)	ogrodzenie (n)	[ɔgrɔ'dzɛne]
capilla (f)	kaplica (f)	[kap'litsa]

muerte (f)	śmierć (f)	[ɕmɛrtʃ]
morir (vi)	umrzeć	['umʒɛtʃ]
difunto (m)	zmarły (m)	['zmarvɪ]
luto (m)	żałoba (f)	[ʒa'wɔba]

enterrar (vt)	chować	['hɔvatʃ]
funeraria (f)	zakład (m) pogrzebowy	['zakwat pɔgʒɛ'bɔvɪ]
entierro (m)	pogrzeb (m)	['pɔgʒɛp]

corona (f) funeraria	wieniec (m)	['venɛts]
ataúd (m)	trumna (f)	['trumna]
coche (m) fúnebre	karawan (m)	[ka'ravan]
mortaja (f)	całun (m)	['tsawun]

| urna (f) funeraria | urna (f) pogrzebowa | ['urna pɔgʒɛ'bɔva] |
| crematorio (m) | krematorium (m) | [krɛma'tɔrʲjum] |

necrología (f)	nekrolog (m)	[nɛk'rɔlɔk]
llorar (vi)	płakać	['pwakatʃ]
sollozar (vi)	szlochać	['ʃlɔhatʃ]

154. La guerra. Los soldados

sección (f)	pluton (m)	['plyton]
compañía (f)	rota (f)	['rɔta]
regimiento (m)	pułk (m)	[puwk]

| ejército (m) | armia (f) | ['armʰja] |
| división (f) | dywizja (f) | [dɪ'vizʰja] |

| destacamento (m) | oddział (m) | ['ɔddʑʲaw] |
| hueste (f) | wojsko (n) | ['vɔjskɔ] |

| soldado (m) | żołnierz (m) | ['ʒɔwneʃ] |
| oficial (m) | oficer (m) | [ɔ'fitsɛr] |

soldado (m) raso	szeregowy (m)	[ʃɛrɛ'gɔvɪ]
sargento (m)	sierżant (m)	['ɕerʒant]
teniente (m)	podporucznik (m)	[pɔtpɔ'rutʃnik]
capitán (m)	kapitan (m)	[ka'pitan]
mayor (m)	major (m)	['majɔr]

| coronel (m) | pułkownik (m) | [puw'kɔvnik] |
| general (m) | generał (m) | [gɛ'nɛraw] |

marino (m)	marynarz (m)	[ma'rɪnaʃ]
capitán (m)	kapitan (m)	[ka'pitan]
contramaestre (m)	bosman (m)	['bɔsman]

artillero (m)	artylerzysta (m)	[artile'ʒɪsta]
paracaidista (m)	desantowiec (m)	[dɛsan'tɔveʦ]
piloto (m)	lotnik (m)	['lɔtnik]

| navegador (m) | nawigator (m) | [navi'gatɔr] |
| mecánico (m) | mechanik (m) | [mɛ'hanik] |

| zapador (m) | saper (m) | ['sapɛr] |
| paracaidista (m) | spadochroniarz (m) | [spadɔh'rɔɲaʃ] |

| explorador (m) | zwiadowca (m) | [zvʲa'dɔfʦa] |
| francotirador (m) | snajper (m) | ['snajpɛr] |

patrulla (f)	patrol (m)	['patrɔʎ]
patrullar (vi, vt)	patrolować	[patrɔ'lɔvaʨ]
centinela (m)	wartownik (m)	[var'tɔvnik]

| guerrero (m) | wojownik (m) | [vɔʒɔvnik] |
| héroe (m) | bohater (m) | [bɔ'hatɛr] |

| heroína (f) | bohaterka (f) | [bɔha'tɛrka] |
| patriota (m) | patriota (m) | [patrʰɔta] |

traidor (m)	zdrajca (m)	['zdrajʦa]
desertor (m)	dezerter (m)	[dɛ'zɛrtɛr]
desertar (vi)	dezerterować	[dɛzɛrtɛ'rɔvaʨ]

mercenario (m)	najemnik (m)	[na'emnik]
recluta (m)	rekrut (m)	['rɛkrut]
voluntario (m)	ochotnik (m)	[ɔ'hɔtnik]

muerto (m)	zabity (m)	[za'bitɪ]
herido (m)	ranny (m)	['raɲɪ]
prisionero (m)	jeniec (m)	['eneʦ]

155. La guerra. Las maniobras militares. Unidad 1

guerra (f)	wojna (f)	['vɔjna]
estar en guerra	wojować	[vɔʒvatʃ]
guerra (f) civil	wojna domowa (f)	['vɔjna dɔ'mɔva]
pérfidamente (adv)	wiarołomnie	[viarɔ'wɔmne]
declaración (f) de guerra	wypowiedzenie (n)	[vɪpɔve'dzɛne]
declarar (~ la guerra)	wypowiedzieć (~ wojnę)	[vɪpɔ'vedʒetʃ 'vɔjnɛ̃]
agresión (f)	agresja (f)	[ag'rɛsʰja]
atacar (~ a un país)	napadać	[na'padatʃ]
invadir (vt)	najeźdźać	[na'jezdʒiati]
invasor (m)	najeźdźca (m)	[na'eɕtsa]
conquistador (m)	zdobywca (m)	[zdɔ'bɪftsa]
defensa (f)	obrona (f)	[ɔb'rɔna]
defender (vt)	bronić	['brɔnitʃ]
defenderse (vr)	bronić się	['brɔnitʃ ɕɛ̃]
enemigo (m)	wróg (m)	[vruk]
adversario (m)	przeciwnik (m)	[pʃɛ'tʃivnik]
enemigo (adj)	wrogi	['vrɔgi]
estrategia (f)	strategia (f)	[stra'tɛgja]
táctica (f)	taktyka (f)	['taktɪka]
orden (f)	rozkaz (m)	['rɔskas]
comando (m)	komenda (f)	[kɔ'mɛnda]
ordenar (vt)	rozkazywać	[rɔska'zɪvatʃ]
misión (f)	zadanie (n)	[za'dane]
secreto (adj)	tajny	['tajnɪ]
batalla (f)	bitwa (f)	['bitfa]
combate (m)	bój (m)	[buj]
ataque (m)	atak (m)	['atak]
asalto (m)	szturm (m)	[ʃturm]
tomar por asalto	szturmować	[ʃtur'mɔvatʃ]
asedio (m), sitio (m)	oblężenie (n)	[ɔblɛ̃'ʒɛne]
ofensiva (f)	ofensywa (f)	[ɔfɛn'sɪva]
tomar la ofensiva	nacierać	[na'tʃeratʃ]
retirada (f)	odwrót (m)	['ɔdvrut]
retirarse (vr)	wycofywać się	[vɪtsɔ'fɪvatʃ ɕɛ̃]
envolvimiento (m)	okrążenie (n)	[ɔkrɔ̃'ʒɛne]
cercar (vt)	okrążyć	[ɔk'rɔ̃ʒiti]
bombardeo (m)	bombardowanie (n)	[bɔmbardɔ'vane]
lanzar una bomba	zrzucić bombę	['zʒutʃitʃ 'bɔmbɛ̃]
bombear (vt)	bombardować	[bɔmbar'dɔvatʃ]
explosión (f)	wybuch (m)	['vɪbuh]
tiro (m), disparo (m)	strzał (m)	[stʃaw]

disparar (vi)	wystrzelić	[vɪst'ʃɛliʧ]
tiroteo (m)	strzelanina (f)	[stʃɛʎa'nina]

apuntar a ...	celować	[ʦɛ'lɜvaʧ]
encarar (apuntar)	wycelować	[vɪʦɛ'lɜvaʧ]
alcanzar (el objetivo)	trafić	['trafiʧ]

hundir (vt)	zatopić	[za'tɔpiʧ]
brecha (f) (~ en el casco)	dziura (f)	['ʤyra]
hundirse (vr)	iść na dno	[iɕʧ na dnɔ]

frente (m)	front (m)	[frɔnt]
retaguardia (f)	tyły (pl)	['tɪwɪ]
evacuación (f)	ewakuacja (f)	[ɛvaku'aʦʰja]
evacuar (vt)	ewakuować	[ɛvaku'ɔvaʧ]

alambre (m) de púas	drut (m) kolczasty	[drut kɔʎt'ʃastɪ]
barrera (f) (~ antitanque)	zapora (f)	[za'pɔra]
torre (f) de vigilancia	wieża (f)	['veʒa]

hospital (m)	szpital (m)	['ʃpitaʎ]
herir (vt)	ranić	['raniʧ]
herida (f)	rana (f)	['rana]
herido (m)	ranny (m)	['raŋɪ]
recibir una herida	zostać rannym	['zɔstaʧ 'raŋɪm]
grave (herida)	ciężki	['ʧenʃki]

156. Las armas

arma (f)	broń (f)	[brɔɲ]
arma (f) de fuego	broń (f) palna	[brɔɲ 'paʎna]
arma (f) blanca	broń (f) biała	[brɔɲ 'biawa]

arma (f) química	broń (f) chemiczna	[brɔɲ hɛ'miʧna]
nuclear (adj)	nuklearny	[nukle'arnɪ]
arma (f) nuclear	broń (f) nuklearna	[brɔɲ nukle'arna]

bomba (f)	bomba (f)	['bɔmba]
bomba (f) atómica	bomba atomowa (f)	['bɔmba atɔ'mɔva]

pistola (f)	pistolet (m)	[pis'tɔlet]
fusil (m)	strzelba (f)	['stʃɛʎba]
metralleta (f)	automat (m)	[au'tɔmat]
ametralladora (f)	karabin (m) maszynowy	[ka'rabin maʃi'nɔvɪ]

boca (f)	wylot (m)	['vɪlɜt]
cañón (m) (del arma)	lufa (f)	['lyfa]
calibre (m)	kaliber (m)	[ka'libɛr]

gatillo (m)	spust (m)	[spust]
alza (f)	celownik (m)	[ʦɛ'lɜvnik]
cargador (m)	magazynek (m)	[maga'zɪnɛk]
culata (f)	kolba (f)	['kɔʎba]
granada (f) de mano	granat (m)	['granat]

explosivo (m)	ładunek (m) wybuchowy	[wa'dunɛk vɪbu'hɔvɪ]
bala (f)	kula (f)	['kuʎa]
cartucho (m)	nabój (m)	['nabuj]
carga (f)	ładunek (m)	[wa'dunɛk]
pertrechos (m pl)	amunicja (f)	[amu'nitsʰja]
bombardero (m)	bombowiec (m)	[bɔm'bɔvets]
avión (m) de caza	myśliwiec (m)	[mɪɕ'livets]
helicóptero (m)	helikopter (m)	[hɛli'kɔptɛr]
antiaéreo (m)	działo (n) przeciwlotnicze	['dʒʲawɔ pʃɛtʃiflɜt'nitʃɛ]
tanque (m)	czołg (m)	[tʃɔwk]
cañón (m) (de un tanque)	działo (n)	['dʒʲawɔ]
artillería (f)	artyleria (f)	[artɪ'lerʰja]
dirigir (un misil, etc.)	wycelować	[vɪtsɛ'lɜvatʃ]
obús (m)	pocisk (m)	['pɔtʃisk]
bomba (f) de mortero	pocisk (m) moździerzowy	['pɔtʃisk mɔzdzi'ʒɔvɪ]
mortero (m)	moździerz (m)	['mɔʒʲdʒeʃ]
trozo (m) de obús	odłamek (m)	[ɔd'wamɛk]
submarino (m)	łódź (f) podwodna	[wutʃ pɔd'vɔdna]
torpedo (m)	torpeda (f)	[tɔr'pɛda]
misil (m)	rakieta (f)	[ra'keta]
cargar (pistola)	ładować	[wa'dɔvatʃ]
tirar (vi)	strzelać	['stʃɛʎatʃ]
apuntar a ...	celować	[tsɛ'lɜvatʃ]
bayoneta (f)	bagnet (m)	['bagnɛt]
espada (f) (duelo a ~)	szpada (f)	['ʃpada]
sable (m)	szabla (f)	['ʃabʎa]
lanza (f)	kopia (f), włócznia (f)	['kɔpʰja], ['vwɔtʃna]
arco (m)	łuk (m)	[wuk]
flecha (f)	strzała (f)	['stʃawa]
mosquete (m)	muszkiet (m)	['muʃket]
ballesta (f)	kusza (f)	['kuʃa]

157. Los pueblos antiguos

primitivo (adj)	pierwotny	[per'vɔtnɪ]
prehistórico (adj)	prehistoryczny	[prɛhistɔ'rɪtʃnɪ]
antiguo (adj)	dawny	['davnɪ]
Edad (f) de Piedra	Epoka (f) kamienna	[ɛ'pɔka ka'meŋa]
Edad (f) de Bronce	Epoka (f) brązu	[ɛ'pɔka 'brɔ̃zu]
Edad (f) de Hielo	Epoka (f) lodowcowa	[ɛ'pɔka lɜdɔf'tsɔva]
tribu (f)	plemię (n)	['plemɛ̃]
caníbal (m)	kanibal (m)	[ka'nibaʎ]
cazador (m)	myśliwy (m)	[mɪɕ'livɪ]
cazar (vi, vt)	polować	[pɔ'lɜvatʃ]
mamut (m)	mamut (m)	['mamut]

145

caverna (f)	jaskinia (f)	[jas'kiɲa]
fuego (m)	ogień (m)	['ɔgeɲ]
hoguera (f)	ognisko (n)	[ɔg'niskɔ]
pintura (f) rupestre	malowidło (n) naskalne	[malɔ'vidwɔ nas'kaʎnɛ]

útil (m)	narzędzie (n) pracy	[na'ʒɛ̃dʑe 'pratsɪ]
lanza (f)	kopia (f), włócznia (f)	['kɔpʰja], ['vwɔtʃna]
hacha (f) de piedra	topór (m) kamienny	['tɔpur ka'meɲi]
estar en guerra	wojować	[vɔɔvatʃ]
domesticar (vt)	oswajać zwierzęta	[ɔs'fajatʃ zve'ʒɛnta]

ídolo (m)	bożek (m)	['bɔʒɛk]
adorar (vt)	czcić	[tʃtʃitʃ]
superstición (f)	przesąd (m)	['pʃɛsɔ̃t]
rito (m)	obrzęd (m)	['ɔbʒɛ̃t]

evolución (f)	ewolucja (f)	[ɛvɔ'lytsʰja]
desarrollo (m)	rozwój (m)	['rɔzvuj]
desaparición (f)	zniknięcie (n)	[znik'nɛ̃tʃe]
adaptarse (vr)	adaptować się	[adap'tɔvatʃ ɕɛ̃]

arqueología (f)	archeologia (f)	[arhɛɔ'lɔgʰja]
arqueólogo (m)	archeolog (m)	[arhɛ'ɔlɔk]
arqueológico (adj)	archeologiczny	[arhɛɔlɔ'gitʃnɪ]

sitio (m) de excavación	wykopaliska (pl)	[vɪkɔpa'liska]
excavaciones (f pl)	prace (pl) wykopaliskowe	['pratsɛ vɪkɔpalis'kɔvɛ]
hallazgo (m)	znalezisko (n)	[znale'ʑiskɔ]
fragmento (m)	fragment (m)	['fragmɛnt]

158. La edad media

pueblo (m)	naród (m)	['narut]
pueblos (m pl)	narody (pl)	[na'rɔdɪ]
tribu (f)	plemię (n)	['plemɛ̃]
tribus (f pl)	plemiona (pl)	[ple'mɔna]

bárbaros (m pl)	Barbarzyńcy (pl)	[barba'ʒɪɲtsɪ]
galos (m pl)	Gallowie (pl)	[gal'lɔve]
godos (m pl)	Goci (pl)	['gɔtʃi]
eslavos (m pl)	Słowianie (pl)	[swɔ'vʲane]
vikingos (m pl)	Wikingowie (pl)	[viki'ɲɔve]

romanos (m pl)	Rzymianie (pl)	[ʒɪ'mʲane]
romano (adj)	rzymski	['ʒɪmski]

bizantinos (m pl)	Bizantyjczycy (pl)	[bizantɪjt'ʃɪtsɪ]
Bizancio (m)	Bizancjum (n)	[bi'zantsʰjum]
bizantino (adj)	bizantyjski	[bizan'tijski]

emperador (m)	cesarz (m)	['tsɛsaʃ]
jefe (m)	wódz (m)	[vuts]
poderoso (adj)	potężny	[pɔ'tɛnʒnɪ]
rey (m)	król (m)	[kruʎ]

gobernador (m)	władca (m)	['vwattsa]
caballero (m)	rycerz (m)	['rɪtsɛʃ]
caballeresco (adj)	rycerski	[rɪ'tsɛrski]
señor (m) feudal	feudał (m)	[fɛ'udaw]
feudal (adj)	feudalny	[fɛu'daʎnɪ]
vasallo (m)	wasal (m)	['vasaʎ]
duque (m)	książę (m)	[kɕɔ̃ʒɛ̃]
conde (m)	hrabia (m)	['hrabʲa]
barón (m)	baron (m)	['barɔn]
obispo (m)	biskup (m)	['biskup]
armadura (f)	zbroja (f)	['zbrɔja]
escudo (m)	tarcza (f)	['tartʃa]
espada (f) (danza de ~s)	miecz (m)	[metʃ]
visera (f)	przyłbica (f)	[pʃiw'bitsa]
cota (f) de malla	kolczuga (f)	[kɔʎt'ʃuga]
cruzada (f)	wyprawa (f) krzyżowa	[vɪp'rava kʃɪ'ʒɔva]
cruzado (m)	krzyżak (m)	['kʃɪʒak]
territorio (m)	terytorium (n)	[tɛrɪ'tɔrʲjum]
atacar (~ a un país)	napadać	[na'padatʃ]
conquistar (vt)	zawojować	[zavɔɔvatʃ]
ocupar (invadir)	zająć	['zaɔ̃tʃ]
asedio (m), sitio (m)	oblężenie (n)	[ɔblɛ̃'ʒɛne]
sitiado (adj)	oblężony	[ɔblɛ̃'ʒɔnɪ]
asediar, sitiar (vt)	oblegać	[ɔb'legatʃ]
inquisición (f)	inkwizycja (f)	[iŋkfi'zɪtsʰja]
inquisidor (m)	inkwizytor (m)	[iŋkfi'zɪtɔr]
tortura (f)	tortury (pl)	[tɔr'turɪ]
cruel (adj)	okrutny	[ɔk'rutnɪ]
hereje (m)	heretyk (m)	[hɛ'rɛtɪk]
herejía (f)	herezja (f)	[hɛ'rɛzʰja]
navegación (f) marítima	nawigacja (f)	[navi'gatsʰja]
pirata (m)	pirat (m)	['pirat]
piratería (f)	piractwo (n)	[pi'ratstfɔ]
abordaje (m)	abordaż (m)	[a'bɔrdaʃ]
botín (m)	łup (m)	[wup]
tesoros (m pl)	skarby (pl)	['skarbɪ]
descubrimiento (m)	odkrycie (n)	[ɔtk'rɪtʃe]
descubrir (tierras nuevas)	odkryć	['ɔtkrɪtʃ]
expedición (f)	ekspedycja (f)	[ɛkspɛ'dɪtsʰja]
mosquetero (m)	muszkieter (m)	[muʃ'ketɛr]
cardenal (m)	kardynał (m)	[kar'dɪnaw]
heráldica (f)	heraldyka (f)	[hɛ'raʎdɪka]
heráldico (adj)	heraldyczny	[hɛraʎ'dɪtʃnɪ]

159. El líder. El jefe. Las autoridades

rey (m)	król (m)	[kruʎ]
reina (f)	królowa (f)	[kru'lɜva]
real (adj)	królewski	[kru'lefski]
reino (m)	królestwo (n)	[kru'lestʃɔ]
príncipe (m)	książę (m)	[kɕɔ̃ʒɛ̃]
princesa (f)	księżniczka (f)	[kɕɛ̃ʒ'nitʃka]
presidente (m)	prezydent (m)	[prɛ'zɪdɛnt]
vicepresidente (m)	wiceprezydent (m)	[vitsɛprɛ'zɪdɛnt]
senador (m)	senator (m)	[sɛ'natɔr]
monarca (m)	monarcha (m)	[mɔ'narha]
gobernador (m)	władca (m)	['vwattsa]
dictador (m)	dyktator (m)	[dɪk'tatɔr]
tirano (m)	tyran (m)	['tɪran]
magnate (m)	magnat (m)	['magnat]
director (m)	dyrektor (m)	[dɪ'rɛktɔr]
jefe (m)	szef (m)	[ʃɛf]
gerente (m)	kierownik (m)	[ke'rɔvnik]
amo (m)	szef (m)	[ʃɛf]
dueño (m)	właściciel (m)	[vwaɕ'tɕitɕeʎ]
jefe (m) (~ de delegación)	głowa (f)	['gwɔva]
autoridades (f pl)	władze (pl)	['vwadzɛ]
superiores (m pl)	kierownictwo (n)	[kerɔv'nitstʃɔ]
gobernador (m)	gubernator (m)	[gubɛr'natɔr]
cónsul (m)	konsul (m)	['kɔnsuʎ]
diplomático (m)	dyplomata (m)	[dɪplɔ'mata]
alcalde (m)	mer (m)	[mɛr]
sheriff (m)	szeryf (m)	['ʃɛrɪf]
emperador (m)	cesarz (m)	['tsɛsaʃ]
zar (m)	car (m)	[tsar]
faraón (m)	faraon (m)	[fa'raɔn]
kan (m)	chan (m)	[han]

160. Violar la ley. Los criminales. Unidad 1

bandido (m)	bandyta (m)	[ban'dɪta]
crimen (m)	przestępstwo (n)	[pʃɛs'tɛ̃pstʃɔ]
criminal (m)	przestępca (m)	[pʃɛs'tɛ̃ptsa]
ladrón (m)	złodziej (m)	['zwɔdʑej]
robar (vt)	kraść	[kraɕtɕ]
robo (m) (actividad)	złodziejstwo (n)	[zwɔ'dʑejstʃɔ]
robo (m) (hurto)	kradzież (f)	['kradʑeʃ]
secuestrar (vt)	porwać	['pɔrvatɕ]
secuestro (m)	porwanie (n)	[pɔr'vane]

secuestrador (m)	porywacz (m)	[pɔ'rɪvatʃ]
rescate (m)	okup (m)	['ɔkup]
exigir un rescate	żądać okupu	['ʒɔ̃datʃ ɔ'kupu]

| robar (vt) | rabować | [ra'bɔvatʃ] |
| atracador (m) | rabuś (m) | ['rabuɕ] |

extorsionar (vt)	wymuszać	[vɪ'muʃatʃ]
extorsionista (m)	szantażysta (m)	[ʃanta'ʒɪsta]
extorsión (f)	wymuszanie (n)	[vɪmu'ʃane]

matar, asesinar (vt)	zabić	['zabitʃ]
asesinato (m)	zabójstwo (n)	[za'bujstfɔ]
asesino (m)	zabójca (m)	[za'bujtsa]

tiro (m), disparo (m)	strzał (m)	[stʃaw]
disparar (vi)	wystrzelić	[vɪst'ʃɛlitʃ]
matar (a tiros)	zastrzelić	[zast'ʃɛlitʃ]
tirar (vi)	strzelać	['stʃɛʎatʃ]
tiroteo (m)	strzelanina (f)	[stʃɛʎa'nina]

incidente (m)	wypadek (m)	[vɪ'padɛk]
pelea (f)	bójka (f)	['bujka]
víctima (f)	ofiara (f)	[ɔ'fʲara]

perjudicar (vt)	uszkodzić	[uʃ'kɔdʒitʃ]
daño (m)	uszczerbek (m)	[uʃt'ʃɛrbɛk]
cadáver (m)	zwłoki (pl)	['zvwɔki]
grave (un delito ~)	ciężki	['tʃenʃki]

atacar (vt)	napaść	['napaɕtʃ]
pegar (golpear)	bić	[bitʃ]
apporear (vt)	pobić	['pɔbitʃ]
quitar (robar)	zabrać	['zabratʃ]
acuchillar (vt)	zadźgać	['zʲadzgatʃ]
mutilar (vt)	okaleczyć	[ɔka'letʃitʃ]
herir (vt)	zranić	['zranitʃ]

chantaje (m)	szantaż (m)	['ʃantaʃ]
hacer chantaje	szantażować	[ʃanta'ʒɔvatʃ]
chantajista (m)	szantażysta (m)	[ʃanta'ʒɪsta]

extorsión (f)	wymuszania (pl)	[vɪmu'ʃaɲa]
extorsionador (m)	kanciarz (m)	['kantʃaʃ]
gángster (m)	gangster (m)	['gaŋstɛr]
mafia (f)	mafia (f)	['mafʲja]

| carterista (m) | kieszonkowiec (m) | [keʃɔ'ŋkɔvets] |
| ladrón (m) de viviendas | włamywacz (m) | [vwa'mɪvatʃ] |

| contrabandismo (m) | przemyt (m) | ['pʃɛmɪt] |
| contrabandista (m) | przemytnik (m) | [pʃɛ'mɪtnik] |

falsificación (f)	falsyfikat (m)	[faʎsɪ'fikat]
falsificar (vt)	podrabiać	[pɔd'rabʲatʃ]
falso (falsificado)	fałszywy	[faw'ʃɪvɪ]

161. Violar la ley. Los criminales. Unidad 2

violación (f)	gwałt (m)	[gvawt]
violar (vt)	zgwałcić	['gvawʧiʨ]
violador (m)	gwałciciel (m)	[gvaw'ʧiʨeʎ]
maníaco (m)	maniak (m)	['maɲjak]
prostituta (f)	prostytutka (f)	[prɔstɨ'tutka]
prostitución (f)	prostytucja (f)	[prɔstɨ'tutsʰja]
chulo (m), proxeneta (m)	sutener (m)	[su'tɛnɛr]
drogadicto (m)	narkoman (m)	[nar'kɔman]
narcotraficante (m)	handlarz narkotyków (m)	['handʎaʒ narkɔ'tɨkuf]
hacer explotar	wysadzić w powietrze	[vɨ'sadʑiʨ f pɔ'vetʃɛ]
explosión (f)	wybuch (m)	['vɨbuh]
incendiar (vt)	podpalić	[pɔt'paliʧ]
incendiario (m)	podpalacz (m)	[pɔt'paʎaʧ]
terrorismo (m)	terroryzm (m)	[tɛ'rɔrɨzm]
terrorista (m)	terrorysta (m)	[tɛrɔ'rɨsta]
rehén (m)	zakładnik (m)	[zak'wadnik]
estafar (vt)	oszukać	[ɔ'ʃukaʧ]
estafa (f)	oszustwo (n)	[ɔ'ʃustfɔ]
estafador (m)	oszust (m)	['ɔʃust]
sobornar (vt)	przekupić	[pʃɛ'kupiʧ]
soborno (m) (delito)	przekupstwo (n)	[pʃɛ'kupstfɔ]
soborno (m) (dinero, etc.)	łapówka (f)	[wa'pufka]
veneno (m)	trucizna (f)	[tru'ʧizna]
envenenar (vt)	otruć	['ɔtruʧ]
envenenarse (vr)	otruć się	['ɔtruʧ ɕɛ̃]
suicidio (m)	samobójstwo (f)	[samɔ'bujstfɔ]
suicida (m, f)	samobójca (m)	[samɔ'bujtsa]
amenazar (vt)	grozić	['grɔʑiʧ]
amenaza (f)	groźba (f)	['grɔʑba]
atentar (vi)	targnąć się	['targnɔ̃ʧ ɕɛ̃]
atentado (m)	zamach (m)	['zamah]
robar (un coche)	ukraść	['ukraɕʧ]
secuestrar (un avión)	porwać	['pɔrvaʧ]
venganza (f)	zemsta (f)	['zɛmsta]
vengar (vt)	mścić się	[mɕʨiʧ ɕɛ̃]
torturar (vt)	torturować	[tɔrtu'rɔvaʧ]
tortura (f)	tortury (pl)	[tɔr'turɨ]
atormentar (vt)	znęcać się	['znɛntsaʧ ɕɛ̃]
pirata (m)	pirat (m)	['pirat]
gamberro (m)	chuligan (m)	[hu'ligan]

| armado (adj) | uzbrojony | [uzbrɔɜnɪ] |
| violencia (f) | przemoc (f) | ['pʃɛmɔts] |

| espionaje (m) | szpiegostwo (n) | [ʃpe'gɔstfɔ] |
| espiar (vi, vt) | szpiegować | [ʃpe'gɔvatʃ] |

162. La policía. La ley. Unidad 1

| justicia (f) | sprawiedliwość (f) | [spraved'livɔɕtʃ] |
| tribunal (m) | sąd (m) | [sɔ̃t] |

juez (m)	sędzia (m)	['sɛʥʲa]
jurados (m pl)	przysięgli (pl)	[pʃɪ'ɕeŋli]
tribunal (m) de jurados	sąd (m) przysięgłych	[sɔ̃t pʃɪ'ɕeŋwɪh]
juzgar (vt)	sądzić	['sɔ̃ʥitʃ]

abogado (m)	adwokat (m)	[ad'vɔkat]
acusado (m)	oskarżony (m)	[ɔskar'ɜɔnɪ]
banquillo (m) de los acusados	ława (f) oskarżonych	['wava ɔskar'ɜɔnɪh]

| inculpación (f) | oskarżenie (n) | [ɔskar'ɜɛne] |
| inculpado (m) | oskarżony (m) | [ɔskar'ɜɔnɪ] |

| sentencia (f) | wyrok (m) | ['vɪrɔk] |
| sentenciar (vt) | skazać | ['skazatʃ] |

culpable (m)	sprawca (m), winny (m)	['spraftsa], ['viɲɪ]
castigar (vt)	ukarać	[u'karatʃ]
castigo (m)	kara (f)	['kara]

multa (f)	kara (f)	['kara]
cadena (f) perpetua	dożywocie (n)	[dɔɜɪ'vɔtʃe]
pena (f) de muerte	kara śmierci (f)	['kara 'ɕmertʃi]
silla (f) eléctrica	krzesło (n) elektryczne	['kʃɛswɔ ɛlekt'rɪtʃnɛ]
horca (f)	szubienica (f)	[ʃube'nitsa]

| ejecutar (vt) | stracić | ['stratʃitʃ] |
| ejecución (f) | egzekucja (f) | [ɛgzɛ'kutsʰja] |

| prisión (f) | więzienie (n) | [vɛ̃'ɜene] |
| celda (f) | cela (f) | ['tsɛʎa] |

escolta (f)	konwój (m)	['kɔnvuj]
guardia (m) de prisiones	nadzorca (m)	[na'dzɔrtsa]
prisionero (m)	więzień (m)	['veɲʒɛ̃]

| esposas (f pl) | kajdanki (pl) | [kaj'daŋki] |
| esposar (vt) | założyć kajdanki | [za'wɔɜɪtʃ kaj'daŋki] |

escape (m)	ucieczka (f)	[u'tʃetʃka]
escaparse (vr)	uciec	['utʃets]
desaparecer (vi)	zniknąć	['zniknɔ̃tʃ]
liberar (vt)	zwolnić	['zvɔʎnitʃ]
amnistía (f)	amnestia (f)	[am'nɛstʰja]

policía (f) (~ nacional)	policja (f)	[pɔ'liʦʰja]
policía (m)	policjant (m)	[pɔ'liʦʰjant]
comisaría (f) de policía	komenda (f)	[kɔ'mɛnda]
porra (f)	pałka (f) gumowa	['pawka gu'mɔva]
megáfono (m)	głośnik (m)	['gwɔɕnik]

coche (m) patrulla	samochód (m) patrolowy	[sa'mɔhut patrɔ'lɔvɨ]
sirena (f)	syrena (f)	[sɨ'rɛna]
poner la sirena	włączyć syrenę	['vwɔ̃ʧɨʧ sɨ'rɛnɛ̃]
canto (m) de la sirena	wycie (n) syreny	['vɨʧe sɨ'rɛnɨ]

escena (f) del delito	miejsce (n) zdarzenia	['mejsʦɛ zda'ʒɛɲa]
testigo (m)	świadek (m)	['ɕfʲadɛk]
libertad (f)	wolność (f)	['vɔʎnɔɕʧ]
cómplice (m)	współsprawca (m)	[fspuwsp'rafʦa]
escapar de ...	ukryć się	['ukrɨʧ ɕɛ̃]
rastro (m)	ślad (m)	[ɕʎat]

163. La policía. La ley. Unidad 2

búsqueda (f)	poszukiwania (pl)	[pɔʃuki'vaɲa]
buscar (~ el criminal)	poszukiwać	[pɔʃu'kivaʧ]
sospecha (f)	podejrzenie (n)	[pɔdɛj'ʒɛne]
sospechoso (adj)	podejrzany	[pɔdɛj'ʒanɨ]
parar (~ en la calle)	zatrzymać	[zat'ʃɨmaʧ]
retener (vt)	zatrzymać	[zat'ʃɨmaʧ]

causa (f) (~ penal)	sprawa (f)	['sprava]
investigación (f)	śledztwo (n)	['ɕleʦtfɔ]
detective (m)	detektyw (m)	[dɛ'tɛktɨv]
investigador (m)	śledczy (m)	['ɕleʧʧɨ]
versión (f)	wersja (f)	['vɛrsʰja]

motivo (m)	motyw (m)	['mɔtɨf]
interrogatorio (m)	przesłuchanie (n)	[pʃeswu'hane]
interrogar (vt)	przesłuchiwać	[pʃeswu'hivaʧ]
interrogar (al testigo)	przesłuchiwać	[pʃeswu'hivaʧ]
control (m) (de vehículos, etc.)	kontrola (f)	[kɔnt'rɔʎa]

redada (f)	obława (f)	[ɔb'wava]
registro (m) (~ de la casa)	rewizja (f)	[rɛ'vizʰja]
persecución (f)	pogoń (f)	['pɔgɔɲ]
perseguir (vt)	ścigać	['ɕʨigaʧ]
rastrear (~ al criminal)	śledzić	['ɕledʑiʧ]

arresto (m)	areszt (m)	['arɛʃt]
arrestar (vt)	aresztować	[arɛʃ'tɔvaʧ]
capturar (vt)	złapać	['zwapaʧ]
captura (f)	pojmanie (n)	[pɔj'mane]

documento (m)	dokument (m)	[dɔ'kumɛnt]
prueba (f)	dowód (m)	['dɔvut]
probar (vt)	udowadniać	[udɔ'vadɲaʧ]
huella (f) (pisada)	ślad (m)	[ɕʎat]

| huellas (f pl) digitales | odciski (pl) palców | [ɔ'tʃiski 'paʎtsuf] |
| elemento (m) de prueba | poszlaka (f) | [pɔʃ'ʎaka] |

coartada (f)	alibi (n)	[a'libi]
inocente (no culpable)	niewinny	[ne'viŋi]
injusticia (f)	niesprawiedliwość (f)	[nespraved'livɔɕtʃ]
injusto (adj)	niesprawiedliwy	[nespraved'livɪ]

criminal (adj)	kryminalny	[krɪmi'naʎnɪ]
confiscar (vt)	konfiskować	[kɔnfis'kɔvatʃ]
narcótico (f)	narkotyk (m)	[nar'kɔtɪk]
arma (f)	broń (f)	[brɔŋ]
desarmar (vt)	rozbroić	[rɔzb'rɔitʃ]
ordenar (vt)	rozkazywać	[rɔska'zɪvatʃ]
desaparecer (vi)	zniknąć	['zniknɔ̃tʃ]

ley (f)	prawo (n)	['pravɔ]
legal (adj)	legalny	[le'gaʎnɪ]
ilegal (adj)	nielegalny	[nele'gaʎnɪ]

| responsabilidad (f) | odpowiedzialność (f) | [ɔtpove'dʑaʎnɔɕtʃ] |
| responsable (adj) | odpowiedzialny | [ɔtpove'dʑaʎnɪ] |

153

LA NATURALEZA

La tierra. Unidad 1

164. El espacio

cosmos (m)	kosmos (m)	['kɔsmɔs]
espacial, cósmico (adj)	kosmiczny	[kɔs'mitʃnı]
espacio (m) cósmico	przestrzeń (f) kosmiczna	['pʃɛstʃɛɲ kɔs'mitʃna]
mundo (m)	świat (m)	[ɕfʲat]
universo (m)	wszechświat (m)	['fʃɛhɕfʲat]
Galaxia (f)	galaktyka (f)	[ga'ʎaktıka]
estrella (f)	gwiazda (f)	['gvʲazda]
constelación (f)	gwiazdozbiór (m)	[gvʲaz'dɔzbyr]
planeta (m)	planeta (f)	[pʎa'nɛta]
satélite (m)	satelita (m)	[satɛ'lita]
meteorito (m)	meteoryt (m)	[mɛtɛ'ɔrıt]
cometa (f)	kometa (f)	[kɔ'mɛta]
asteroide (m)	asteroida (f)	[astɛrɔ'ida]
órbita (f)	orbita (f)	[ɔr'bita]
girar (vi)	obracać się	[ɔb'ratsatʃ ɕɛ̃]
atmósfera (f)	atmosfera (f)	[atmɔs'fɛra]
Sol (m)	Słońce (n)	['swɔɲtsɛ]
Sistema (m) Solar	Układ (m) Słoneczny	['ukwad swɔ'nɛtʃnı]
eclipse (m) de Sol	zaćmienie (n) słońca	[zatʃ'mene 'swɔɲtsa]
Tierra (f)	Ziemia (f)	['ʒemʲa]
Luna (f)	Księżyc (m)	['kɕenʒıts]
Marte (m)	Mars (m)	[mars]
Venus (f)	Wenus (f)	['vɛnus]
Júpiter (m)	Jowisz (m)	[ʒviʃ]
Saturno (m)	Saturn (m)	['saturn]
Mercurio (m)	Merkury (m)	[mɛr'kurı]
Urano (m)	Uran (m)	['uran]
Neptuno (m)	Neptun (m)	['nɛptun]
Plutón (m)	Pluton (m)	['plytɔn]
la Vía Láctea	Droga (f) Mleczna	['drɔga 'mletʃna]
la Osa Mayor	Wielki Wóz (m)	['veʎki vus]
la Estrella Polar	Gwiazda (f) Polarna	['gvʲazda pɔ'ʎarna]
marciano (m)	Marsjanin (m)	[marsʰʲjanin]
extraterrestre (m)	kosmita (m)	[kɔs'mita]

| planetícola (m) | obcy (m) | ['ɔbʦɨ] |
| platillo (m) volante | talerz (m) latający | ['talɛʃ ʎataɔ̃ʦɨ] |

nave (f) espacial	statek (m) kosmiczny	['statɛk kɔs'mitʃnɨ]
estación (f) orbital	stacja (f) kosmiczna	['staʦʰja kɔs'mitʃna]
despegue (m)	start (m)	[start]

motor (m)	silnik (m)	['ɕiʎnik]
tobera (f)	dysza (f)	['dɨʃa]
combustible (m)	paliwo (n)	[pa'livɔ]

carlinga (f)	kabina (f)	[ka'bina]
antena (f)	antena (f)	[an'tɛna]
ventana (f)	iluminator (m)	[ilymi'natɔr]
batería (f) solar	bateria (f) słoneczna	[ba'tɛrʰja swɔ'nɛtʃna]
escafandra (f)	skafander (m)	[ska'fandɛr]

| ingravidez (f) | nieważkość (f) | [ne'vaʃkɔɕʨ] |
| oxígeno (m) | tlen (m) | [tlen] |

| atraque (m) | połączenie (n) | [pɔwɔ̃t'ʃɛne] |
| realizar el atraque | łączyć się | ['wɔ̃tʃitʃ ɕɛ̃] |

observatorio (m)	obserwatorium (n)	[ɔbsɛrva'tɔrʰjum]
telescopio (m)	teleskop (m)	[tɛ'leskɔp]
observar (vt)	obserwować	[ɔbsɛr'vɔvaʨ]
explorar (~ el universo)	badać	['badaʨ]

165. La tierra

Tierra (f)	Ziemia (f)	['ʒemʲa]
globo (m) terrestre	kula (f) ziemska	['kuʎa 'ʒemska]
planeta (m)	planeta (f)	[pʎa'nɛta]

atmósfera (f)	atmosfera (f)	[atmɔs'fɛra]
geografía (f)	geografia (f)	[gɛɔg'rafʰja]
naturaleza (f)	przyroda (f)	[pʃɨ'rɔda]

globo (m) terráqueo	globus (m)	['glɔbus]
mapa (m)	mapa (f)	['mapa]
atlas (m)	atlas (m)	['atʎas]

| Europa (f) | Europa (f) | [ɛu'rɔpa] |
| Asia (f) | Azja (f) | ['azʰja] |

| África (f) | Afryka (f) | ['afrɨka] |
| Australia (f) | Australia (f) | [aust'raʎja] |

América (f)	Ameryka (f)	[a'mɛrɨka]
América (f) del Norte	Ameryka (f) Północna	[a'mɛrɨka puw'nɔtsna]
América (f) del Sur	Ameryka (f) Południowa	[a'mɛrɨka pɔwud'nɔva]

| Antártida (f) | Antarktyda (f) | [antark'tɨda] |
| Ártico (m) | Arktyka (f) | ['arktɨka] |

155

166. Los puntos cardinales

norte (m)	północ (f)	['puwnɔts]
al norte	na północ	[na 'puwnɔts]
en el norte	na północy	[na puw'nɔtsɪ]
del norte (adj)	północny	[puw'nɔtsnɪ]
sur (m)	południe (n)	[pɔ'wudne]
al sur	na południe	[na pɔ'wudne]
en el sur	na południu	[na pɔ'wudnɪ]
del sur (adj)	południowy	[pɔwud'nɜvɪ]
oeste (m)	zachód (m)	['zahut]
al oeste	na zachód	[na 'zahut]
en el oeste	na zachodzie	[na za'hɔdʑe]
del oeste (adj)	zachodni	[za'hɔdni]
este (m)	wschód (m)	[fshut]
al este	na wschód	['na fshut]
en el este	na wschodzie	[na 'fshɔdʑe]
del este (adj)	wschodni	['fshɔdni]

167. El mar. El océano

mar (m)	morze (n)	['mɔʒɛ]
océano (m)	ocean (m)	[ɔ'tsɛan]
golfo (m)	zatoka (f)	[za'tɔka]
estrecho (m)	cieśnina (f)	[tɕeɕ'nina]
tierra (f) firme	ląd (m)	[lɔ̃t]
continente (m)	kontynent (m)	[kɔn'tɪnɛnt]
isla (f)	wyspa (f)	['vɪspa]
península (f)	półwysep (m)	[puw'vɪsɛp]
archipiélago (m)	archipelag (m)	[arhi'pɛʎak]
bahía (f)	zatoka (f)	[za'tɔka]
puerto (m)	port (m)	[pɔrt]
laguna (f)	laguna (f)	[ʎa'guna]
cabo (m)	przylądek (m)	[pʃɪlɔ̃dɛk]
atolón (m)	atol (m)	['atɔʎ]
arrecife (m)	rafa (f)	['rafa]
coral (m)	koral (m)	['kɔral]
arrecife (m) de coral	rafa (f) koralowa	['rafa kɔra'lɜva]
profundo (adj)	głęboki	[gwɛ̃'bɔki]
profundidad (f)	głębokość (f)	[gwɛ̃'bɔkɔɕtʃ]
abismo (m)	otchłań (f)	['ɔthwaɲ]
fosa (f) oceánica	rów (m)	[ruf]
corriente (f)	prąd (m)	[prɔ̃t]
bañar (rodear)	omywać	[ɔ'mɪvatʃ]
orilla (f)	brzeg (m)	[bʒɛk]

costa (f)	wybrzeże (n)	[vɪb'ʒɛʒe]
flujo (m)	przypływ (m)	['pʃɪpwɪf]
reflujo (m)	odpływ (m)	['ɔtpwɪf]
banco (m) de arena	mielizna (f)	[me'lizna]
fondo (m)	dno (n)	[dnɔ]

ola (f)	fala (f)	['faʎa]
cresta (f) de la ola	grzywa (f) fali	['gʒɪva 'fali]
espuma (f)	piana (f)	['pʲana]

huracán (m)	huragan (m)	[hu'ragan]
tsunami (m)	tsunami (n)	[ʦu'nami]
bonanza (f)	cisza (f) morska	['ʧiʃa 'mɔrska]
calmo, tranquilo	spokojny	[spɔ'kɔjnɪ]

| polo (m) | biegun (m) | ['begun] |
| polar (adj) | polarny | [pɔ'ʎarnɪ] |

latitud (f)	szerokość (f)	[ʃɛ'rɔkɔɕʧ]
longitud (f)	długość (f)	['dwugɔɕʧ]
paralelo (m)	równoleżnik (m)	[ruvnɔ'leʒnik]
ecuador (m)	równik (m)	['ruvnik]

cielo (m)	niebo (n)	['nebɔ]
horizonte (m)	horyzont (m)	[hɔ'rɪzɔnt]
aire (m)	powietrze (n)	[pɔ'vetʃɛ]

faro (m)	latarnia (f) morska	[ʎa'tarɲa 'mɔrska]
bucear (vi)	nurkować	[nur'kɔvaʧ]
hundirse (vr)	zatonąć	[za'tɔɲʧ]
tesoros (m pl)	skarby (pl)	['skarbɪ]

168. Las montañas

montaña (f)	góra (f)	['gura]
cadena (f) de montañas	łańcuch (m) górski	['waɲʦuh 'gurski]
cresta (f) de montañas	grzbiet (m) górski	[gʒbet 'gurski]

cima (f)	szczyt (m)	[ʃʧɪt]
pico (m)	szczyt (m)	[ʃʧɪt]
pie (m)	podnóże (n)	[pɔd'nuʒɛ]
cuesta (f)	zbocze (n)	['zbɔʧɛ]

volcán (m)	wulkan (m)	['vuʎkan]
volcán (m) activo	czynny (m) wulkan	['ʧɪɳɪ 'vuʎkan]
volcán (m) apagado	wygasły (m) wulkan	[vɪ'gaswɪ 'vuʎkan]

erupción (f)	wybuch (m)	['vɪbuh]
cráter (m)	krater (m)	['kratɛr]
magma (f)	magma (f)	['magma]
lava (f)	lawa (f)	['ʎava]
fundido (lava ~a)	rozżarzony	[rɔzʒa'ʒɔnɪ]
cañón (m)	kanion (m)	['kaɲjon]
desfiladero (m)	wąwóz (m)	['võvus]

grieta (f)	rozpadlina (m)	[rɔspad'lina]
puerto (m) (paso)	przełęcz (f)	['pʃɛwɛ̃tʃ]
meseta (f)	płaskowyż (m)	[pwas'kɔvɪʃ]
roca (f)	skała (f)	['skawa]
colina (f)	wzgórze (f)	['vzguʒɛ]

glaciar (m)	lodowiec (m)	[lɜ'dɔveʦ]
cascada (f)	wodospad (m)	[vɔ'dɔspat]
geiser (m)	gejzer (m)	['gɛjzɛr]
lago (m)	jezioro (m)	[e'ʒɜrɔ]

llanura (f)	równina (f)	[ruv'nina]
paisaje (m)	pejzaż (m)	['pɛjzaʃ]
eco (m)	echo (n)	['ɛhɔ]

alpinista (m)	alpinista (m)	[aʎpi'nista]
escalador (m)	wspinacz (m)	['fspinatʃ]
conquistar (vt)	pokonywać	[pɔkɔ'nɪvatʃ]
ascensión (f)	wspinaczka (f)	[fspi'natʃka]

169. Los ríos

río (m)	rzeka (m)	['ʒɛka]
manantial (m)	źródło (n)	['zʲrudwɔ]
lecho (m) (curso de agua)	koryto (n)	[kɔ'rɪtɔ]
cuenca (f) fluvial	dorzecze (n)	[dɔ'ʒɛtʃɛ]
desembocar en ...	wpadać	['fpadatʃ]

| afluente (m) | dopływ (m) | ['dɔpwɪf] |
| ribera (f) | brzeg (m) | [bʒɛk] |

corriente (f)	prąd (m)	[prɔ̃t]
río abajo (adv)	z prądem	[s 'prɔ̃dɛm]
río arriba (adv)	pod prąd	[pɔt prɔ̃t]

inundación (f)	powódź (f)	['pɔvutʃ]
riada (f)	wylew (m) rzeki	['vɪlef 'ʒɛki]
desbordarse (vr)	rozlewać się	[rɔz'levatʃ ɕɛ̃]
inundar (vt)	zatapiać	[za'tapʲatʃ]

| bajo (m) arenoso | mielizna (f) | [me'lizna] |
| rápido (m) | próg (m) | [pruk] |

presa (f)	tama (f)	['tama]
canal (m)	kanał (m)	['kanaw]
lago (m) artificiale	zbiornik (m) wodny	['zbɜrnik 'vɔdnɪ]
esclusa (f)	śluza (f)	['ɕlyza]

cuerpo (m) de agua	zbiornik (m) wodny	['zbɜrnik 'vɔdnɪ]
pantano (m)	bagno (n)	['bagnɔ]
ciénaga (m)	grzęzawisko (n)	[gʒɛ̃za'viskɔ]
remolino (m)	wir (m) wodny	[vir 'vɔdnɪ]
arroyo (m)	potok (m)	['pɔtɔk]
potable (adj)	pitny	['pitnɪ]

dulce (agua ~)	słodki	['swɔtki]
hielo (m)	lód (m)	[lyt]
helarse (el lago, etc.)	zamarznąć	[za'marznɔ̃tʃ]

170. El bosque

bosque (m)	las (m)	[ʎas]
de bosque (adj)	leśny	['leɕnɪ]

espesura (f)	gąszcz (f)	[gɔ̃ʃtʃ]
bosquecillo (m)	gaj (m), lasek (m)	[gaj], ['ʎasɛk]
claro (m)	polana (f)	[pɔ'ʎana]

maleza (f)	zarośla (pl)	[za'rɔɕʎa]
matorral (m)	krzaki (pl)	['kʃaki]

senda (f)	ścieżka (f)	['ɕtʃeʃka]
barranco (m)	wąwóz (m)	['vɔ̃vus]

árbol (m)	drzewo (n)	['dʒɛvɔ]
hoja (f)	liść (m)	[liɕtʃ]
follaje (m)	listowie (n)	[lis'tɔve]

caída (f) de hojas	opadanie (n) liści	[ɔpa'dane 'liɕtʃi]
caer (las hojas)	opadać	[ɔ'padatʃ]
cima (f)	wierzchołek (m)	[veʃ'hɔwɛk]

rama (f)	gałąź (f)	['gawɔ̃ɕ]
rama (f) (gruesa)	sęk (m)	[sɛ̃k]
brote (m)	pączek (m)	['pɔ̃tʃɛk]
aguja (f)	igła (f)	['igwa]
piña (f)	szyszka (f)	['ʃɪʃka]

agujero (m)	dziupla (f)	['dʒypʎa]
nido (m)	gniazdo (n)	['gɲazdɔ]
madriguera (f)	nora (f)	['nɔra]

tronco (m)	pień (m)	[peɲ]
raíz (f)	korzeń (m)	['kɔʒɛɲ]
corteza (f)	kora (f)	['kɔra]
musgo (m)	mech (m)	[mɛh]

extirpar (vt)	karczować	[kart'ʃɔvatʃ]
talar (vt)	ścinać	['ɕtʃinatʃ]
deforestar (vt)	wycinać	[vɪ'tʃinatʃ]
tocón (m)	pieniek (m)	['penek]

hoguera (f)	ognisko (n)	[ɔg'niskɔ]
incendio (m)	pożar (m)	['pɔʒar]
apagar (~ el incendio)	gasić	['gaɕitʃ]

guarda (m) forestal	leśnik (m)	['leɕnik]
protección (f)	ochrona (f)	[ɔh'rɔna]
proteger (vt)	chronić	['hrɔnitʃ]

cazador (m) furtivo	kłusownik (m)	[kwu'sɔvnik]
cepo (m)	potrzask (m)	['pɔtʃask]
recoger (setas, bayas)	zbierać	['zberatʃ]
perderse (vr)	zabłądzić	[zab'wɔdʒitʃ]

171. Los recursos naturales

recursos (m pl) naturales	zasoby (pl) naturalne	[za'sɔbɪ natu'raʎnɛ]
minerales (m pl)	kopaliny (pl) użyteczne	[kɔpa'lini uʒɪ'tɛtʃnɛ]
depósitos (m pl)	złoża (pl)	['zwɔʒa]
yacimiento (m)	złoże (n)	['zwɔʒɛ]

extraer (vt)	wydobywać	[vɪdɔ'bɪvatʃ]
extracción (f)	wydobywanie (n)	[vɪdɔbɪ'vane]
mineral (m)	ruda (f)	['ruda]
mina (f)	kopalnia (f) rudy	[kɔ'paʎɲa 'rudɪ]
pozo (m) de mina	szyb (m)	[ʃɪb]
minero (m)	górnik (m)	['gurnik]

| gas (m) | gaz (m) | [gas] |
| gasoducto (m) | gazociąg (m) | [ga'zɔtʃɔ̃k] |

petróleo (m)	ropa (f) naftowa	['rɔpa naf'tɔva]
oleoducto (m)	rurociąg (m)	[ru'rɔtʃɔ̃k]
torre (f) petrolera	szyb (m) naftowy	[ʃɪp naf'tɔvɪ]
torre (f) de sondeo	wieża (f) wiertnicza	['veʒa vert'nitʃa]
petrolero (m)	tankowiec (m)	[ta'ŋkɔveʦ]

arena (f)	piasek (m)	['pʲasɛk]
caliza (f)	wapień (m)	['vapeɲ]
grava (f)	żwir (m)	[ʒvir]
turba (f)	torf (m)	[tɔrf]
arcilla (f)	glina (f)	['glina]
carbón (m)	węgiel (m)	['vɛŋeʎ]

hierro (m)	żelazo (n)	[ʒɛ'ʎazɔ]
oro (m)	złoto (n)	['zwɔtɔ]
plata (f)	srebro (n)	['srɛbrɔ]
níquel (m)	nikiel (n)	['nikeʎ]
cobre (m)	miedź (f)	[metʃ]

zinc (m)	cynk (m)	[ʦɪŋk]
manganeso (m)	mangan (m)	['maɲan]
mercurio (m)	rtęć (f)	[rtɛ̃tʃ]
plomo (m)	ołów (m)	['ɔwuf]

mineral (m)	minerał (m)	[mi'nɛraw]
cristal (m)	kryształ (m)	['krɪʃtaw]
mármol (m)	marmur (m)	['marmur]
uranio (m)	uran (m)	['uran]

La tierra. Unidad 2

172. El tiempo

tiempo (m)	pogoda (f)	[pɔ'gɔda]
previsión (m) del tiempo	prognoza (f) pogody	[prɔg'nɔza pɔ'gɔdɨ]
temperatura (f)	temperatura (f)	[tɛmpɛra'tura]
termómetro (m)	termometr (m)	[tɛr'mɔmɛtr]
barómetro (m)	barometr (m)	[ba'rɔmɛtr]
humedad (f)	wilgoć (f)	['viʎgɔʨ]
calor (m) intenso	żar (m)	[ʒar]
tórrido (adj)	upalny, gorący	[u'paʎnɨ], [gɔ'rɔ̃ʦɨ]
hace mucho calor	gorąco	[gɔ'rɔ̃ʦɔ]
hace calor (templado)	ciepło	['ʨepwɔ]
templado (adj)	ciepły	['ʨepwɨ]
hace frío	zimno	['ʒimnɔ]
frío (adj)	zimny	['ʒimnɨ]
sol (m)	słońce (n)	['swɔɲʦɛ]
brillar (vi)	świecić	['ɕfeʨiʨ]
soleado (un día ~)	słoneczny	[swɔ'nɛʧnɨ]
elevarse (el sol)	wzejść	[vzɛjɕʨ]
ponerse (vr)	zajść	[zajɕʨ]
nube (f)	obłok (m)	['ɔbwɔk]
nuboso (adj)	zachmurzony	[zahmu'ʒɔnɨ]
nubarrón (m)	chmura (f)	['hmura]
nublado (adj)	pochmurny	[pɔh'murnɨ]
lluvia (f)	deszcz (m)	[dɛʃʧ]
está lloviendo	pada deszcz	['pada dɛʃʧ]
lluvioso (adj)	deszczowy	[dɛʃʧ'ʃɔvɨ]
lloviznar (vi)	mżyć	[mʒɨʨ]
aguacero (m)	ulewny deszcz (m)	[u'levnɨ dɛʃʧ]
chaparrón (m)	ulewa (f)	[u'leva]
fuerte (la lluvia ~)	silny	['ɕiʎnɨ]
charco (m)	kałuża (f)	[ka'wuʒa]
mojarse (vr)	moknąć	['mɔknɔ̃ʨ]
niebla (f)	mgła (f)	[mgwa]
nebuloso (adj)	mglisty	['mglistɨ]
nieve (f)	śnieg (m)	[ɕnek]
está nevando	pada śnieg	['pada ɕnek]

173. Los eventos climáticos severos. Los desastres naturales

tormenta (f)	burza (f)	['buʒa]
relámpago (m)	błyskawica (f)	[bwɪska'viʦa]
relampaguear (vi)	błyskać	['bwɪskaʨ]
trueno (m)	grzmot (m)	[gʒmɔt]
tronar (vi)	grzmieć	[gʒmɛʨ]
está tronando	grzmi	[gʒmi]
granizo (m)	grad (m)	[grat]
está granizando	pada grad	['pada grat]
inundar (vt)	zatopić	[za'tɔpiʨ]
inundación (f)	powódź (f)	['pɔvuʨ]
terremoto (m)	trzęsienie (n) ziemi	[tʃɛ̃'ɕene 'ʒemi]
sacudida (f)	wstrząs (m)	[fstʃɔ̃s]
epicentro (m)	epicentrum (n)	[ɛpi'ʦɛntrum]
erupción (f)	wybuch (m)	['vɪbuh]
lava (f)	lawa (f)	['ʎava]
torbellino (m)	trąba (f) powietrzna	['trɔ̃ba pɔ'vetʃna]
tornado (m)	tornado (n)	[tɔr'nadɔ]
tifón (m)	tajfun (m)	['tajfun]
huracán (m)	huragan (m)	[hu'ragan]
tempestad (f)	burza (f)	['buʒa]
tsunami (m)	tsunami (n)	[ʦu'nami]
ciclón (m)	cyklon (m)	['ʦɪklɔn]
mal tiempo (m)	niepogoda (f)	[nepɔ'gɔda]
incendio (m)	pożar (m)	['pɔʒar]
catástrofe (f)	katastrofa (f)	[katast'rɔfa]
meteorito (m)	meteoryt (m)	[mɛtɛ'ɔrɪt]
avalancha (f)	lawina (f)	[ʎa'vina]
alud (m) de nieve	lawina (f)	[ʎa'vina]
ventisca (f)	zamieć (f)	['zameʨ]
nevasca (f)	śnieżyca (f)	[ɕne'ʒiʦa]

La fauna

174. Los mamíferos. Los predadores

carnívoro (m)	drapieżnik (m)	[dra'peʒnik]
tigre (m)	tygrys (m)	['tɨgrɨs]
león (m)	lew (m)	[lef]
lobo (m)	wilk (m)	[viʎk]
zorro (m)	lis (m)	[lis]
jaguar (m)	jaguar (m)	[ja'guar]
leopardo (m)	lampart (m)	['ʎampart]
guepardo (m)	gepard (m)	['gɛpart]
pantera (f)	pantera (f)	[pan'tɛra]
puma (f)	puma (f)	['puma]
leopardo (m) de las nieves	irbis (m)	['irbis]
lince (m)	ryś (m)	[rɨɕ]
coyote (m)	kojot (m)	['kɔɜt]
chacal (m)	szakal (m)	['ʃakaʎ]
hiena (f)	hiena (f)	['hʰena]

175. Los animales salvajes

animal (m)	zwierzę (n)	['zveʒɛ̃]
bestia (f)	dzikie zwierzę (n)	['dʒike 'zveʒɛ̃]
ardilla (f)	wiewiórka (f)	[ve'vyrka]
erizo (m)	jeż (m)	[eʃ]
liebre (f)	zając (m)	['zaɔ̃ts]
conejo (m)	królik (m)	['krulik]
tejón (m)	borsuk (m)	['bɔrsuk]
mapache (m)	szop (m)	[ʃɔp]
hámster (m)	chomik (m)	['hɔmik]
marmota (f)	świstak (m)	['ɕfistak]
topo (m)	kret (m)	[krɛt]
ratón (m)	mysz (f)	[mɨʃ]
rata (f)	szczur (m)	[ʃtʃur]
murciélago (m)	nietoperz (m)	[ne'tɔpɛʃ]
armiño (m)	gronostaj (m)	[grɔ'nɔstaj]
cebellina (f)	soból (m)	['sɔbuʎ]
marta (f)	kuna (f)	['kuna]
comadreja (f)	łasica (f)	[wa'ɕitsa]
visón (m)	norka (f)	['nɔrka]

castor (m)	bóbr (m)	[bubr]
nutria (f)	wydra (f)	['vɪdra]
caballo (m)	koń (m)	[kɔɲ]
alce (m)	łoś (m)	[wɔɕ]
ciervo (m)	jeleń (m)	['eleɲ]
camello (m)	wielbłąd (m)	['veʌbwɔ̃t]
bisonte (m)	bizon (m)	['bizɔn]
uro (m)	żubr (m)	[ʒubr]
búfalo (m)	bawół (m)	['bavuw]
cebra (f)	zebra (f)	['zɛbra]
antílope (m)	antylopa (f)	[antɪ'lɔpa]
corzo (m)	sarna (f)	['sarna]
gamo (m)	łania (f)	['waɲa]
gamuza (f)	kozica (f)	[kɔ'ʒitsa]
jabalí (m)	dzik (m)	[dʒik]
ballena (f)	wieloryb (m)	[ve'lɔrɪp]
foca (f)	foka (f)	['fɔka]
morsa (f)	mors (m)	[mɔrs]
oso (m) marino	kot (m) morski	[kɔt 'mɔrski]
delfín (m)	delfin (m)	['dɛʌfin]
oso (m)	niedźwiedź (m)	['nedʒɪvetʃ]
oso (m) blanco	niedźwiedź (m) polarny	['nedʒɪvetʃ pɔ'ʌarnɪ]
panda (f)	panda (f)	['panda]
mono (m)	małpa (f)	['mawpa]
chimpancé (m)	szympans (m)	['ʃimpans]
orangután (m)	orangutan (m)	[ɔra'ŋutan]
gorila (m)	goryl (m)	['gɔrɪʌ]
macaco (m)	makak (m)	['makak]
gibón (m)	gibon (m)	['gibɔn]
elefante (m)	słoń (m)	['swɔɲ]
rinoceronte (m)	nosorożec (m)	[nɔsɔ'rɔʒɛts]
jirafa (f)	żyrafa (f)	[ʒɪ'rafa]
hipopótamo (m)	hipopotam (m)	[hipɔ'pɔtam]
canguro (m)	kangur (m)	['kaɲur]
koala (f)	koala (f)	[kɔ'aʌa]
mangosta (f)	mangusta (f)	[ma'ŋusta]
chinchilla (f)	szynszyla (f)	[ʃin'ʃiʌa]
mofeta (f)	skunks (m)	[skuŋks]
espín (m)	jeżozwierz (m)	[e'ʒɔzveʃ]

176. Los animales domésticos

gata (f)	kotka (f)	['kɔtka]
gato (m)	kot (m)	[kɔt]
perro (m)	pies (m)	[pes]

caballo (m)	koń (m)	[kɔɲ]
garañón (m)	źrebak (m), ogier (m)	['ʑrɛbak], ['ɔgjer]
yegua (f)	klacz (f)	[kʎatʃ]

vaca (f)	krowa (f)	['krɔva]
toro (m)	byk (m)	[bɪk]
buey (m)	wół (m)	[vuw]

oveja (f)	owca (f)	['ɔftsa]
carnero (m)	baran (m)	['baran]
cabra (f)	koza (f)	['kɔza]
cabrón (m)	kozioł (m)	['kɔʒʒw]

asno (m)	osioł (m)	['ɔɕʒw]
mulo (m)	muł (m)	[muw]

cerdo (m)	świnia (f)	['ɕfiɲa]
cerdito (m)	prosiak (m)	['prɔɕak]
conejo (m)	królik (m)	['krulik]

gallina (f)	kura (f)	['kura]
gallo (m)	kogut (m)	['kɔgut]

pato (m)	kaczka (f)	['katʃka]
ánade (m)	kaczor (m)	['katʃor]
ganso (m)	gęś (f)	[gɛ̃ɕ]

pavo (m)	indyk (m)	['indɪk]
pava (f)	indyczka (f)	[in'dɪtʃka]

animales (m pl) domésticos	zwierzęta (pl) domowe	[zve'ʒɛnta dɔ'mɔvɛ]
domesticado (adj)	oswojony	[ɔsfɔɔnɪ]
domesticar (vt)	oswajać	[ɔs'fajatʃ]
criar (vt)	hodować	[hɔ'dɔvatʃ]

granja (f)	ferma (f)	['fɛrma]
aves (f pl) de corral	drób (m)	[drup]
ganado (m)	bydło (n)	['bɪdwɔ]
rebaño (m)	stado (n)	['stadɔ]

caballeriza (f)	stajnia (f)	['stajɲa]
porqueriza (f)	chlew (m)	[hlef]
vaquería (f)	obora (f)	[ɔ'bɔra]
conejal (m)	klatka (f) dla królików	['klatka dʎa krɔ'likɔf]
gallinero (m)	kurnik (m)	['kurnik]

177. Los perros. Las razas de perros

perro (m)	pies (m)	[pes]
perro (m) pastor	owczarek (m)	[ɔft'ʃarɛk]
perro (m) maltés	pudel (m)	['pudɛʎ]
teckel (m)	jamnik (m)	['jamnik]
buldog (m)	buldog (m)	['buʎdɔk]
bóxer (m)	bokser (m)	['bɔksɛr]

Mastín (m) inglés	mastyf (m)	['mastıf]
rottweiler (m)	rottweiler (m)	[rɔt'vajler]
Dobermann (m)	doberman (m)	[dɔ'bɛrman]

basset hound (m)	basset (m)	['basɛt]
Bobtail (m)	owczarek (m) staroangielski	[ɔft'ʃarɛk starɔa'ɲeʌski]
dálmata (m)	dalmatyńczyk (m)	[daʌma'tıɲtʃık]
cocker spaniel (m)	cocker spaniel (m)	['kɔkɛr 'spaneʌ]

Terranova (m)	nowofundland (m)	[nɔvɔ'fundʌant]
San Bernardo (m)	bernardyn (m)	[bɛr'nardın]

husky (m)	husky (m)	['haski]
Chow Chow (m)	chow-chow (m)	[tʃau tʃau]
pomerania (m)	szpic (m)	[ʃpits]
Pug (m), Carlino (m)	mops (m)	[mɔps]

178. Los sonidos de los animales

ladrido (m)	szczekanie (n)	[ʃtʃɛ'kane]
ladrar (vi)	szczekać	['ʃtʃɛkatʃ]
maullar (vi)	miauczeć	[mʲa'utʃɛtʃ]
ronronear (vi)	mruczeć	['mrutʃɛtʃ]

mugir (vi)	muczeć	['mutʃɛtʃ]
bramar (toro)	ryczeć	['rıtʃɛtʃ]
rugir (vi)	warczeć	['vartʃɛtʃ]

aullido (m)	wycie (n)	['vıtʃe]
aullar (vi)	wyć	['vıtʃ]
gañir (vi)	skomleć	['skɔmletʃ]

balar (vi)	beczeć	['bɛtʃɛtʃ]
gruñir (cerdo)	chrząkać	['hʃɔkatʃ]
chillar (vi)	kwiczeć	['kfitʃɛtʃ]

croar (vi)	kwakać	['kfakatʃ]
zumbar (vi)	bzyczeć	['bzıtʃɛtʃ]
chirriar (vi)	cykać	['ʦıkatʃ]

179. Los pájaros

pájaro (m)	ptak (m)	[ptak]
paloma (f)	gołąb (m)	['gɔwɔ̃p]
gorrión (m)	wróbel (m)	['vrubɛʌ]
paro (m)	sikorka (f)	[ɕi'kɔrka]
cotorra (f)	sroka (f)	['srɔka]

cuervo (m)	kruk (m)	[kruk]
corneja (f)	wrona (f)	['vrɔna]
chova (f)	kawka (f)	['kafka]
grajo (m)	gawron (m)	['gavrɔn]

pato (m)	kaczka (f)	['katʃka]
ganso (m)	gęś (f)	[gɛ̃ɕ]
faisán (m)	bażant (m)	['baʒant]

águila (f)	orzeł (m)	['ɔʒɛw]
azor (m)	jastrząb (m)	['jastʃɔ̃p]
halcón (m)	sokół (m)	['sɔkuw]
buitre (m)	sęp (m)	[sɛ̃p]
cóndor (m)	kondor (m)	['kɔndɔr]

cisne (m)	łabędź (m)	['wabɛ̃tʃ]
grulla (f)	żuraw (m)	['ʒuraf]
cigüeña (f)	bocian (m)	['bɔtʃan]
loro (m), papagayo (m)	papuga (f)	[pa'puga]
colibrí (m)	koliber (m)	[kɔ'libɛr]
pavo (m) real	paw (m)	[paf]

avestruz (m)	struś (m)	[struɕ]
garza (f)	czapla (f)	['tʃapʎa]
flamenco (m)	flaming (m)	['fʎamiŋ]
pelícano (m)	pelikan (m)	[pɛ'likan]

ruiseñor (m)	słowik (m)	['swɔvik]
golondrina (f)	jaskółka (f)	[jas'kuwka]
tordo (m)	drozd (m)	[drɔst]
zorzal (m)	drozd śpiewak (m)	[drɔst 'ɕpevak]
mirlo (m)	kos (m)	[kɔs]

vencejo (m)	jerzyk (m)	['eʒɪk]
alondra (f)	skowronek (m)	[skɔv'rɔnɛk]
codorniz (f)	przepiórka (f)	[pʃɛ'pyrka]

pico (m)	dzięcioł (m)	['dʒɛ̃tʃow]
cuco (m)	kukułka (f)	[ku'kuwka]
lechuza (f)	sowa (f)	['sɔva]
búho (m)	puchacz (m)	['puhatʃ]
urogallo (m)	głuszec (m)	['gwuʃɛts]
gallo lira (m)	cietrzew (m)	['tʃetʃɛf]
perdiz (f)	kuropatwa (f)	[kurɔ'patfa]

estornino (m)	szpak (m)	[ʃpak]
canario (m)	kanarek (m)	[ka'narɛk]
ortega (f)	jarząbek (m)	[ja'ʒɔ̃bɛk]
pinzón (m)	zięba (f)	['ʒɛ̃ba]
camachuelo (m)	gil (m)	[giʎ]

gaviota (f)	mewa (f)	['mɛva]
albatros (m)	albatros (m)	[aʎ'batrɔs]
pingüino (m)	pingwin (m)	['piŋvin]

180. Los pájaros. El canto y los sonidos

cantar (vi)	śpiewać	['ɕpevatʃ]
gritar (vi)	krzyczeć	['kʃitʃɛtʃ]

cantar (el gallo)	piać	[pʲatʃ]
quiquiriquí (m)	kukuryku	[kuku'rɪku]
cloquear (vi)	gdakać	['gdakatʃ]
graznar (vi)	krakać	['krakatʃ]
hacer cua cua	kwakać	['kfakatʃ]
piar (vi)	piszczeć	['piɕtʃatʃ]
gorjear (vi)	ćwierkać	['tʃferkatʃ]

181. Los peces. Los animales marinos

brema (f)	leszcz (m)	[leʃtʃ]
carpa (f)	karp (m)	[karp]
perca (f)	okoń (m)	['ɔkɔɲ]
siluro (m)	sum (m)	[sum]
lucio (m)	szczupak (m)	['ʃtʃupak]
salmón (m)	łosoś (m)	['wɔsɔɕ]
esturión (m)	jesiotr (m)	['eɕɜtr]
arenque (m)	śledź (m)	[ɕletʃ]
salmón (m) del Atlántico	łosoś (m)	['wɔsɔɕ]
caballa (f)	makrela (f)	[mak'rɛla]
lenguado (m)	flądra (f)	[flõdra]
lucioperca (m)	sandacz (m)	['sandatʃ]
bacalao (m)	dorsz (m)	[dɔrʃ]
atún (m)	tuńczyk (m)	['tuɲtʃɪk]
trucha (f)	pstrąg (m)	[pstrõk]
anguila (f)	węgorz (m)	['vɛŋɔʃ]
tembladera (f)	drętwa (f)	['drɛntfa]
morena (f)	murena (f)	[mu'rɛna]
piraña (f)	pirania (f)	[pi'raɲja]
tiburón (m)	rekin (m)	['rɛkin]
delfín (m)	delfin (m)	['dɛʎfin]
ballena (f)	wieloryb (m)	[ve'lɜrɪp]
centolla (f)	krab (m)	[krap]
medusa (f)	meduza (f)	[mɛ'duza]
pulpo (m)	ośmiornica (f)	[ɔɕmɜr'niʦa]
estrella (f) de mar	rozgwiazda (f)	[rɔzg'vʲazda]
erizo (m) de mar	jeżowiec (m)	[e'ʒɔveʦ]
caballito (m) de mar	konik (m) morski	['kɔnik 'mɔrski]
ostra (f)	ostryga (f)	[ɔst'rɪga]
camarón (m)	krewetka (f)	[krɛ'vɛtka]
bogavante (m)	homar (m)	['hɔmar]
langosta (f)	langusta (f)	[ʎa'ŋusta]

182. Los anfibios. Los reptiles

| serpiente (f) | wąż (m) | [vɔ̃ʃ] |
| venenoso (adj) | jadowity | [jadɔ'viti] |

víbora (f)	żmija (f)	['ʒmija]
cobra (f)	kobra (f)	['kɔbra]
pitón (m)	pyton (m)	['pitɔn]
boa (f)	wąż dusiciel (m)	[vɔ̃ʃ du'ɕitʃeʎ]

culebra (f)	zaskroniec (m)	[zask'rɔneʦ]
serpiente (m) de cascabel	grzechotnik (m)	[gʒɛ'hɔtnik]
anaconda (f)	anakonda (f)	[ana'kɔnda]

lagarto (f)	jaszczurka (f)	[jaʃt'ʃurka]
iguana (f)	legwan (m)	['legvan]
varano (m)	waran (m)	['varan]
salamandra (f)	salamandra (f)	[saʎa'mandra]
camaleón (m)	kameleon (m)	[kamɛ'leɔn]
escorpión (m)	skorpion (m)	['skɔrpʰɔn]

tortuga (f)	żółw (m)	[ʒuwf]
rana (f)	żaba (f)	['ʒaba]
sapo (m)	ropucha (f)	[rɔ'puha]
cocodrilo (m)	krokodyl (m)	[krɔ'kɔdɪʎ]

183. Los insectos

insecto (m)	owad (m)	['ɔvat]
mariposa (f)	motyl (m)	['mɔtɪʎ]
hormiga (f)	mrówka (f)	['mrufka]
mosca (f)	mucha (f)	['muha]
mosquito (m) (picadura de ~)	komar (m)	['kɔmar]
escarabajo (m)	żuk (m), chrząszcz (m)	[ʒuk], [hʃɔ̃ʃtʃ]

avispa (f)	osa (f)	['ɔsa]
abeja (f)	pszczoła (f)	['pʃtʃɔwa]
abejorro (m)	trzmiel (m)	[tʃmeʎ]
moscardón (m)	giez (m)	[ges]

| araña (f) | pająk (m) | ['paɔ̃k] |
| telaraña (f) | pajęczyna (f) | [paɛ̃t'ʃɪna] |

libélula (f)	ważka (f)	['vaʃka]
saltamontes (m)	konik (m) polny	['kɔnik 'pɔʎnɪ]
mariposa (f) nocturna	omacnica (f)	[ɔmaʦ'nitsa]

cucaracha (f)	karaluch (m)	[ka'ralyh]
garrapata (f)	kleszcz (m)	[kleʃtʃ]
pulga (f)	pchła (f)	[phwa]
mosca (f) pequeña	meszka (f)	['mɛʃka]
langosta (f)	szarańcza (f)	[ʃa'raɲtʃa]
caracol (m)	ślimak (m)	['ɕlimak]

grillo (m)	świerszcz (m)	[ɕferʃtʃ]
luciérnaga (f)	robaczek (m) świętojański	[rɔ'batʃɛk ɕfɛ̃tɔ'jaɲski]
mariquita (f)	biedronka (f)	[bed'rɔŋka]
escarabajo (m) sanjuanero	chrabąszcz (m) majowy	['hrabɔ̃ʃtʃ maʒvɪ]

sanguijuela (f)	pijawka (f)	[pi'jafka]
oruga (f)	gąsienica (f)	[gɔ̃ɕe'niʦa]
gusano (m)	robak (m)	['rɔbak]
larva (f)	poczwarka (f)	[pɔtʃ'farka]

184. Los animales. Las partes del cuerpo

pico (m)	dziób (m)	[dʑyp]
alas (f pl)	skrzydła (pl)	['skʃɪdwa]
pata (f)	łapa (f)	['wapa]
plumaje (m)	upierzenie (n)	[upe'ʒɛne]
pluma (f)	pióro (n)	['pyrɔ]
penacho (m)	czubek (m)	['tʃubɛk]

branquias (f pl)	skrzela (pl)	['skʃɛʎa]
huevas (f pl)	ikra (f)	['ikra]
larva (f)	larwa (f)	['ʎarva]
aleta (f)	płetwa (f)	['pwɛtfa]
escamas (f pl)	łuska (f)	['wuska]

colmillo (m)	kieł (m)	[kew]
garra (f), pata (f)	łapa (f)	['wapa]
hocico (m)	pysk (m)	[pɪsk]
boca (f)	paszcza (f)	['paʃtʃa]
cola (f)	ogon (m)	['ɔgɔn]
bigotes (m pl)	wąsy (pl)	['vɔ̃sɪ]

| casco (m) (pezuña) | kopyto (n) | [kɔ'pɪtɔ] |
| cuerno (m) | róg (m) | [ruk] |

caparazón (m)	pancerz (m)	['panʦɛʃ]
concha (f) (de moluscos)	muszla (f)	['muʃʎa]
cáscara (f) (de huevo)	skorupa (f)	[skɔ'rupa]

| pelo (m) (de perro) | sierść (f) | [ɕerɕtʃ] |
| piel (f) (de vaca, etc.) | skóra (f) | ['skura] |

185. Los animales. El hábitat

| hábitat (m) | siedlisko (n) | [ɕed'liskɔ] |
| migración (f) | migracja (f) | [mig'raʦʰja] |

montaña (f)	góra (f)	['gura]
arrecife (m)	rafa (f)	['rafa]
roca (f)	skała (f)	['skawa]
bosque (m)	las (m)	[ʎas]
jungla (f)	dżungla (f)	['dʒuŋʎa]

| sabana (f) | sawanna (f) | [sa'vaŋa] |
| tundra (f) | tundra (f) | ['tundra] |

estepa (f)	step (m)	[stɛp]
desierto (m)	pustynia (f)	[pus'tɪɲa]
oasis (m)	oaza (f)	[ɔ'aza]

mar (m)	morze (n)	['mɔʒɛ]
lago (m)	jezioro (n)	[e'ʒɔrɔ]
océano (m)	ocean (m)	[ɔ'ʦɛan]

pantano (m)	bagno (n)	['bagnɔ]
de agua dulce (adj)	słodkowodny	[swɔtkɔ'vɔdnɪ]
estanque (m)	staw (m)	[staf]
río (m)	rzeka (f)	['ʒɛka]

cubil (m)	barłóg (m)	['barwuk]
nido (m)	gniazdo (n)	['gɲazdɔ]
agujero (m)	dziupla (f)	['dʑypʎa]
madriguera (f)	nora (f)	['nɔra]
hormiguero (m)	mrowisko (n)	[mrɔ'viskɔ]

La flora

186. Los árboles

árbol (m)	drzewo (n)	['dʒɛvɔ]
foliáceo (adj)	liściaste	[liɕ'tʃastɛ]
conífero (adj)	iglaste	[ig'ʎastɛ]
de hoja perenne	wiecznie zielony	[vetʃnɛʒe'lʒnɪ]
manzano (m)	jabłoń (f)	['jabwɔɲ]
peral (m)	grusza (f)	['gruʃa]
cerezo (m)	czereśnia (f)	[tʃɛ'rɛɕɲa]
guindo (m)	wiśnia (f)	['viɕɲa]
ciruelo (m)	śliwa (f)	['ɕliva]
abedul (m)	brzoza (f)	['bʒɔza]
roble (m)	dąb (m)	[dɔ̃p]
tilo (m)	lipa (f)	['lipa]
pobo (m)	osika (f)	[ɔ'ɕika]
arce (m)	klon (m)	['klʒn]
picea (m)	świerk (m)	['ɕferk]
pino (m)	sosna (f)	['sɔsna]
alerce (m)	modrzew (m)	['mɔdʒɛf]
abeto (m)	jodła (f)	[ʒdwa]
cedro (m)	cedr (m)	[ʦɛdr]
álamo (m)	topola (f)	[tɔ'pɔʎa]
serbal (m)	jarzębina (f)	[jaʒɛ̃'bina]
sauce (m)	wierzba iwa (f)	['veʒba 'iva]
aliso (m)	olcha (f)	['ɔʎha]
haya (f)	buk (f)	[buk]
olmo (m)	wiąz (m)	[võz]
fresno (m)	jesion (m)	['eɕʒn]
castaño (m)	kasztan (m)	['kaʃtan]
magnolia (f)	magnolia (f)	[mag'nɔʎja]
palmera (f)	palma (f)	['paʎma]
ciprés (m)	cyprys (m)	['ʦɪprɪs]
mangle (m)	drzewo (n) mangrowe	['dʒɛvɔ maɲ'rɔvɛ]
baobab (m)	baobab (m)	[ba'ɔbap]
eucalipto (m)	eukaliptus (m)	[ɛuka'liptus]
secoya (f)	sekwoja (f)	[sɛk'fɔja]

187. Los arbustos

mata (f)	krzew (m)	[kʃɛf]
arbusto (m)	krzaki (pl)	['kʃaki]

| vid (f) | winorośl (f) | [vi'nɔrɔɕʎ] |
| viñedo (m) | winnica (f) | [vi'ɲitsa] |

frambueso (m)	malina (f)	[ma'lina]
grosella (f) roja	porzeczka (f) czerwona	[pɔ'ʒɛtʃka tʃɛr'vɔna]
grosellero (m) espinoso	agrest (m)	['agrɛst]

acacia (f)	akacja (f)	[a'katsʰja]
berberís (m)	berberys (m)	[bɛr'bɛrɪs]
jazmín (m)	jaśmin (m)	['jaɕmin]

enebro (m)	jałowiec (m)	[ja'wɔvets]
rosal (m)	róża (f)	['ruʒa]
escaramujo (m)	dzika róża (f)	['dʒika 'ruʒa]

188. Los hongos

seta (f)	grzyb (m)	[gʒɪp]
seta (f) comestible	grzyb (m) jadalny	[gʒɪp ja'daʎnɪ]
seta (f) venenosa	grzyb (m) trujący	[gʒɪp truɔ̃tsɪ]
sombrerete (m)	kapelusz (m)	[ka'pɛlyʃ]
estipe (m)	nóżka (f)	['nuʃka]

boletus edulis (m)	prawdziwek (m)	[prav'dʒivɛk]
boleto (m) castaño	koźlarz (m) czerwony	['kɔʑʎaʃ tʃɛr'vɔnɪ]
boleto (m) áspero	koźlarz (m)	['kɔʑʎaʃ]
rebozuelo (m)	kurka (f)	['kurka]
rúsula (f)	gołąbek (m)	[gɔ'wɔ̃bɛk]

colmenilla (f)	smardz (m)	[smarts]
matamoscas (m)	muchomor (m)	[mu'hɔmɔr]
oronja (f) verde	psi grzyb (m)	[pɕi gʒɪp]

189. Las frutas. Las bayas

fruto (m)	owoc (m)	['ɔvɔts]
frutos (m pl)	owoce (pl)	[ɔ'vɔtsɛ]
manzana (f)	jabłko (n)	['jabkɔ]
pera (f)	gruszka (f)	['gruʃka]
ciruela (f)	śliwka (f)	['ɕlifka]

fresa (f)	truskawka (f)	[trus'kafka]
guinda (f)	wiśnia (f)	['viɕɲa]
cereza (f)	czereśnia (f)	[tʃɛ'rɛɕɲa]
uva (f)	winogrona (pl)	[vinɔg'rɔna]

frambuesa (f)	malina (f)	[ma'lina]
grosella (f) negra	czarna porzeczka (f)	['tʃarna pɔ'ʒɛtʃka]
grosella (f) roja	czerwona porzeczka (f)	[tʃɛr'vɔna pɔ'ʒɛtʃka]
grosella (f) espinosa	agrest (m)	['agrɛst]
arándano (m) agrio	żurawina (f)	[ʒura'vina]
naranja (f)	pomarańcza (f)	[pɔma'raɲtʃa]

173

mandarina (f)	mandarynka (f)	[manda'rıŋka]
ananás (m)	ananas (f)	[a'nanas]
banana (f)	banan (m)	['banan]
dátil (m)	daktyl (m)	['daktıl]

limón (m)	cytryna (f)	[ʦıt'rına]
albaricoque (m)	morela (f)	[mɔ'rɛʎa]
melocotón (m)	brzoskwinia (f)	[bʒɔsk'fiɲa]
kiwi (m)	kiwi (n)	['kivi]
pomelo (m)	grejpfrut (m)	['grɛjpfrut]

baya (f)	jagoda (f)	[ja'gɔda]
bayas (f pl)	jagody (pl)	[ja'gɔdı]
arándano (m) rojo	borówka (f)	[bɔ'rufka]
fresa (f) silvestre	poziomka (f)	[pɔ'ʒɜmka]
arándano (m)	borówka (f) czarna	[bɔ'rɔfka 'ʧarna]

190. Las flores. Las plantas

flor (f)	kwiat (m)	[kfʲat]
ramo (m) de flores	bukiet (m)	['buket]

rosa (f)	róża (f)	['ruʒa]
tulipán (m)	tulipan (m)	[tu'lipan]
clavel (m)	goździk (m)	['gɔʑʲdʒik]
gladiolo (m)	mieczyk (m)	['metʃık]

aciano (m)	bławatek (m)	[bwa'vatɛk]
campanilla (f)	dzwonek (m)	['dzvɔnɛk]
diente (m) de león	dmuchawiec (m)	[dmu'haveʦ]
manzanilla (f)	rumianek (m)	[ru'mʲanɛk]

áloe (m)	aloes (m)	[a'lɔɛs]
cacto (m)	kaktus (m)	['kaktus]
ficus (m)	fikus (m)	['fikus]

azucena (f)	lilia (f)	['liʎja]
geranio (m)	pelargonia (f)	[pɛʎar'gɔɲja]
jacinto (m)	hiacynt (m)	['hʰjaʦınt]

mimosa (f)	mimoza (f)	[mi'mɔza]
narciso (m)	narcyz (m)	['narʦıs]
capuchina (f)	nasturcja (f)	[nas'turʦʰja]

orquídea (f)	orchidea (f)	[ɔrhi'dɛa]
peonía (f)	piwonia (f)	[pi'vɔɲja]
violeta (f)	fiołek (m)	[fʰɜwɛk]

trinitaria (f)	bratek (m)	['bratɛk]
nomeolvides (f)	niezapominajka (f)	[nezapɔmi'najka]
margarita (f)	stokrotka (f)	[stɔk'rɔtka]

amapola (f)	mak (m)	[mak]
cáñamo (m)	konopie (pl)	[kɔ'nɔpje]

menta (f)	mięta (f)	['menta]
muguete (m)	konwalia (f)	[kɔn'vaʎja]
campanilla (f) de las nieves	przebiśnieg (m)	[pʃɛ'biɕnek]
ortiga (f)	pokrzywa (f)	[pɔk'ʃɪva]
acedera (f)	szczaw (m)	[ʃtʃaf]
nenúfar (m)	lilia wodna (f)	['liʎja 'vɔdna]
helecho (m)	paproć (f)	['paprɔtɕ]
liquen (m)	porost (m)	['pɔrɔst]
invernadero (m) tropical	szklarnia (f)	['ʃkʎarɲa]
césped (m)	trawnik (m)	['travnik]
macizo (m) de flores	klomb (m)	['klɜmp]
planta (f)	roślina (f)	[rɔɕ'lina]
hierba (f)	trawa (f)	['trava]
hierbecita (f)	źdźbło (n)	[zʲdʑʲbwɔ]
hoja (f)	liść (m)	[liɕtʃ]
pétalo (m)	płatek (m)	['pwatɛk]
tallo (m)	łodyga (f)	[wɔ'dɪga]
tubérculo (m)	bulwa (f)	['buʎva]
retoño (m)	kiełek (m)	['kewɛk]
espina (f)	kolec (m)	['kɔlets]
florecer (vi)	kwitnąć	['kfitnɔ̃tɕ]
marchitarse (vr)	więdnąć	['vendnɔ̃tɕ]
olor (m)	zapach (m)	['zapah]
cortar (vt)	ściąć	[ɕtɕɔ̃ɕtɕ]
coger (una flor)	zerwać	['zɛrvatɕ]

191. Los cereales, los granos

grano (m)	zboże (n)	['zbɔʒɛ]
cereales (m pl) (plantas)	zboża (pl)	['zbɔʒa]
espiga (f)	kłos (m)	[kwɔs]
trigo (m)	pszenica (f)	[pʃɛ'nitsa]
centeno (m)	żyto (n)	['ʒɪtɔ]
avena (f)	owies (m)	['ɔves]
mijo (m)	proso (n)	['prɔsɔ]
cebada (f)	jęczmień (m)	['entʃmɛ̃]
maíz (m)	kukurydza (f)	[kuku'rɪdza]
arroz (m)	ryż (m)	[rɪʃ]
alforfón (m)	gryka (f)	['grɪka]
guisante (m)	groch (m)	[grɔh]
fréjol (m)	fasola (f)	[fa'sɔʎa]
soya (f)	soja (f)	['sɔja]
lenteja (f)	soczewica (f)	[sɔtʃɛ'vitsa]
habas (f pl)	bób (m)	[bup]

GEOGRAFÍA REGIONAL

Los países. Las nacionalidades

192. La política. El gobierno. Unidad 1

política (f)	polityka (f)	[pɔ'litɪka]
político (adj)	polityczny	[pɔli'tɪtʃnɪ]
político (m)	polityk (m)	[pɔ'litɪk]

Estado (m)	państwo (n)	['paɲstfɔ]
ciudadano (m)	obywatel (m)	[ɔbɪ'vatɛʎ]
ciudadanía (f)	obywatelstwo (n)	[ɔbɪva'tɛʎstfɔ]

escudo (m) nacional	godło (n) państwowe	['gɔdwɔ paɲst'vɔvɛ]
himno (m) nacional	hymn (m) państwowy	[hɪmn paɲst'fɔvɪ]

gobierno (m)	rząd (m)	[ʒɔ̃t]
jefe (m) de estado	szef (m) państwa	[ʃɛf 'paɲstfa]
parlamento (m)	parlament (m)	[par'ʎamɛnt]
partido (m)	partia (f)	['partʰja]

capitalismo (m)	kapitalizm (m)	[kapi'talizm]
capitalista (adj)	kapitalistyczny	[kapitalis'tɪtʃnɪ]

socialismo (m)	socjalizm (m)	[sɔtsʰ'jalizm]
socialista (adj)	socjalistyczny	[sɔtsʰjalis'tɪtʃnɪ]

comunismo (m)	komunizm (m)	[kɔ'munizm]
comunista (adj)	komunistyczny	[kɔmunis'tɪtʃnɪ]
comunista (m)	komunista (m)	[kɔmu'nista]

democracia (f)	demokracja (f)	[dɛmɔk'ratsʰja]
demócrata (m)	demokrata (m)	[dɛmɔk'rata]
democrático (adj)	demokratyczny	[dɛmɔkra'tɪtʃnɪ]
partido (m) democrático	partia (f) demokratyczna	['partʰja dɛmɔkra'tɪtʃna]

liberal (m)	liberał (m)	[li'bɛraw]
liberal (adj)	liberalny	[libɛ'raʎnɪ]
conservador (m)	konserwatysta (m)	[kɔnsɛrva'tɪsta]
conservador (adj)	konserwatywny	[kɔnsɛrva'tɪvnɪ]

república (f)	republika (f)	[rɛ'publika]
republicano (m)	republikanin (m)	[rɛpubli'kanin]
partido (m) republicano	partia (f) republikańska	['partʰja rɛpubli'kaɲska]

elecciones (f pl)	wybory (pl)	[vɪ'bɔrɪ]
elegir (vi)	wybierać	[vɪ'beratʃ]
elector (m)	wyborca (m)	[vɪ'bɔrtsa]

campaña (f) electoral	kampania (f) wyborcza	[kam'paɲja vɪ'bɔrtʃa]
votación (f)	głosowanie (n)	[gwɔsɔ'vane]
votar (vi)	głosować	[gwɔ'sɔvatʃ]
derecho (m) a voto	prawo (n) wyborcze	['pravɔ vɪ'bɔrtʃɛ]

candidato (m)	kandydat (m)	[kan'dɪdat]
presentar su candidatura	kandydować	[kandɪ'dɔvatʃ]
campaña (f)	kampania (f)	[kam'paɲja]

| de oposición (adj) | opozycyjny | [ɔpɔzɪ'tsɪjnɪ] |
| oposición (f) | opozycja (f) | [ɔpɔ'zɪtsʰja] |

visita (f)	wizyta (f)	[vi'zɪta]
visita (f) oficial	wizyta (f) oficjalna	[vi'zɪta ɔfitsʰ'jaʎna]
internacional (adj)	międzynarodowy	[mɛ̃dzɪnarɔ'dɔvɪ]

| negociaciones (f pl) | rozmowy (pl) | [rɔz'mɔvɪ] |
| negociar (vi) | prowadzić rozmowy | [prɔ'vadʒitʃ rɔz'mɔvɪ] |

193. La política. El gobierno. Unidad 2

sociedad (f)	społeczeństwo (n)	[spɔwɛt'ʃɛɲstfɔ]
constitución (f)	konstytucja (f)	[kɔnstɪ'tutsʰja]
poder (m)	władza (f)	['vwadza]
corrupción (f)	korupcja (f)	[kɔ'ruptsʰja]

| ley (f) | prawo (n) | ['pravɔ] |
| legal (adj) | prawny | ['pravnɪ] |

| justicia (f) | sprawiedliwość (f) | [spraved'livɔɕtʃ] |
| justo (adj) | sprawiedliwy | [spraved'livɪ] |

comité (m)	komitet (m)	[kɔ'mitɛt]
proyecto (m) de ley	projekt (m) ustawy	['prɔekt us'tavɪ]
presupuesto (m)	budżet (m)	['budʒɛt]
política (f)	polityka (f)	[pɔ'litika]
reforma (f)	reforma (f)	[rɛ'fɔrma]
radical (adj)	radykalny	[radɪ'kaʎnɪ]

potencia (f) (~ militar, etc.)	siła (f)	['ɕiwa]
poderoso (adj)	silny	['ɕiʎnɪ]
partidario (m)	zwolennik (m)	[zvɔ'leɲik]
influencia (f)	wpływ (m)	[fpwɪf]

régimen (m)	reżim (m)	['rɛʒim]
conflicto (m)	konflikt (m)	['kɔnflikt]
complot (m)	spisek (m)	['spisɛk]
provocación (f)	prowokacja (f)	[prɔvɔ'katsʰja]

derrocar (al régimen)	obalić	[ɔ'balitʃ]
derrocamiento (m)	obalenie (n)	[ɔba'lene]
revolución (f)	rewolucja (f)	[rɛvɔ'lytsʰja]
golpe (m) de estado	przewrót (m)	['pʃɛvrut]
golpe (m) militar	przewrót (m) wojskowy	['pʃɛvrut vɔjs'kɔvɪ]

crisis (m)	kryzys (m)	['krɪzɪs]
recesión (f) económica	recesja (f)	[rɛ'tsɛsʰja]
manifestante (m)	demonstrant (m)	[dɛ'mɔnstrant]
manifestación (f)	demonstracja (f)	[dɛmɔnst'ratsʰja]
ley (m) marcial	stan (m) wojenny	[stan vɔ'ɛŋi]
base (f) militar	baza (f) wojskowa	['baza vɔjs'kɔva]

| estabilidad (f) | stabilność (f) | [sta'biʌnɔɕʧ] |
| estable (adj) | stabilny | [sta'biʌnɪ] |

| explotación (f) | eksploatacja (f) | [ɛkspl3a'tatsʰja] |
| explotar (vt) | eksploatować | [ɛkspl3a'tɔvaʧ] |

racismo (m)	rasizm (m)	['raɕizm]
racista (m)	rasista (m)	[ra'ɕista]
fascismo (m)	faszyzm (m)	['faʃɪzm]
fascista (m)	faszysta (m)	[fa'ʃista]

194. Los países. Miscelánea

extranjero (m)	obcokrajowiec (m)	[ɔptsɔkra3vɛts]
extranjero (adj)	zagraniczny	[zagra'nitʃnɪ]
en el extranjero	za granicą	[za gra'nitsɔ̃]

emigrante (m)	emigrant (m)	[ɛ'migrant]
emigración (f)	emigracja (f)	[ɛmig'ratsʰja]
emigrar (vi)	emigrować	[ɛmig'rɔvaʧ]

Oeste (m)	Zachód (m)	['zahut]
Este (m)	Wschód (m)	[fshut]
Extremo Oriente (m)	Daleki Wschód (m)	[da'leki fshut]

civilización (f)	cywilizacja (f)	[tsɪvili'zatsʰja]
humanidad (f)	ludzkość (f)	['lytskɔɕʧ]
mundo (m)	świat (m)	[ɕfʲat]
paz (f)	pokój (m)	['pɔkuj]
mundial (adj)	światowy	[ɕfʲa'tɔvɪ]

patria (f)	ojczyzna (f)	[ɔjt'ʃɪzna]
pueblo (m)	naród (m)	['narut]
población (f)	ludność (f)	['lydnɔɕʧ]
gente (f)	ludzie (pl)	['lydʑe]
nación (f)	naród (m)	['narut]
generación (f)	pokolenie (n)	[pɔkɔ'lene]

territorio (m)	terytorium (n)	[tɛrɪ'tɔrʲjum]
región (m)	region (m)	['rɛgʰ3n]
estado (m) (parte de un país)	stan (m)	[stan]

tradición (f)	tradycja (f)	[tra'dɪtsʰja]
costumbre (f)	obyczaj (m)	[ɔ'bɪtʃaj]
ecología (f)	ekologia (f)	[ɛkɔ'l3gʰja]
indio (m)	Indianin (m)	[indʰʲjanin]
gitano (m)	Cygan (m)	['tsɪgan]

| gitana (f) | Cyganka (f) | [ʦɨˈgaŋka] |
| gitano (adj) | cygański | [ʦɨˈgaɲski] |

imperio (m)	imperium (n)	[imˈpɛrʰjum]
colonia (f)	kolonia (f)	[kɔˈlɔɲja]
esclavitud (f)	niewolnictwo (n)	[nevɔʎˈniʦtfɔ]
invasión (f)	najazd (m)	[ˈnajast]
hambruna (f)	głód (m)	[gwut]

195. Grupos religiosos principales. Las confesiones

| religión (f) | religia (f) | [rɛˈligʰja] |
| religioso (adj) | religijny | [rɛliˈgijnɨ] |

creencia (f)	wiara (f)	[ˈvʲara]
creer (en Dios)	wierzyć	[ˈveʒɨʧ]
creyente (m)	wierzący (m)	[veˈʒɔ̃ʦɨ]

| ateísmo (m) | ateizm (m) | [aˈtɛizm] |
| ateo (m) | ateista (m) | [atɛˈista] |

cristianismo (m)	chrześcijaństwo (n)	[hʃɛʨiˈjaɲstfɔ]
cristiano (m)	chrześcijanin (m)	[hʃɛʨiˈjanin]
cristiano (adj)	chrześcijański	[hʃɛʨiˈjaɲski]

catolicismo (m)	katolicyzm (m)	[katɔˈliʦɨzm]
católico (m)	katolik (m)	[kaˈtɔlik]
católico (adj)	katolicki	[katɔˈliʦki]

protestantismo (m)	protestantyzm (m)	[prɔtɛsˈtantɨzm]
Iglesia (f) Protestante	kościół (m) protestancki	[ˈkɔʃʧɔw prɔtɛsˈtantski]
protestante (m)	protestant (m)	[prɔˈtɛstant]

Ortodoxia (f)	prawosławie (n)	[pravɔsˈwave]
Iglesia (f) Ortodoxa	kościół (m) prawosławny	[ˈkɔʃʧɔw pravɔsˈwavnɨ]
ortodoxo (m)	prawosławny (m)	[pravɔsˈwavnɨ]

Presbiterianismo (m)	prezbiterianizm (m)	[prɛzbitɛrʰʲjanizm]
Iglesia (f) Presbiteriana	kościół (m) prezbiteriański	[ˈkɔʃʧɔw prɛzbitɛˈrjaɲski]
presbiteriano (m)	prezbiterianin (m)	[prɛzbitɛrʰʲjanin]

| Iglesia (f) Luterana | kościół (m) luterański | [ˈkɔʃʧɔw lytɛˈraɲski] |
| luterano (m) | luteranin (m) | [lytɛˈranin] |

| Iglesia (f) Bautista | baptyzm (m) | [ˈbaptɨzm] |
| bautista (m) | baptysta (m) | [bapˈtɨsta] |

Iglesia (f) Anglicana	Kościół Anglikański (m)	[ˈkɔʃʧɔw aŋliˈkaɲski]
anglicano (m)	anglikanin (m)	[aŋliˈkanin]
mormonismo (m)	religia (f) mormonów	[rɛˈligʰja mɔrˈmɔnuf]
mormón (m)	mormon (m)	[ˈmɔrmɔn]

| judaísmo (m) | judaizm (m) | [juˈdaizm] |
| judío (m) | żyd (m) | [ʒɨt] |

179

| Budismo (m) | buddyzm (m) | ['buddɪzm] |
| budista (m) | buddysta (m) | [bud'dɪsta] |

| Hinduismo (m) | hinduizm (m) | [hin'duizm] |
| hinduista (m) | hinduista (m) | [hindu'ista] |

Islam (m)	islam (m)	['isʎam]
musulmán (m)	muzułmanin (m)	[muzuw'manin]
musulmán (adj)	muzułmański	[muzuw'maɲski]

chiísmo (m)	szyizm (m)	['ʃiizm]
chiita (m)	szyita (m)	['ʃiita]
sunismo (m)	sunnizm (m)	['suɳizm]
suní (m, f)	sunnita (m)	[su'ɳita]

196. Las religiones. Los sacerdotes

| sacerdote (m) | ksiądz (m) | [kçɔ̃ts] |
| Papa (m) | papież (m) | ['papeʃ] |

monje (m)	zakonnik (m)	[za'kɔɳik]
monja (f)	zakonnica (f)	[zakɔ'ɳitsa]
pastor (m)	pastor (m)	['pastɔr]

abad (m)	opat (m)	['ɔpat]
vicario (m)	wikariusz (m)	[vi'karjyʃ]
obispo (m)	biskup (m)	['biskup]
cardenal (m)	kardynał (m)	[kar'dɪnaw]

predicador (m)	kaznodzieja (m)	[kaznɔ'dʒeja]
prédica (f)	kazanie (n)	[ka'zane]
parroquianos (m pl)	parafianie (pl)	[para'fʲane]

| creyente (m) | wierzący (m) | [ve'ʒɔ̃tsɪ] |
| ateo (m) | ateista (m) | [atɛ'ista] |

197. La fé. El cristianismo. El islamismo

| Adán | Adam (m) | ['adam] |
| Eva | Ewa (f) | ['ɛva] |

Dios (m)	Bóg (m)	[buk]
Señor (m)	Pan (m)	[pan]
el Todopoderoso	Wszechmogący (m)	[fʃɛhmɔ'gɔ̃tsɪ]

pecado (m)	grzech (m)	[gʒɛh]
pecar (vi)	grzeszyć	['gʒɛʃitʃ]
pecador (m)	grzesznik (m)	['gʒɛʃnik]
pecadora (f)	grzesznica (f)	[gʒɛʃ'nitsa]

| infierno (m) | piekło (n) | ['pekwɔ] |
| paraíso (m) | raj (m) | [raj] |

| Jesús | Jezus (m) | ['ezus] |
| Jesucristo (m) | Jezus Chrystus (m) | ['ezus 'hrıstus] |

Espíritu (m) Santo	Duch Święty (m)	[duh 'ɕfentı]
el Salvador	Zbawiciel (m)	[zba'viʧeʎ]
la Virgen María	Matka Boska (f)	['matka 'bɔska]

diablo (m)	diabeł (m)	['dʰjabɛw]
diabólico (adj)	diabelski	[dʰja'bɛʎski]
Satán (m)	szatan (m)	['ʃatan]
satánico (adj)	szatański	[ʃa'taɲski]

ángel (m)	anioł (m)	['anɜw]
ángel (m) custodio	anioł stróż (m)	['anɜw struʃ]
angelical (adj)	anielski	[a'neʎski]

apóstol (m)	apostoł (m)	[a'pɔstɔw]
arcángel (m)	archanioł (m)	[ar'hanɜw]
anticristo (m)	antychryst (m)	[an'tıhrıst]

Iglesia (f)	Kościół (m)	['kɔʃʧow]
Biblia (f)	Biblia (f)	['bibʎja]
bíblico (adj)	biblijny	[bib'lijnı]

Antiguo Testamento (m)	Stary Testament (m)	['starı tɛs'tamɛnt]
Nuevo Testamento (m)	Nowy Testament (m)	['nɔvı tɛs'tamɛnt]
Evangelio (m)	Ewangelia (f)	[ɛva'ŋɛʎja]
Sagrada Escritura (f)	Pismo (n) Święte	['pismɔ 'ɕfentɛ]
cielo (m)	Królestwo (n) Niebiańskie	[kru'lestfɔ ne'bʲaɲske]

mandamiento (m)	przykazanie (n)	[pʃıka'zane]
profeta (m)	prorok (m)	['prɔrɔk]
profecía (f)	proroctwo (n)	[prɔ'rɔʦtfɔ]

Alá	Allach, Allah (m)	['allah]
Mahoma	Mohammed (m)	[mɔ'hamɛt]
Corán (m)	Koran (m)	['kɔran]

mezquita (f)	meczet (m)	['mɛʧɛt]
mulá (m), mullah (m)	mułła (m)	['muwwa]
oración (f)	modlitwa (f)	[mɔd'litfa]
orar (vi)	modlić się	['mɔdliʧ ɕɛ̃]

peregrinación (f)	pielgrzymka (f)	[peʎg'ʒımka]
peregrino (m)	pielgrzym (m)	['peʎgʒım]
La Meca	Mekka (f)	['mɛkka]

iglesia (f)	kościół (m)	['kɔʃʧow]
templo (m)	świątynia (f)	[ɕfɔ̃'tıɲa]
catedral (f)	katedra (f)	[ka'tɛdra]
gótico (adj)	gotycki	[gɔ'tıʦki]
sinagoga (f)	synagoga (f)	[sına'gɔga]
mezquita (f)	meczet (m)	['mɛʧɛt]

| capilla (f) | kaplica (f) | [kap'liʦa] |
| abadía (f) | opactwo (n) | [ɔ'paʦtfɔ] |

| convento (m) | klasztor (m) żeński | ['kʎaʃtɔr 'ʒɛɲski] |
| monasterio (m) | klasztor (m) męski | ['kʎaʃtɔr 'mɛnski] |

campana (f)	dzwon (m)	[dzvɔn]
campanario (m)	dzwonnica (f)	[dzvɔ'ɲitsa]
sonar (vi)	dzwonić	['dzvɔniʧ]

cruz (f)	krzyż (m)	[kʃiʃ]
cúpula (f)	kopuła (f)	[kɔ'puwa]
icono (m)	ikona (f)	[i'kɔna]

alma (f)	dusza (f)	['duʃa]
destino (m)	los (m)	['lɔs]
maldad (f)	zło (n)	[zwɔ]
bien (m)	dobro (n)	['dɔbrɔ]

vampiro (m)	wampir (m)	['vampir]
bruja (f)	wiedźma (f)	['vedʑ'ma]
demonio (m)	demon (m)	['dɛmɔn]
diablo (m)	diabeł (m)	['dʰjabɛw]
espíritu (m)	duch (m)	[duh]

| redención (f) | odkupienie (n) | [ɔtku'pene] |
| redimir (vt) | odkupić | [ɔt'kupiʧ] |

culto (m), misa (f)	msza (f)	[mʃa]
decir misa	odprawiać mszę	[ɔtp'ravʲaʧ mʒɛ̃]
confesión (f)	spowiedź (f)	['spɔveʧ]
confesarse (vr)	spowiadać się	[spɔ'vʲadaʧ ɕɛ̃]

santo (m)	święty (m)	['ɕfentɪ]
sagrado (adj)	święty	['ɕfentɪ]
agua (f) santa	woda (f) święcona	['vɔda ɕfɛ̃'tsɔna]

rito (m)	obrzęd (m)	['ɔbʒɛ̃t]
ritual (adj)	obrzędowy	[ɔbʒɛ̃'dɔvɪ]
sacrificio (m)	ofiara (f)	[ɔ'fʲara]

superstición (f)	przesąd (m)	['pʃɛsɔ̃t]
supersticioso (adj)	przesądny	[pʃɛ'sɔ̃dnɪ]
vida (f) de ultratumba	życie (n) pozagrobowe	['ʒɨʧe pɔzagrɔ'bɔvɛ]
vida (f) eterna	życie (n) wieczne	['ʒɨʧe 'vetʃnɛ]

MISCELÁNEA

198. Varias palabras útiles

alto (m) (descanso)	przerwa (f)	['pʃɛrva]
ayuda (f)	pomoc (f)	['pɔmɔts]
balance (m)	równowaga (f)	[ruvnɔ'vaga]
barrera (f)	przeszkoda (f)	[pʃɛʃ'kɔda]
base (f) (~ científica)	baza (f)	['baza]
categoría (f)	kategoria (f)	[katɛ'gɔrʰja]
causa (f)	przyczyna (f)	[pʃit'ʃina]
coincidencia (f)	koincydencja (f)	[kɔjnsi'dɛnsija]
comienzo (m) (principio)	początek (m)	[pɔt'ʃɔtɛk]
comparación (f)	porównanie (n)	[pɔruv'nane]
compensación (f)	rekompensata (f)	[rɛkɔmpɛn'sata]
confortable (adj)	wygodny	[vɪ'gɔdnɪ]
cosa (f) (objeto)	rzecz (f)	[ʒɛtʃ]
crecimiento (m)	wzrost (m)	[vzrɔst]
desarrollo (m)	rozwój (m)	['rɔzvuj]
diferencia (f)	różnica (f)	[ruʒ'nitsa]
efecto (m)	efekt (m)	['ɛfɛkt]
ejemplo (m)	przykład (m)	['pʃikwat]
elección (f)	wybór (m)	['vɪbur]
elemento (m)	element (m)	[ɛ'lemɛnt]
error (m)	błąd (m)	[bwɔt]
esfuerzo (m)	wysiłek (m)	[vɪ'ɕiwɛk]
estándar (adj)	standardowy	[standar'dɔvɪ]
estándar (m)	standard (m)	['standart]
estilo (m)	styl (m)	[stɪʎ]
fin (m)	zakończenie (n)	[zakɔɲt'ʃene]
fondo (m) (color de ~)	tło (n)	[twɔ]
forma (f) (contorno)	kształt (m)	['kʃtawt]
frecuente (adj)	częsty	['tʃɛnstɪ]
grado (m) (en mayor ~)	stopień (m)	['stɔpeɲ]
hecho (m)	fakt (m)	[fakt]
ideal (m)	ideał (m)	[i'dɛaw]
laberinto (m)	labirynt (m)	[ʎa'birɪnt]
modo (m) (de otro ~)	sposób (m)	['spɔsup]
momento (m)	moment (m)	['mɔmɛnt]
objeto (m)	obiekt (m)	['ɔbʰekt]
obstáculo (m)	przeszkoda (f)	[pʃɛʃ'kɔda]
original (m)	oryginał (m)	[ɔrɪ'ginaw]
parte (f)	część (f)	[tʃɛɕtʃ]

partícula (f)	cząstka (f)	['tʃɔstka]
pausa (f)	pauza (f)	['pauza]
posición (f)	stanowisko (n)	[stanɔ'viskɔ]

principio (m) (tener por ~)	zasada (f)	[za'sada]
problema (m)	problem (m)	['prɔblem]
proceso (m)	proces (m)	['prɔtsɛs]
progreso (m)	postęp (m)	['pɔstɛ̃p]
propiedad (f) (cualidad)	właściwość (f)	[vwaɕ'tʃivɔɕtʃ]

| reacción (f) | reakcja (f) | [rɛ'aktsʰja] |
| riesgo (m) | ryzyko (n) | ['rɪzɪkɔ] |

sección (f)	sekcja (f)	['sɛktsʰja]
secreto (m)	tajemnica (f)	[taem'nitsa]
serie (f)	seria (f)	['sɛrʰja]
sistema (m)	system (m)	['sɪstɛm]
situación (f)	sytuacja (f)	[sɪtu'atsʰja]
solución (f)	rozwiązanie (n)	[rɔzvɔ̃'zane]

tabla (f) (~ de multiplicar)	tablica (f)	[tab'litsa]
tempo (m) (ritmo)	tempo (n)	['tɛmpɔ]
término (m)	termin (m)	['tɛrmin]
tipo (m) (~ de deportes)	rodzaj (m)	['rɔdzaj]
tipo (m) (no es mi ~)	typ (m)	[tɪp]
turno (m) (esperar su ~)	kolej (f)	['kɔlej]

urgente (adj)	pilny	['piʎnɪ]
urgentemente	pilnie	['piʎne]
utilidad (f)	korzyść (f)	['kɔʒɪɕtʃ]
variante (f)	wariant (m)	['varʰjant]
verdad (f)	prawda (f)	['pravda]
zona (f)	strefa (f)	['strɛfa]

Printed in Great Britain
by Amazon.co.uk, Ltd.,
Marston Gate.